基于多源数据的高速公路交通安全分析与评价

薛志超　石　磊　范艳辉　侯树展　著

中国财经出版传媒集团
中国财政经济出版社

图书在版编目（CIP）数据

基于多源数据的高速公路交通安全分析与评价 / 薛志超等著. --北京：中国财政经济出版社，2022.12

ISBN 978-7-5223-1815-8

Ⅰ.①基… Ⅱ.①薛… Ⅲ.①高速公路-交通运输安全-安全管理-研究 Ⅳ.①U491.4

中国版本图书馆 CIP 数据核字（2022）第 247699 号

责任编辑：葛　新　　　　责任校对：张　凡

封面设计：陈宇琰　　　　责任印制：史大鹏

基于多源数据的高速公路交通安全分析与评价

JIYU DUOYUAN SHUJU DE GAOSU GONGLU JIAOTONG ANQUAN FENXI YU PINGJIA

中国财政经济出版社 出版

URL：http：//www.cfeph.cn

E-mail：cfeph@cfeph.cn

社址：北京市海淀区阜成路甲 28 号　邮政编码：100142

营销中心电话：010-88191522

天猫网店：中国财政经济出版社旗舰店

网址：https：//zgczjjcbs.tmall.com

北京财经印刷厂印刷　各地新华书店经销

成品尺寸：170mm×240mm　16 开　19.25 印张　286 000 字

2022 年 12 月第 1 版　2022 年 12 月北京第 1 次印刷

定价：68.00 元

ISBN 978-7-5223-1815-8

（图书出现印装问题，本社负责调换，电话：010-88190548）

本社质量投诉电话：010-88190744

打击盗版举报热线：010-88191661　QQ：2242791300

前　言

随着道路交通安全多部门协同共治格局的基本形成，我国道路交通事故数量和特大事故已得到有效控制，交通安全水平得到很大提升。但是，整体上道路交通事故依然高发并造成了较为严重的事故损失，我国道路交通安全形势依然不容乐观，道路交通安全工作基础仍然比较薄弱，道路通行条件总体不平衡，交通安全设施设置水平有待提升，涉及交通安全的一些深层次、根源性问题尚未化解，新变化、新业态带来的新风险不断涌现，传统问题和新型矛盾交织叠加，使得道路交通安全工作面临诸多新形势、新任务、新挑战。

基于多源数据融合的交通安全评价技术研究和应用是提升高速公路交通安全管理水平的主要实现途径之一，对保障高速公路运营安全具有重要意义。其中，运营期交通安全评价是公路全寿命周期交通安全评价的重要组成部分，其评价的重点是公路设施、交通量及交通组成、路网环境、路侧环境等现状对公路交通安全的影响，但是在实际评价过程中基础数据匹配性差、融合水平低、定量分析方法不足等问题严重制约了交通安全评价的实施效率和评价效果。

本书以高速公路为研究对象，在交通安全综合评价技术应用方面进行了有益的探索。以华东某高速公路交通事故数据统计分析为基础，将全路段实车试验和重点路段虚拟现实仿真分析方法相结合，从交通事故发生机理、驾驶人实时心理和生理特征等角度，结合全路段现场勘察，提出了高速公路运营安全综合评价方法，完成了全路段主要隐患路段排查和风险因素筛选，并提出了隐患处置对策。具体研究内容包括：

（1）基于交通事故深度调查的交通安全评价：通过高速公路交通事故深度调查，完成了事故特征统计学分析；在此基础上分析判定了事故多发点段，并进行了事故特征和事故致因深度分析。此项工作将对公路危险路段工程技术对策与实施效果综合评价及方案改进提供技术支撑。

（2）基于虚拟现实的交通安全评价：利用三维虚拟现实软件构建高速公路虚拟交通场景，依托驾驶模拟系统和生理测试系统，开展公路安全隐患路段及恶劣气候环境下驾驶人生理和心理指标变化规律、驾驶行为与事故相关性及事故致因机理研究；通过仿真试验实测数据，筛选出存在安全隐患的路段，并结合现场查勘进行了致因深度分析。此项研究工作对于科学确定驾驶安全负荷阈值，构建驾驶人安全可靠性评价体系及量化模型具有参考价值。

（3）基于实车运行的交通安全评价：选取小型客车、大型客车、大型货车开展实车运行试验，通过车辆运行参数、驾驶人生理和心理指标实时监测，定量分析道路条件对驾驶行为的影响及驾驶负荷情况；通过实车试验实测数据，结合现场查勘，筛选确定出存在危险或者安全隐患的路段。此项研究工作对于建立道路指标与驾驶人生理和心理指标的数学模型，研究确定驾驶负荷危险阈值具有指导意义。

（4）公路交通安全隐患排查及处置对策：提出了基于 GPS 桩号自动匹配和 VBOX 视频的高速公路安全隐患排查方案；通过全路段实车运行勘测，利用车辆运行数据和视频，结合公路设计施工建设工作经验，从平纵线形、标志标线、护栏设置、互通立交与服务区出入口等方面排查了公路主要交通设施存在的安全隐患，并提出了针对性的工程技术处置对策，有助于实现交通设施安全提升工程。

本书坚持以问题研究与工程应用相结合为导向，聚焦高速公路交通安全的源头性问题，遵循事前预防、主动防控的思想，针对突出问题追本溯源，防范化解源头风险，构建了基于“事故调查、虚拟仿真、实车运行、现场查勘、数据融合”于一体的交通安全综合评价方法，有效挖掘交通安全关键要素，强化道路运输安全隐患排查治理，努力从根本上消除事故隐患，提升道路交通要素的本质安全水平，推动高速公路安全设施更加规范完善，道路通行环境更友好、更安全，切实提高现代交通治理能力和道路交通整体安全水平，切实保障人民群众生命财产安全。本书研究成果可以为高速公路交通安全运行提供科技保障，对提升交通安全治理现代化、信息化、智慧化水平具有一定的实践意义。

“十四五”时期我国处于“两个一百年”奋斗目标的历史交汇点、迈入高质量发展的新阶段，人、车、路等交通系统要素仍将持续快速增长。同时，交通要素增长重心也开始由大城市向中小城市、城镇转移，乡村振兴、城乡一体化带来的农村交通出行变化，老龄化社会引发的老年人安全出行问题，车路协同、自动驾驶、共享出行等新技术新业态的快速涌现带来的交通流量、出行方式变化，人民群众对美好交通出行的向往和追求等，都对道路交通安全工作提出了更高要求。

习近平总书记高度重视安全生产工作，先后作出一系列重要论述和重要指示，反复强调安全是发展的前提，发展是安全的保障，要统筹发展和安全，坚持人民至上、生命至上，把保护人民生命安全摆在首位。党中央、国务院作出一系列重大决策部署，全面推进道路交通安全工作，为道路交通发展汇聚了前所未有的强大动力。目前道路交通发展的安全环境依然严峻复杂，风险挑战进一步增多，希望本书能够为推动道路交通健康、安全、高质量发展提供一定的借鉴和参考。

本书第一章和第五章由薛志超编写，第六章和第七章由石磊编写，第三章和第四章由范艳辉编写，第二章和第六章由侯树展编写。全书由薛志超统稿和主审。

本书在撰写过程中，得到了吉林大学任园园博士、北方工业大学郭伟伟博士的热情指导和支持；同时，本书引用了大量的珍贵文献数据、实例图片和专家学者的学术观点，但因篇幅原因未能一一列出，在此一并向他们表示衷心的感谢！

由于作者水平所限，书中难免存在疏漏或不妥之处，敬请读者和专家予以指正。

作者

2022. 11

目　录

第1章 概 述

1.1 数字综合评价方法

1.1.1 我国道路交通安全发展概况

“十三五”期间，道路交通事业持续快速发展。2012—2021年公路及高速公路里程见图1-1，2011—2020年公路营运汽车（货车、客车）拥有量见图1-2。至“十三五”末，全国机动车保有量3.7亿辆，机动车驾驶人4.6亿人，公路通车里程519.8万千米，公路货运量逐年增长，公路货运量、货物周转量分别增长9.1%和2.9%。截至2020年末，全国每千人汽车保有量214辆，70个城市的汽车保有量超过100万辆。机动车拥有量的快速增长给道路交通安全工作带来前所未有的挑战。近年来，我国道路交通事故发生数量、伤亡人数和经济损失持续居高不下（见图1-3、图1-4），特别是“两客一危”等重点车辆引起的群死群伤特大交通事故屡有发生，造成了严重的人员伤亡和财产损失，全国道路交通安全形势依然严峻。

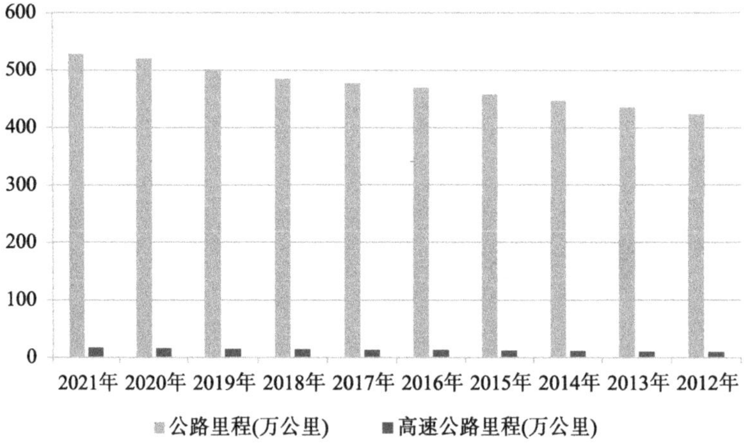

图1－1 公路及高速公路里程

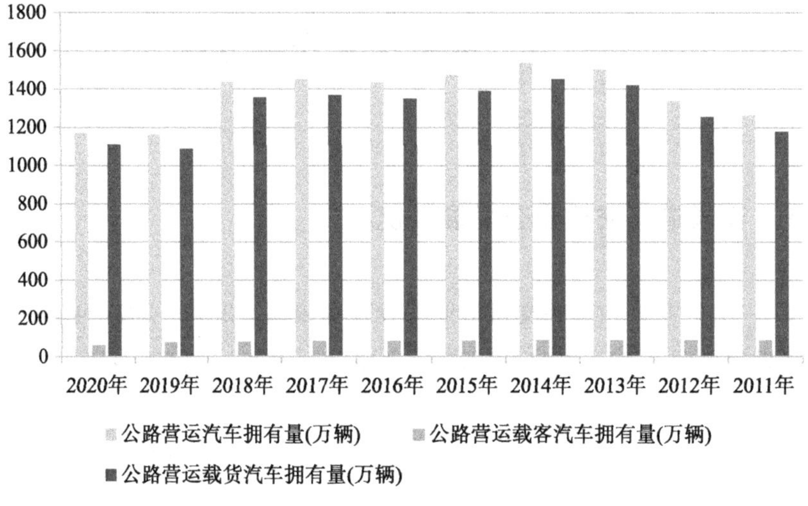

图1－2 公路营运汽车（客车、货车）拥有量

习近平总书记高度重视安全生产工作，先后作出一系列重要论述和重要指示，反复强调安全是发展的前提，发展是安全的保障，要统筹发展和安全，坚持人民至上、生命至上，把保护人民生命安全摆在首位。党中央、国务院作出一系列重大决策部署，全面推进道路交通安全工作。

2017 年 10 月，党的十九大报告提出：要树立安全发展理念，弘扬生命至上、安全第一的思想，健全公共安全体系，完善安全生产责任制，坚决遏制重特大安全事故，提升防灾减灾救灾能力。

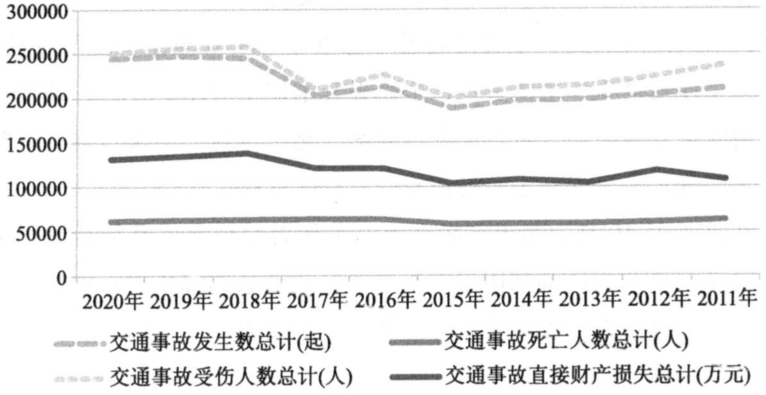

图 1－3　交通事故四项指标统计

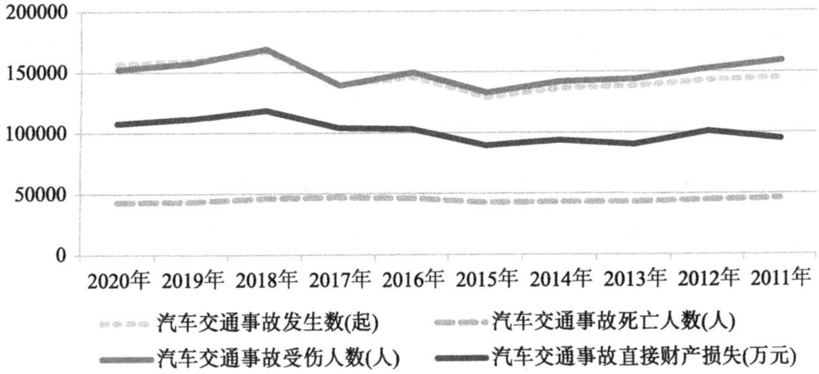

图 1－4　汽车交通事故四项指标统计

2019 年 9 月，中共中央、国务院印发的《交通强国建设纲要》指出：要完善交通安全生产体系，加强交通安全综合治理，切实提高交通安全水平。

2020 年 4 月，习近平总书记专门对安全生产作出重要指示，强调：要树牢安全发展理念，加强安全生产监督管理，要针对安全生产事故主要特点和突出问题，强化风险防控，从根本上消除事故隐患，有效遏制重特大事故发生。为认真贯彻落实习近平总书记关于安全生产重要论述和指示精神，2020 年 4 月 1 日，国务院安全生产委员会印发了《全国安全生产专项整治三年行动计划》(安委〔2020〕3号),制定了全国安全生产专项整治三年行动计划总方案和2个专题实施方案、9个专项整治实施方案,旨在推动地方各级党委政府、有关部门认真学习贯彻习近平总书记关于安全生产重要论述专题,强化落实企业安全生产主体责任,全面提升本职安全水平。该行动计划包括道路运输安全专项整治三年行动实施方案,充分体现了国家对提升道路交通安全水平、维护人民群众生命财产安全的高度重视。

2021年6月10日,第十三届全国人民代表大会常务委员会第二十九次会议通过的《中华人民共和国安全生产法》第四条明确指出:构建安全风险分级管控和隐患排查治理双重预防机制,健全风险防范化解机制,其中风险评估是重要的环节。

2022年1月,交通运输部印发的《关于进一步加强交通运输安全生产体系建设的意见》(交安监发〔2022〕4号)指出:要实施科技兴安,促进先进制造技术、新一代信息技术与安全生产融合发展,深化“互联网+安全生产”。

2022年7月,《“十四五”全国道路交通安全规划》提出:要坚持人民至上、生命至上,紧紧围绕减少事故、保护生命,着力完善制度机制、健全责任体系、加强法治建设、强化基础保障,切实提高现代交通治理能力和道路交通整体安全水平,努力从根本上消除道路交通安全隐患,解决制约道路交通安全的深层次、根源性、瓶颈性突出问题,全力防范化解道路交通重大安全风险,减少道路交通事故死亡总量,防控较大道路交通事故,遏制重特大道路交通事故,切实保障人民群众生命财产安全。

“十四五”时期处于“两个一百年”奋斗目标的历史交汇点,是迈入高质量发展新阶段,人、车、路等道路交通要素仍将持续快速增长。预计到2025年,我国机动车保有量、驾驶人数量、公路通车里程将分别超过4.6亿辆、5.5亿人和550万公里。同时,交通要素增长重心由大城市向中小城市、城镇转移,乡村振兴、城乡一体化带来的农村交通出行变化,老龄化社会引发的老年人安全出行问题,车路协同、自动驾驶、共享出行等新技术和新业态的快速涌现带来的交通流量、出行方式变化,人民群众对美好交通出行的向往和追求等,都对道路交通安全工作提出更高要求。

我国道路交通安全整体形势依然不容乐观,道路交通安全工作基础仍然比较薄弱，存在不少短板弱项，地区发展不平衡不充分的问题仍然相对比较突出。公众交通安全意识有待进一步提升，交通违法行为仍较为普遍，货车和低速电动车等违法违规生产改装问题依然存在，道路通行条件总体不平衡，道路交通安全设施设置水平有待提升。涉及交通安全的一些深层次、根源性问题尚未化解，新变化、新业态带来的新风险不断涌现，传统问题和新型矛盾交织叠加，道路交通安全工作面临诸多新形势、新任务、新挑战。

从发达国家的发展经验来看，道路交通安全发展过程一般会经历四个阶段：第一阶段，事故数量上升阶段，社会发展处于工业化初期，经济快速发展，管理粗放，事故多发；第二阶段，事故持续高发阶段，社会发展处于工业化中期，管理逐渐规范，事故数量达到高峰，引起全社会重视；第三阶段，事故稳固下降阶段，社会发展处于工业化成熟期，事故数量得到有效控制，稳步下降并伴有波动；第四阶段，事故全面控制阶段，社会发展处于后工业化时代，管理精细化、系统化，安全生产状况平稳，事故起数少、死亡人数少。

结合我国道路交通事故现实情况判断，目前我国正处于第二阶段——事故持续高发阶段。在此阶段，我国道路交通安全面临的问题主要体现在：

(1) 交通参与者安全意识滞后。当前交通参与者安全意识以及安全素质滞后于社会经济发展进程，相关部门对交通参与者影响交通安全的行为识别与规律把握不到位。

(2) 交通工具安全性能有待提升。从车辆安全性能方面来看，车辆可靠性、结构安全性和行驶安全性技术及有关应用水平有待提升。主动安全防控技术应用不足，货运车辆车型多、不合规车辆多、标准化水平低。

(3) 交通安全设施存在诸多问题。尽管近年来我国道路安全标准不断提升，但交通设施安全保障能力相对薄弱，早期建设的道路安全防护设施不足、防护能力不够等问题普遍存在。

(4) 交通环境复杂多变。随着交通出行结构的变化，复杂道路环境以及恶劣天气等突发事件会影响驾驶行为、车辆性能、交通流量特性，进而严重威胁道路交通安全。

1.1.2 道路交通安全评价的重要性

道路交通安全评价是解决我国道路交通安全问题的主要途径之一。

从全国的道路交通安全形势来看，我国仍处于道路交通事故的高发期，道路交通事故死亡人数总量仍然很大，万车死亡率处于较高水平，群死群伤特大恶性事故时有发生，事故预防、预警预报和应急救援手段相对滞后，存在很大的道路交通事故反弹压力。影响道路交通安全的因素仍然很多，有的未得到有效解决。道路运营期交通安全评价是保障高速公路交通运营安全的重点手段之一，其评价的重点是公路设施、交通量及交通组成、路网环境、路侧环境等的现状对道路交通安全的影响，但是在实际评价过程中存在基础数据与现场勘测数据的匹配性差、融合水平低等问题，如道路线形基础数据与道路现场线形误差大、交通流数据观测点少和现场测量难度大等，严重制约了交通安全评价的实施效率和评价效果。

《国家中长期科学和技术发展规划纲要（2006—2020 年）》指出：要充分发挥科技创新对交通安全保障的重要支撑作用，努力减少群死群伤特大道路交通事故，构建安全和谐的道路交通环境。

道路交通安全评价作为高速公路主动安全管理的主要实现途径之一，对保障高速公路运营安全意义重大。因此，要加快公共安全技术突破，开展关键技术攻关和应用示范，加快构建主动保障型公共安全技术体系，实现对重大公共安全事件的提前感知、及时预警、快速处置，为经济社会持续稳定安全发展提供科技保障，从而提升人民生活品质，促进经济社会可持续发展。

山东交通学院道路交通安全技术创新研究团队以华东某高速公路为应用场景，针对高速公路交通安全分析与评价开展了广泛的研究，并坚持以问题为导向，遵循“事前预防、主动防控”思想，聚焦基础性、源头性、系统性问题，以全面提升道路安全水平为核心，对突出问题追本溯源，防范化解源头风险，努力从根本上消除事故隐患，从根本上解决问题，致力于构建系统化的高速公路交通安全现代治理体系，提升道路交通各要素的本质安全水平，期望能对道路交通安全技术的发展和工程应用提供参考。

1.1.3 道路交通安全评价技术

道路交通安全评价技术是评价道路交通安全的主要技术方法之一，各国在这方面都开展了广泛的研究，比较成熟且规范化的评价技术主要有：道路安全审计（RSA）、道路安全评价程序 iRAP、《公路项目安全性评价规范》（JTG B05—2015）和《道路交通安全管理体系——要求及使用指南》（ISO 39001:2012）等。

1. 道路安全审计（RSA）

道路安全审计（Road Safety Audit，RSA）是对设计及在运营道路项目或其他与道路使用者有关的项目主要通过道路安全审计表格等进行的规范化检查，以此来评估发生交通事故的可能性和道路的安全性能。

道路安全审计最早起源于20世纪80年代的英国，其由现有道路状况调查逐渐发展到新建道路的事故预防方面。1990年，英国公路运输协会出版了《道路审计纲要》，标志着建立了正式的道路安全审计工作程序。自此，英国相继出台了相关的政策法规，积累了大量的道路安全审计实践经验。之后，美国、澳大利亚、新西兰、加拿大等国家也开始了道路安全审计方面的研究，其逐渐成为道路安全系统建设的重要组成部分，目前已经基本形成了一套完整的体系。

道路安全审计是从预防道路交通事故、降低事故产生的可能性和严重性入手，对道路项目建设规划、设计、施工和营运期进行全方位的分析，通过评价道路的安全性能揭示可能导致道路发生事故的潜在危险因素，并提出预防事故的措施的全过程。其审计目标是确定道路建设项目可能存在的潜在隐患，确保考虑了合适的安全对策，使隐患得以消除或以较低的代价降低其负面影响，从而消除道路的事故多发路段，保证道路建设项目在规划、设计、施工和营运各阶段都考虑了使用者的安全需要，从而确保已运营或将建设的道路项目能为使用者提供最高实用标准的交通安全服务。道路安全审计已成为保障道路交通安全和对事故高发路段进行综合整治的有效技术方法之一。

在道路安全审计过程中，审计工程师的专业素养对审计方案的实施发挥重要的影响，因此，审计工程师一般应由一组独立的、训练有素的安全专家担任。

2. 道路安全评价程序 iRAP

国际道路评估组织（International Road Assessment Program，iRAP）是一家欧洲非营利组织，其成立的目的是通过开发和应用道路基础设施的风险评估模型，以辅助减少道路交通事故，尤其是死亡和严重伤害事故的发生，致力于通过道路基础设施的改善来减少交通事故伤害损失，目前已在全球 70 多个国家开展了道路风险评估工作。iRAP 评价程序是目前世行和亚行承认的交通安全评价体系。

iRAP 评价程序主要包括以下功能：

（1）事故风险图（Risk Maps）：使用详细的事故数据图示道路网上死亡和受伤事故数据。

（2）事故星级评价（Star Ratings）：根据道路设计和实际环境提供了一个简单和客观的安全评价方法。

（3）道路安全改善投资方案：利用经证实可行的方案生成有效的改善方案。

中国道路评估系统（China RAP）是由交通运输部公路科学研究院和 iRAP 联合建设的中国道路风险评估系统，并得到布隆伯格基金会的资助。中国道路评估系统的目标是基于公路科学研究院的研究成果和 iRAP 的国际经验联合研究适合中国国情的路网风险评估系统，同时推进风险评估作为道路安全完善、事故预防和设计及管理标准制定等的核心决策工具，关注如何从道路工程方面提升道路安全。

3.《公路项目安全性评价规范》（JTG B05—2015）

公路安全审计在西方发达国家推广普及，但在我国一般称之为“公路安全性评价”。我国工程师在公路设计阶段逐渐将“安全意识”引入公路设计的每个阶段和环节，以使公路设计能有效控制未来事故的发生。但对现有运营公路的安全性能往往认识不足。2000 年，由湖南省交通厅组织开展的“京珠国道主干线湖南国道Ⅱ安全研究”具有一定的代表性，同时出版了《公路设计交通安全审查手册》，具有较为重大的意义。

我国交通运输部组织研究力量从 1999 年开始编制《公路项目安全性评价指南》，在分析和跟踪欧美等国家道路安全评析成果的基础上，结合我国国情选择了具有代表性的辽宁沈大、山东济青及烟青、山西太旧、重庆成渝、湖北汉宜、江苏沪宁、新疆吐乌大等高速公路和一级公路进行调查研究。在大量数理统计分析的基础上，对交通事故与公路几何指标、交通事故与运动车速、公路几何指标与运行车速等关系进行了深入研究，初步提出了对我国高速公路和一级公路进行安全性评价的内容、方法和标准。这对我国高速公路和一级公路安全性评价工作的开展以及进一步保障和提高我国公路的行车安全起到了积极作用。2004 年，《公路项目安全性评价指南》（JTG/T B05—2004）颁布实施，其从公路使用者行车安全的角度对公路设施的研究、规划、设计成果或现有公路影响行车安全的潜在因素进行评价和安全设计。

2015 年，交通运输部将《公路项目安全性评价指南》由行业指南升级为行业规范——《公路项目安全性评价规范》（JTG B05—2015），吸收了近年来国内外相关研究成果和实践经验，统筹把握了当前安全性评价工作的重点，体现了“平安交通”的发展要求。公路项目安全性评价工作的开展，既适应了交通安全管理现代化的趋势，又满足了我国公路交通安全管理科学化的需求，为公路管理和养护等机构开展基于基础设施和交通运行条件的公路交通安全风险分级管控工作提供了支撑。

4.《公路项目安全性评价规程》（T/CECS G：E10—2021）

由于在公路项目安全评价方面尚未出台相应的公路行业管理制度，因此在安全性评价中面临着评价过程缺乏控制、评价对象不够明确、评价准则不清晰、评价界面模糊等影响评价质量和实施效果的新问题。

2017 年，中国工程建设标准化协会公路分会将《公路项目安全性评价规程》立项为团体标准，并于 2022 年 2 月 1 日正式颁布实施，标准编号为 T/CECS G：E10—2021，（简称“安评规程”）。

安评规程作为行业标准《公路项目安全性评价规范》（JTG B05—2015）的补充和细化，基本解决了安评的热点问题，在现行标准基础上进一步厘清了评价工作界面和评价职责，明确评价对象和评价时机，补充了评价过程控制要求，细化了条文内容和评价报告编制要求，完善了规范符合性评价准则，并提出了满足驾驶安全需求的评价准则，以保证评价质量和实施效果，从而引导和促进评价工作健康发展，为今后一段时间内“做安评、审安评、管安评”的相关单位和人员提供了可操作性的依据。

5.《道路交通安全管理体系——要求及使用指南》(ISO 39001:2012)。

2008 年 6 月，国际标准化组织（ISO）立项了道路交通安全管理体系标准制定项目（PC241，后转为 TC241），并于 2012 年 10 月颁布了 ISO 39001《道路交通安全管理体系——要求及使用指南》（ISO 39001:2012）。TC241 是 ISO 成立的第一个专门针对道路交通安全的技术委员会，ISO 39001 也是第一部专门针对道路交通安全的国际标准。《道路交通安全管理体系——要求及使用指南》（ISO 39001:2012）的颁布标志着在道路交通安全领域，全球范围内将有统一的系统化的管理标准，组织既可以依照标准的指南内容建立自身的道路交通安全管理体系，第三方机构也可以据此对组织实施认证审核。

ISO 39001 国际标准基于“安全系统”方法和“过程方法”，其基本结构采用“策划、执行、检查、处置”循环（PDCA 循环），以期实现道路交通安全的持续改进。

2020 年 5 月，我国《道路交通安全管理体系——要求及使用指南》(GB/T 39001—2019) 颁布实施。我国等同采用《道路交通安全管理体系——要求及使用指南》(ISO 39001:2012)。

通过引入 ISO 39001 标准，可以有效降低道路交通运营在安全方面的风险，建立系统化的道路交通安全管理机制，能够全面有效识别和管理与道路交通有关的风险，弥补交通事故预防机制以及相关管理制度上的漏洞，不断降低道路交通运营在安全方面的风险。

6. 道路交通安全评价方法

常用的道路交通安全评价方法主要有：事故频数法、事故率法、矩阵法、事故概率分布法和事故强度分析法等。

(1) 事故频数法。事故频数法是最简单的一种道路交通安全评价方法，是利用在一定时间一定路段空间上的交通事故统计的绝对数据来进行交通安全水平评价的方法，如对道路隐患点、事故黑点的界定多采用事故频数法进行。以事故次数作为交通安全评价指标可以在一定程度上反映某个时空范围内交通事故的发生情况，但是由于没有考虑交通量和路段长度等时空暴露水平的影响因素，因此，其具有一定的局限性。

(2) 事故率法。为克服事故频数法的不足，引入事故率法指标。该指标引入了交通量数据，利用公里事故率、车辆事故率（万车事故率）、人口事故率（10 万人口事故率）、运行事故率（亿车公里事故率）、交叉口事故率、综合事故率作为交通安全评价的指标。其具体可以进一步细分为地点事故率法、路段事故率法、地区事故率法、综合事故率法等。

当事故率大于某个设定的临界值时，即认为该路段属于危险路段。事故率法考虑了交通量和路段长度等因素，比较适用于较长路段或者区域性道路的安全评价。但是事故率法同样存在误判的可能，即具有低交通量的短路段可能拥有较高的事故率；而具有较高事故次数、较高交通量的路段则可能拥有低事故率。因此，该方法同样存在错判、漏判的可能。

(3) 矩阵法。该方法将事故频数法与事故率法相结合，将处于既是高事故率又是高事故次数的路段重点考虑，对高事故率低事故次数或低事故率高事故次数的段点则应当加以具体的分析，在保证对危险路段采取改善措施的最优效益分析的基础上有所取舍。但是该方法只表示了路段的危险程度，而不能对低事故次数高事故率的路段或高事故次数低事故率的路段作出本质的区别。

(4) 事故概率分布法。由于交通事故的发生属于随机事件，在正常条件下，交通事故发生的概率分布具有一定的稳定性，一定地区内发生的事故次数近似地服从正态分布。因此，可以分析目标路段交通事故发生次数是否在正常的概率范围之内，超出这一范围则定义为比较危险，而低于这一范围则定义为比较安全。

(5) 事故强度分析法。事故强度分析法是利用事故强度指标（如当量综合死亡率）作为交通安全度评价指标，对交通安全进行综合评价。由于采用了当量值且全面考虑事故的影响因素，基本概括了人、车、路对交通事故的影响，所以可比性明显增加，基本可以满足不同地区交通安全状况评价的需要，是一种较为科学合理的交通安全评价方法。但是需要对当量死亡人数、当量车辆数、道路里程数据进行标准化处理。

1.2 评价项目

华东某高速公路是国家高速公路网干线公路。全线采用双向6车道高速公路标准建设，路基全宽34.5m，设计速度120km/h，汽车荷载等级为公路—Ⅰ级。项目于2009年4月开工建设，2012年12月竣工开通运营。起点桩号为K1413+481，终点桩号为K1641+415。

本书针对已通车运营的该高速公路进行人、车、路、环境动态交通条件下的运营安全评价，分析高速公路项目的潜在危险因素及安全隐患，研究并提出行之有效的技术、应急、调度等综合对策，全面提升高速公路的运营安全及应急处置水平。

1.3 评价方案

交通安全评价是保障高速公路运营安全的重要手段之一。随着《公路项目安全性评价规范》（JTG B05—2015）的实施，交通主管部门和广大人民群众对于完善公路设施、改善交通安全环境、提升公路安全水平的要求越来越高。公路交通安全评价从预防交通事故、降低事故发生的可能性和严重度入手，对公路项目建设的全过程，即规划、设计、施工和运营期进行全方位的安全评价，分析公路项目的潜在危险因素及安全隐患，研究并提出行之有效的工程技术对策与改进措施，保证运营或在建的公路项目能为使用者提供最高实用标准的交通安全服务。

1.3.1 评价方法

道路交通安全评价方法综合交通工程学、道路工程学、汽车工程学、安全人机工程学、交通心理学、统计学及计算机科学等多门学科知识和技术，从人、车、路、环境的基本安全特征、相互依存关系和相互作用出发，将上述四个因素相互关联的信息综合在动态交通系统中进行研究，分析高速公路项目的潜在危险因素及安全隐患，实现对公路交通安全水平的全面评价，并提出行之有效的技术、应急、调度等综合对策，以全面提升高速公路的运营安全及应急处置水平。具体评价方法涉及虚拟现实评价、实车运行评价、事故调查评价、运营后评价及在此基础上的交通安全隐患综合判定。

1. 基于虚拟现实的道路交通安全评价

基于虚拟现实技术，利用三维激光扫描系统构建虚拟交通场景；依托交通安全驾驶模拟系统及生理和心理测试系统，研究危险路段及恶劣气候环境下，驾驶人的生理和心理指标变化规律与驾驶行为和事故相关性及事故致因机理；通过虚拟试验和实测数据，初步确定道路可能存在危险或安全隐患的路段，研究并确定驾驶人的危险阈值，构建驾驶人安全可靠性评价体系及量化模型。

2. 基于实车运行的道路交通安全评价

选取小型客车、大型客车、大型货车等不同车型，在高速公路进行实车运行，通过对驾驶人生理和心理指标进行实时监测，定量分析道路状况（道路线形、景观及交通设施等信息）对驾驶人驾驶行为的影响及驾驶负荷情况；通过实测数据，研究并初步确定在实际道路上可能存在危险或安全隐患的路段，建立道路指标与驾驶人心理和生理指标的数学模型，并确定实际道路上驾驶人的危险阈值。

3. 基于交通事故深度调查的道路交通安全评价

对高速公路运营过程中发生的交通事故进行深度调查，包括事故路段的类型、工程技术指标、路面状况、事故发生的时间、天气状况、事故形态、事故车辆速度、事故车型及实载率、交通控制方式、事故车辆损坏及人员伤亡情况等方面；基于事故深度调查数据，进行事故致因和事故过程分析以及事故总体情况的统计分析，据此对道路存在危险或安全隐患路段所采取的工程技术对策与改进措施的实施效果或成本效益对比情况进行综合评价，为方案改进提供技术支撑。

4. 道路运营安全评价

基于安全检查表、运行速度、驾驶负荷、三维动态视距、安全性能预测等定性定量评价方法，结合在公路施工及工程监理方面积累的实践工作经验，依据《公路项目安全性评价规范》（JTG B05—2015）提出的方法和要求，围绕高速公路的路线、路基路面、桥梁、隧道、路线交叉、交通工程及沿线设施以及速度协调性等方面，进行高速公路运营阶段安全评价（后评价），并提出公路设计阶段的影响因素、具体指标控制建议及有效的工程对策措施，以提升公路运营安全水平。

5. 道路交通安全隐患综合判定与工程技术改造

根据前面的研究结果，对所研究的高速公路可能存在危险或安全隐患的路段进行实地勘测，结合项目组在道路交通安全方面积累的实践工作经验，研究并提出行之有效的工程技术对策与改进措施，实施安全设施提升工程，同时与设计和实施阶段紧密结合，确保设计环节的针对性和有效性。

1.3.2 技术方法

研究采用的主要技术方法如下：

（1）利用三维激光扫描系统和公路工程设计数据重构公路虚拟交通场景，为模拟驾驶提供交通环境。

（2）依托交通安全驾驶模拟系统及生理和心理测试系统，研究危险路段及恶劣气候环境下，驾驶人的生理和心理指标变化规律与驾驶行为和事故相关性及事故致因机理。

（3）通过虚拟试验和实测数据，初步确定道路可能存在危险或安全隐患的路段，探索研究并确定驾驶人的危险阈值，尝试构建驾驶人安全可靠性评价体系及量化模型。

（4）选取小型客车、大型客车、大型货车等不同车型，在所研究的高速公路进行实车试验，通过对驾驶人生理和心理指标进行实时测试，定量分析道路状况（道路线形、景观及交通设施等信息）对驾驶人驾驶行为的影响及驾驶负荷情况，初步确定道路可能存在危险或安全隐患的路段及驾驶行为危险阈值。

（5）对所研究的高速公路进行交通事故深度调查，利用事故深度调查数据进行事故致因分析，判定存在危险或安全隐患的路段，并对所采取的工程技术改造措施的实施效果或成本效益对比情况进行综合评价。

（6）通过对所研究的高速公路沿线进行实地勘测，进行后评价阶段安全分析，并判定存在危险或安全隐患的路段。

（7）利用虚拟驾驶/实车实验/事故深度调查/公路沿线勘测数据，综合判定存在危险或安全隐患的路段，提出工程技术改造措施。

1.3.3 工作流程

道路交通安全评价方法工作流程包括以下五个环节：

1. 虚拟驾驶安全评价

依托交通安全驾驶模拟系统及生理和心理测试系统，实测虚拟交通环境下驾驶人生理和心理指标变化规律和驾驶负荷状况。虚拟驾驶仿真评价的主要评价指标见表 1－1。

表 1－1　　虚拟驾驶仿真评价的主要评价指标

类别	评价指标
车辆运行参数	运行速度、运行速度差、区间加速度、较大加速度、较大减速度、转向角速度
驾驶人心理和生理参数	心电（ECG）、皮电（EDA）、肌电（EMG）、眼动参数、驾驶负荷

2. 实车运行安全评价

选取典型车辆（小型客车、大型客车、大型货车等车型），实时监测真实交通环境下道路及交通设施对驾驶人驾驶行为的影响规律及驾驶负荷状况。实车运行试验评价的主要评价指标见表1-2。

表1-2　实车运行试验评价的主要评价指标

类别	评价指标
车辆运行参数	运行速度、纵向/侧向加速度、运行速度协调性
驾驶人心理和生理参数	心率（PPG）、皮电（EDA）、肌电（EMG）、呼吸（Resp）、皮温（SKT）、眼动参数（关注目标、关注方位、注视区域）、驾驶负荷

3. 交通事故致因分析

对高速公路一段时期内发生的交通事故进行深度调查和事故致因分析。交通事故致因分析的主要评价指标见表1-3。

表1-3　交通事故致因分析的主要评价指标

类别	评价指标
事故深度数据	事故时间、事故地点、道路线形、路段类型、路面状况、路表情况、天气状况、照明条件、事故形态、事故车辆类型、车辆行驶状态、车辆速度、车辆损坏、驾龄、事故致因、事故认定责任、死亡人数、受伤人数、直接财产损失等

4. 危险/安全隐患路段排查

对高速公路可能存在危险或安全隐患的路段进行沿线勘测排查，采用的主要分析方法包括：安全检查表、运行速度等。其中，安全检查表是最基本和应用最广泛的安全评价方法之一。使用道路安全检查表对道路状况进行全面细致的检查和评判，可以做到提早发现道路中潜在的危险因素，并能将危险因素及时排除，确保道路交通安全畅通。

5. 综合判定

利用多源数据（虚拟驾驶/实车试验/交通事故深度调查/道路沿线勘测）进行深度分析，综合判定存在危险或安全隐患的路段。

1.4 工程应用概况

结合华东某高速公路投入运营实际情况，开展了交通事故深度调查与事故数据采集、交通安全驾驶模拟系统、江苏扬州西外环高速公路综合调度管理系统等调研工作。为了学习借鉴国内外最新的研究方法和技术手段，课题组先后参加了世界交通运输大会、第二届道路建设与运营新技术国际学术交流会、山东省首届交通大数据与智慧交通高端论坛等会议，确保了项目研究方案和技术路线的科学性和可行性。同时，课题组与交通运输部公路科学研究院、同济大学、哈尔滨工业大学、吉林大学、北方工业大学、济南大学、山东科技大学等相关高校及科研院所的专家学者进行了项目交流研讨，在项目实施方案、技术路线、实验方案制定及具体研究工作等方面获得了很多重要的技术支持和研究建议。

针对华东某高速公路的交通特征，课题组采用公路交通安全虚拟现实综合评价方法，在人、车、路、环境动态交通条件下开展高速公路交通运营潜在危险因素及安全隐患排查，综合判定存在危险或安全隐患的路段，有针对性地提出并实施工程技术对策与改造措施，进一步提升了高速公路交通运营安全水平，能有效预防及减少高速公路交通事故。

在华东某高速公路的试验应用表明：课题组提出的融合虚拟现实技术和实车试验及交通事故深度调查的道路交通安全评价方法，对于保障已建高速公路满足公路使用者的交通安全需求，提升高速公路交通运营安全水平具有重要的应用价值。本书研究成果的示范应用将有助于预防或减少高速公路交通事故，预期具有广阔的应用前景和明显的经济效益及社会效益。

第2章

高速公路交通事故统计学分析

2013—2017 年，华东某高速公路全路段累计发生交通事故 1052 起，事故造成 25 人死亡、161 人受伤，直接财产损失 2797756 元。

其中，适用一般程序处理的交通事故共发生 18 起，事故造成 17 人死亡、68 人受伤，直接财产损失 777000 元；占总事故起数的 1.7%，占总死亡人数的 68%、占总受伤人数的 42.2%，占总直接财产损失的 27.8%。

适用简易程序处理的交通事故共发生 1034 起，事故造成 8 人死亡、93 人受伤，直接财产损失 2020756 元；占总事故起数的 98.3%，占总死亡人数的 32%、占总受伤人数的 57.8%，占总直接财产损失 72.2%。类型相对数量交通事故分布见图 2-1。

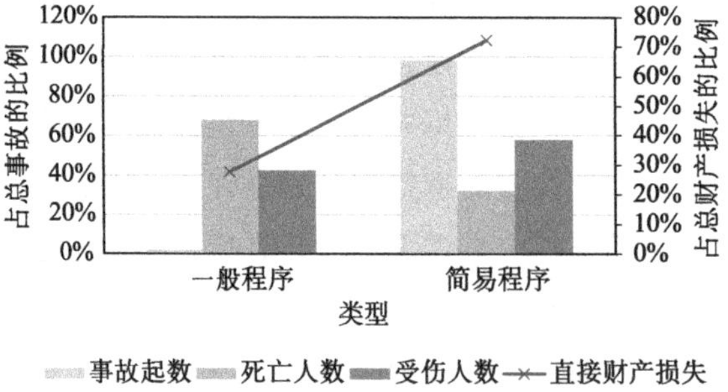

图 2-1 类型相对数量交通事故分布

从交通事故造成的后果来看，一般程序处理的交通事故平均每起造成 0.94 人死亡、3.78 人受伤，应作为日常交通安全管理的防范重点。类型事故后果对比交通事故分布见图 2-2。

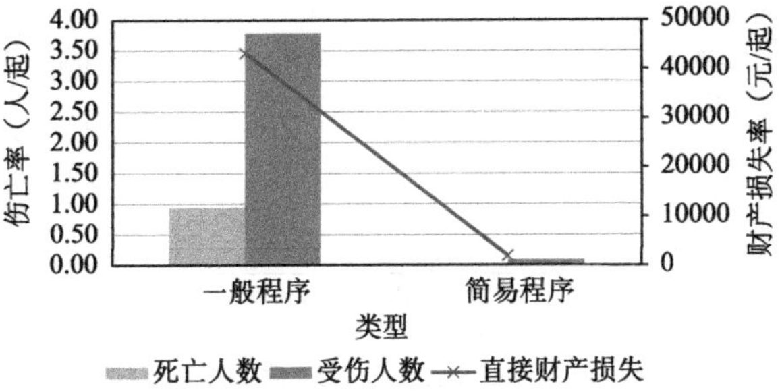

图 2－2　类型事故后果对比交通事故分布

2.1　时间分布

1. 年分布

从交通事故的年分布来看，2013—2017 年，华东某高速公路所发生的交通事故主要集中在 2015 年和 2016 年，其中，2015 年的事故起数和直接财产损失是近年来最高的，但 2014 年受伤人数最多。从分布趋势来看，交通事故起数及其造成的损失已处于下降趋势。特别是 2014 年以来，平均每起交通事故造成的受伤人数呈逐年递减趋势；2015 年以来，事故起数、事故造成的受伤人数和直接财产损失均呈下降趋势；交通事故造成的死亡人数在 2016 年有较大变化，达到 13 人。年交通事故分布见图 2－3，年相对数量交通事故分布见图 2－4。

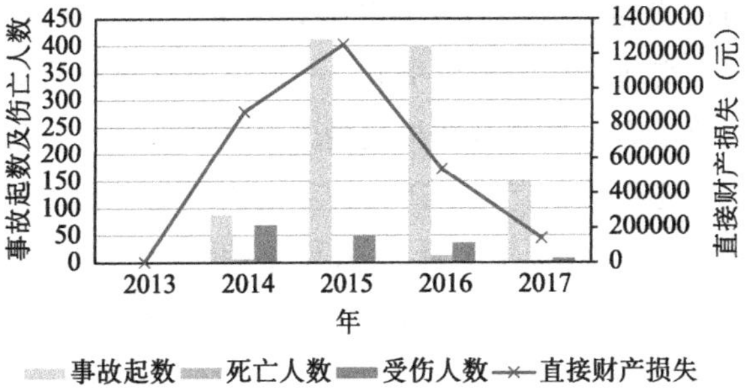

图 2－3　年交通事故分布

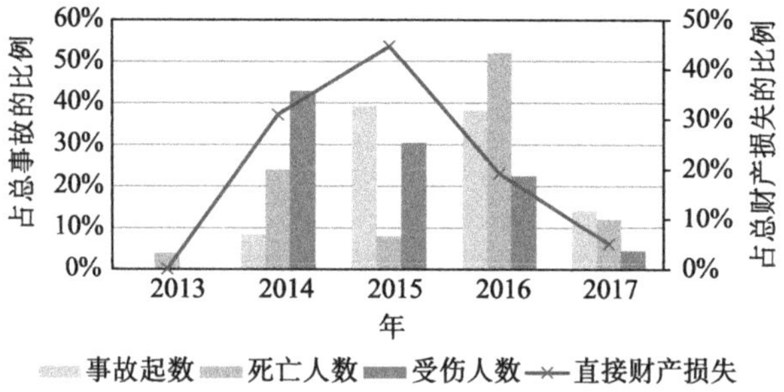

图 2－4　年相对数量交通事故分布

从近年来交通事故的后果来看，2014 年以来，事故死亡率、受伤率和直接财产损失率均呈下降趋势，反映出华东某高速公路整体运营安全水平的提升。年事故后果对比交通事故分布见图 2－5。

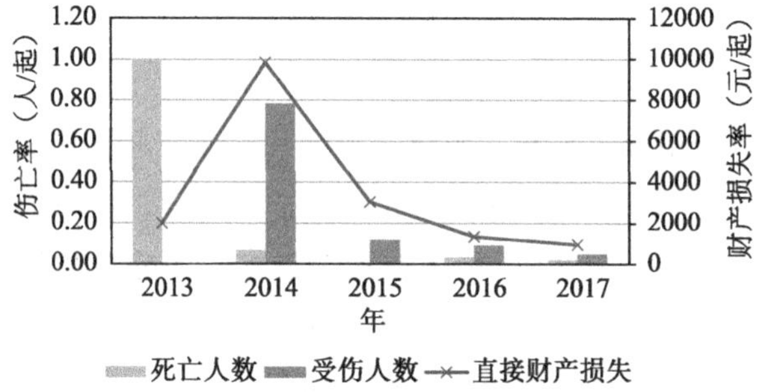

图 2－5　年事故后果对比交通事故分布

2. 月分布

从 2013—2017 年所有交通事故的月分布来看，1 月份、6 月份、7 月份、8 月份、11 月份的交通事故起数相对较高，交通事故死亡人数 8 月份最高。夏季和冬季是全年交通事故的高发季节。交通事故月分布见图 2－6。

从交通事故的受伤人数和财产损失的月分布来看，7 月份处于全年的最高点。而交通事故受伤率和直接财产损失率也表现出类似的趋势。从事故数据来看，该趋势主要与 2014 年 7 月 22 日发生的一起大型客车交通事故有关（以下简称“7・22 事故”），该事故共造成 2 人死亡、57 人受伤、直接财

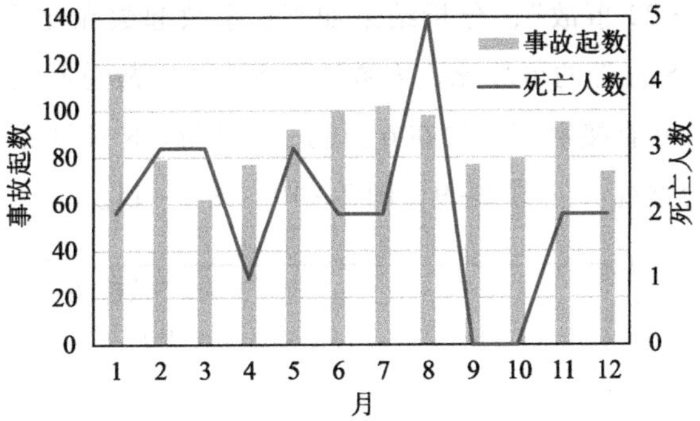

图 2-6　交通事故月分布

产损失 50 万元。交通事故的受伤人数和直接财产损失的月分布见图 2-7，交通事故严重性月分布见图 2-8。

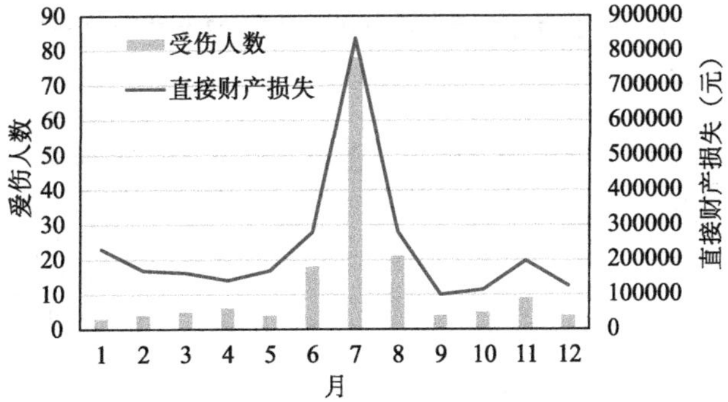

图 2-7　交通事故的受伤人数和直接财产损失的月分布

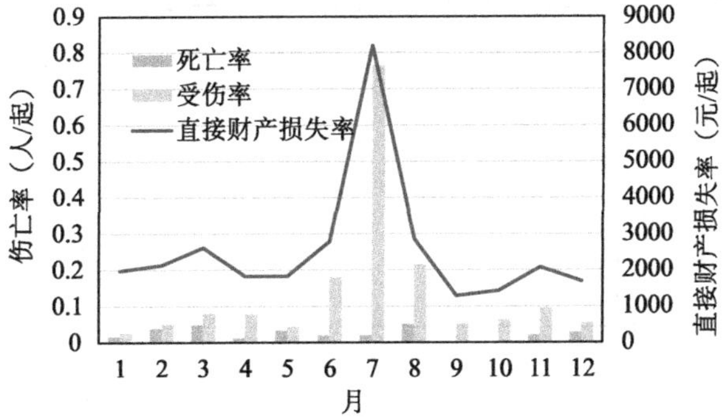

图 2-8　交通事故严重性月分布

不考虑“7·22事故”，分析结果如下：事故起数在夏季和冬季处于相对较高的水平；8月份的事故死亡人数达到5人、事故总起数为98起；事故造成的受伤人数和直接财产损失在6月份、7月份、8月份处于较高的水平，应该引起足够的重视。见图2-9、图2-10、图2-11。

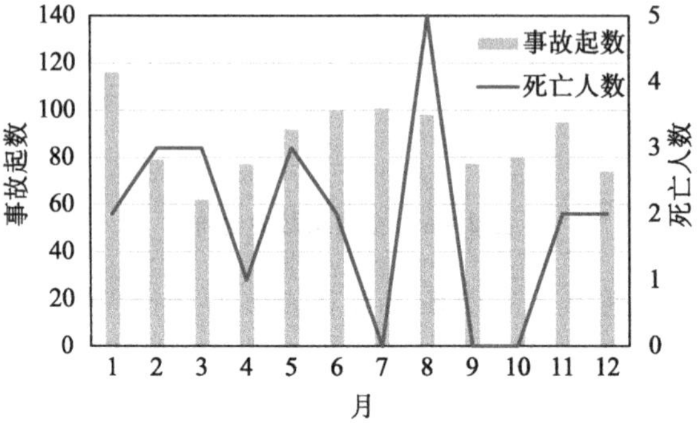

图2-9 交通事故月分布（不含“7·22事故”）（一）

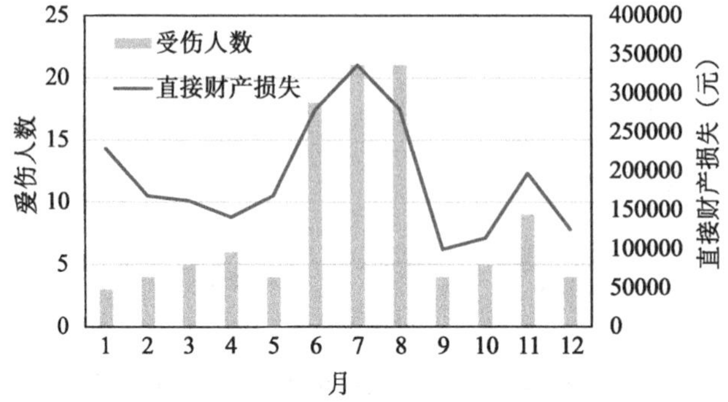

图2-10 交通事故月分布（不含“7·22事故”）（二）

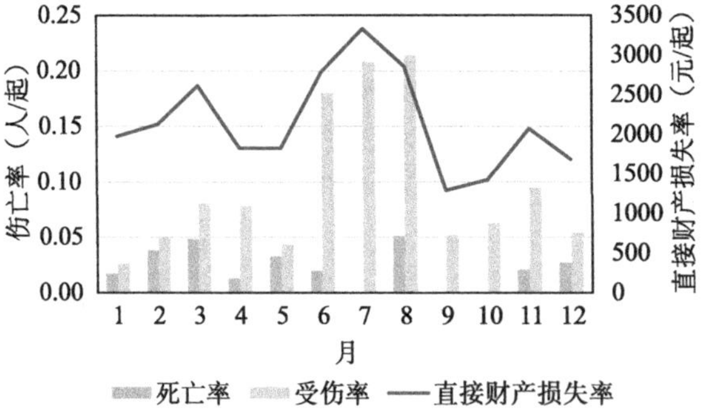

图2-11 交通事故后果月分布（不含“7·22事故”）

3. 小时分布

从交通事故的24小时分布来看，交通事故发生的高峰时间点主要分布在上午8时和下午4时，并且以这两个时间点为中心存在明显的高峰时段，而死亡人数最高点则分布在凌晨3时和早上7时；受伤人数和直接财产损失在下午2时处于最高值。交通事故小时分布见图2－12、图2－13，交通事故后果小时分布图2－14。

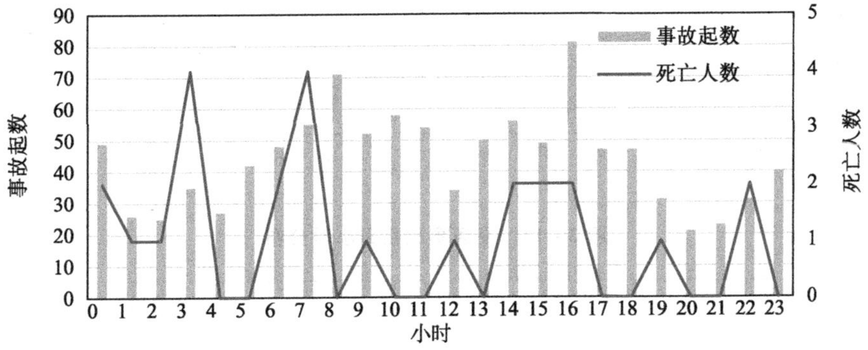

图2－12　交通事故小时分布（一）

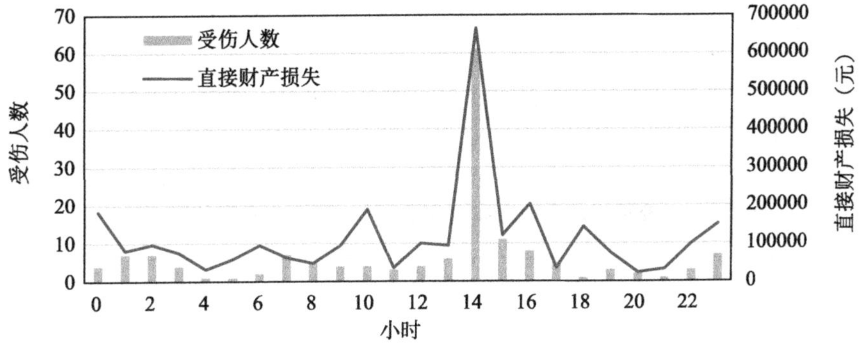

图2－13　交通事故小时分布（二）

经过对数据的分析，14时出现事故严重性高峰的主要原因是在2017年7月22日下午14时28分发生了一起大型客车交通事故（以下简称“7·22大客车事故”）。如果不考虑该起事故的影响，分析结果如下：交通事故造成死亡人数最高的时间点仍旧是凌晨3时和早上7时；受伤人数和直接财产损失在下午3时、4时达到高峰值；而从交通事故的后果来看，凌晨发生的交通事故往往会造成比较严重的人员伤亡和财产损失。交通事故小时分布（不含“7·22大客车事故”）见图2－15、图2－16，交通事故后果小时分布（不含“7·22大客车事故”）见图2－17。

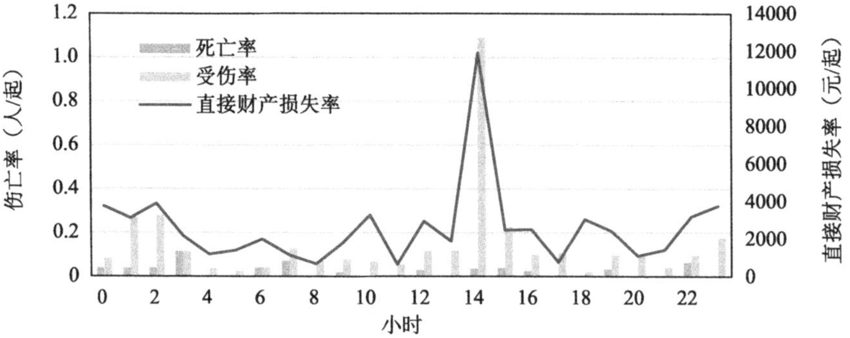

图2－14　交通事故后果小时分布

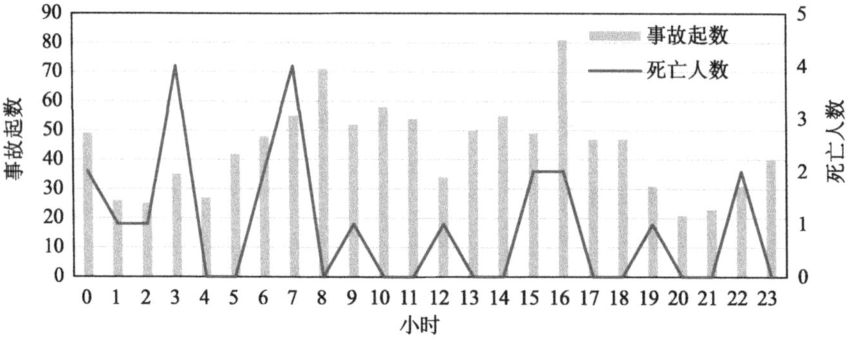

图2－15　交通事故小时分布（不含“7·22大客车事故”）（一）

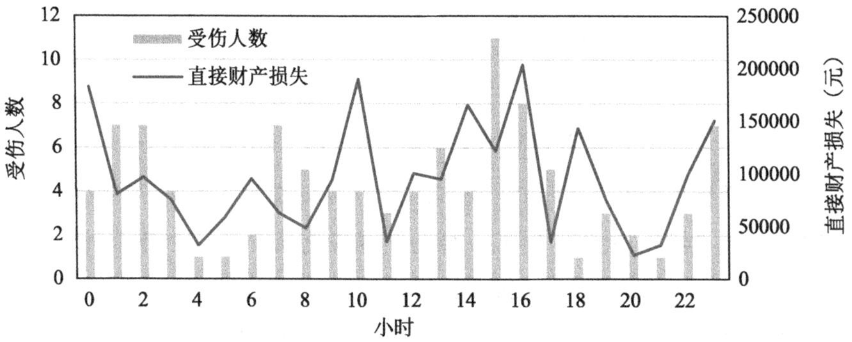

图2－16　交通事故小时分布（不含“7·22大客车事故”）（二）

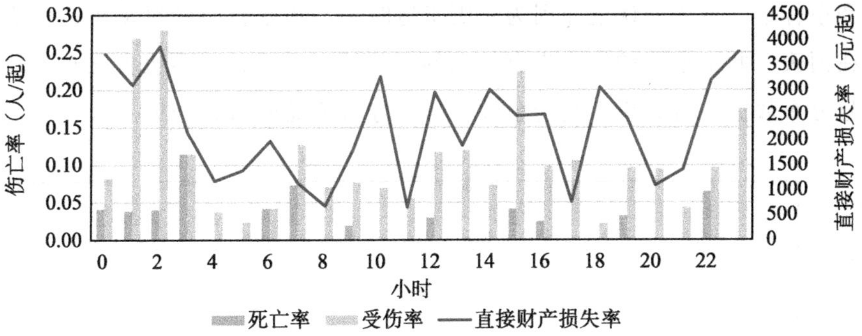

图 2－17　交通事故后果小时分布（不含“7·22 大客车事故”）

2.2　空间分布

华东某高速公路全长 228.33 公里，平均每公里的事故率为 4.61 起，事故造成的死亡率为 0.109 人/公里、受伤率为 0.705 人/公里、直接财产损失 12253 元/公里。累计有 87 个公里桩的交通事故起数超过平均事故率。桩号交通事故分布见图 2－18。

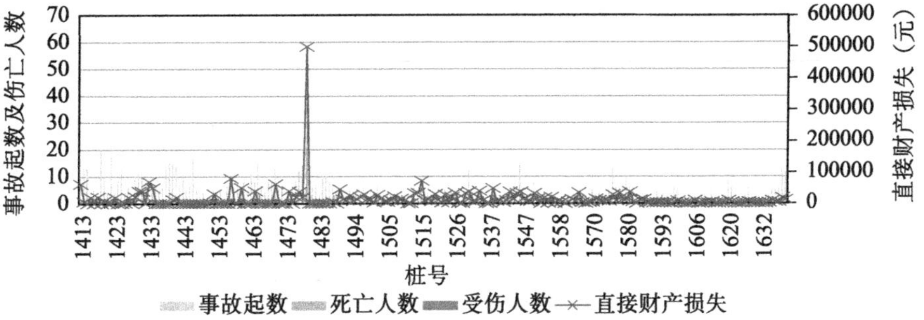

图 2－18　桩号交通事故分布

其中，2014 年 7 月 22 日在 K1479＋200 处发生一起特大交通事故，造成 2 人死亡、57 人受伤、直接财产损失 50 万元。发生事故的车辆类型为大客车和小客车，事故的认定原因为变更车道时影响正常行驶的机动车，事故发生在雨天。此类事故的发生带有较大的偶然性。因此，对不包含此次事故的桩号分布数据进行分析，交通事故的空间分布情况见图 2－19。

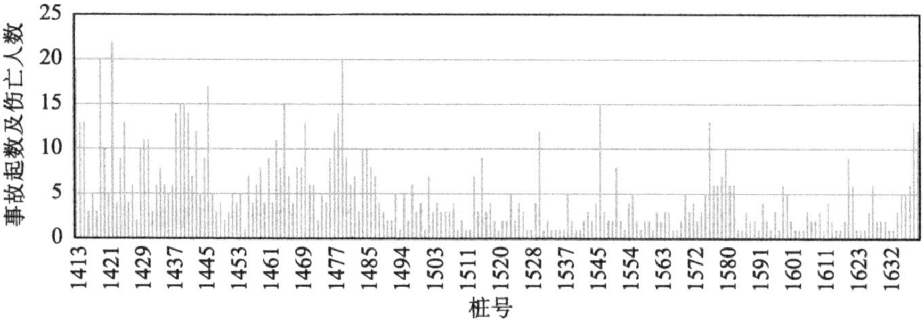

图 2－19　交通事故起数的空间分布

从交通事故的桩号分布来看，K1413—K1494 路段交通事故发生率相对较高，而此路段对应较大的交通流量，且大型货运车辆占比较大。

从交通事故造成的后果来看，交通事故造成的死亡人数在 K1494—K1591 路段的 6 个公里桩事故路段均有 2 人死亡；受伤人数在 K1485—K1611 路段较高；交通事故造成的直接财产损失在 K1485—K1583 路段较高。交通事故死亡人数的空间分布见图 2－20，交通事故受伤人数的空间分布见图2－21，交通事故直接财产损失的空间分布见图 2－22。

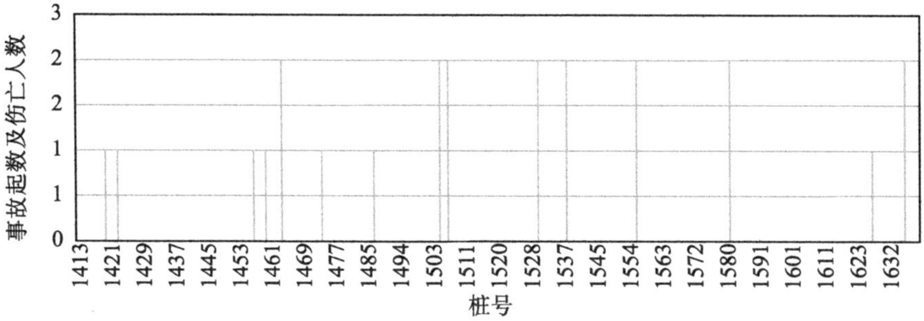

图 2－20　交通事故死亡人数的空间分布

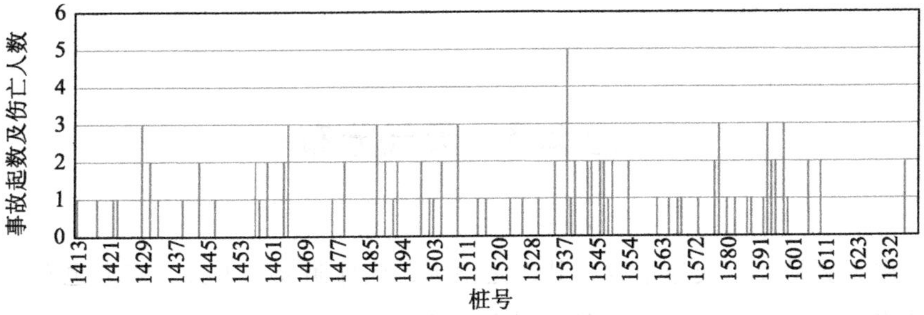

图2-21　交通事故受伤人数的空间分布

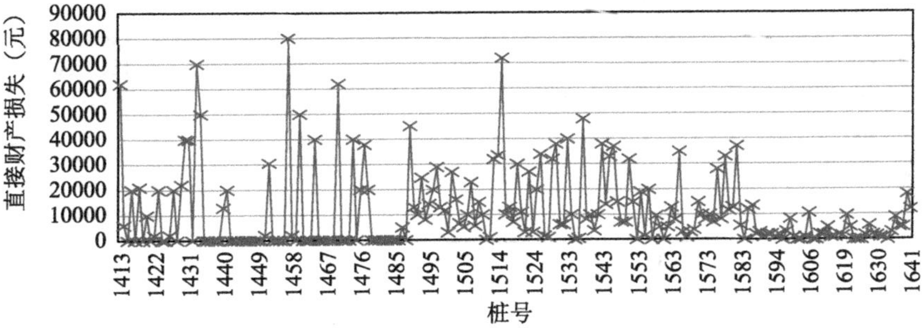

图2-22　交通事故直接财产损失的空间分布

总体来看，虽然K1483—K1590路段的交通事故起数不高，但是交通事故后果较为严重，明显高于其他路段的事故严重性水平。桩号事故后果对比交通事故分布见图2-23。

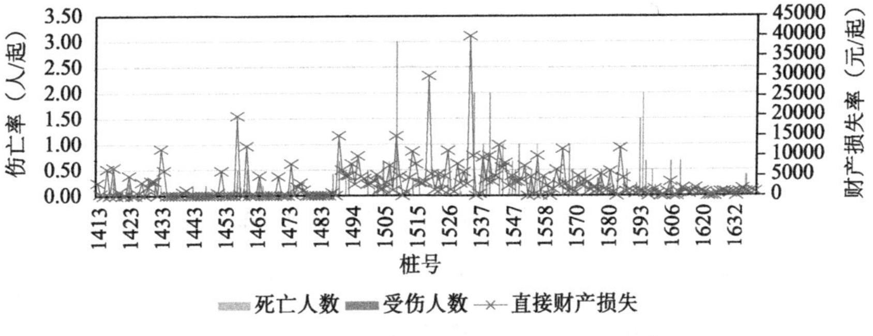

图2-23　桩号事故后果对比交通事故分布

2.3 天气分布

晴天更易发生交通事故，其次是雨天，此外阴天、雪天、雾天也有交通事故发生。天气交通事故分布见图 2－24，天气相对数量交通事故分布见图 2－25。

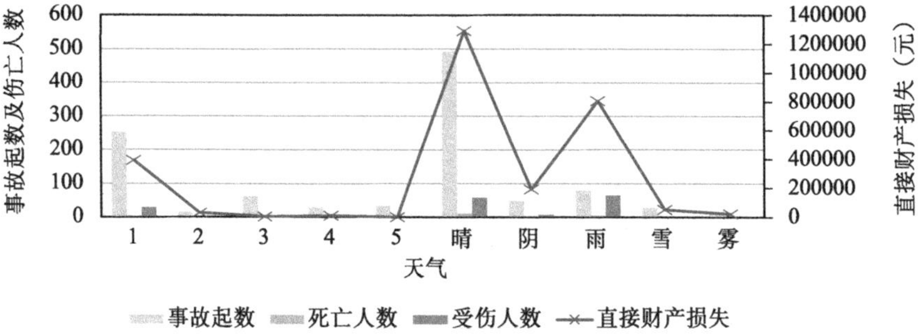

图 2－24 天气交通事故分布

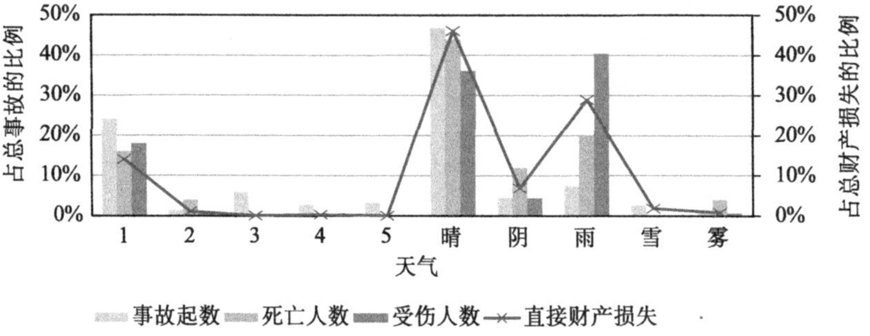

图 2－25 天气相对数量交通事故分布

从不同天气条件下交通事故的后果来看，雨天交通事故受伤率最高，应加强雨天的气象监测和交通运营安全管理。在不考虑 2014 年 7 月一起雨天发生的特大交通事故的情况下，阴天造成的交通事故受伤率、直接财产损失率最高，晴天的交通事故受伤率接近 0.12 人/起。天气事故后果对比交通事故分布见图2－26、图2－27。

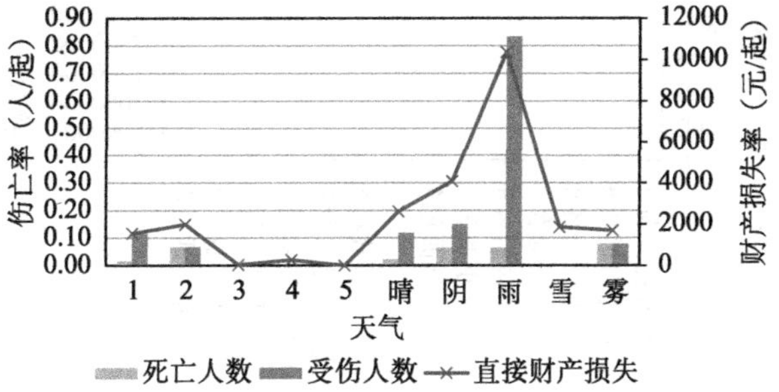

图2－26　天气事故后果对比交通事故分布

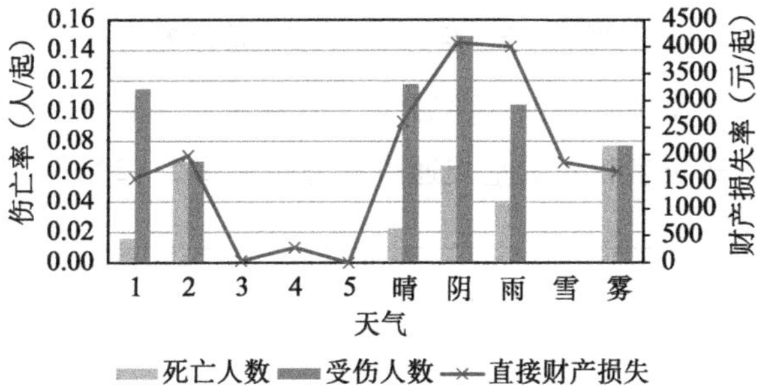

图2－27　天气事故后果对比交通事故分布

（不含2014年7月一起雨天发生的特大交通事故）

2.4　车型分布

从事故数据样本里事故车型的分布来看，多数简易程序处理的交通事故没有记录发生事故的具体车型。在事故数据样本中，发生事故的车型主要有大型普通客车、小型普通客车、小型轿车、小型面包车、重型仓栅式货车、重型半挂牵引车、重型厢式货车、重型平板货车、重型普通货车等。其中，重型货车占比较多，这可能与交通流中重型货车的比例较大具有一定的关联性。车辆类型交通事故分布见图2－28。

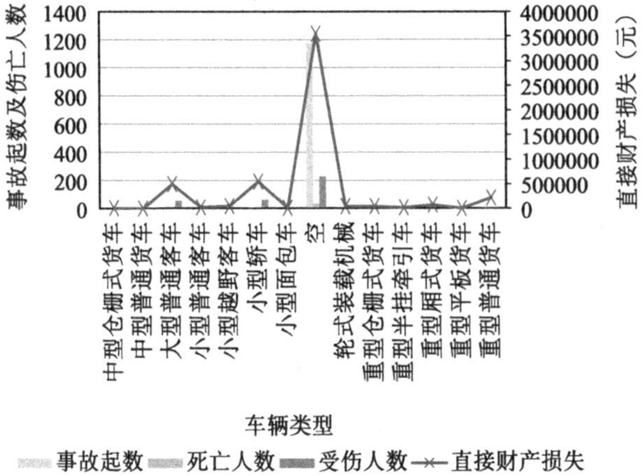

图 2－28　车辆类型交通事故分布

在所有事故车型中，大型普通客车、小型客车、重型普通货车的事故占比相对较高。车辆类型相对数量交通事故分布见图 2－29。

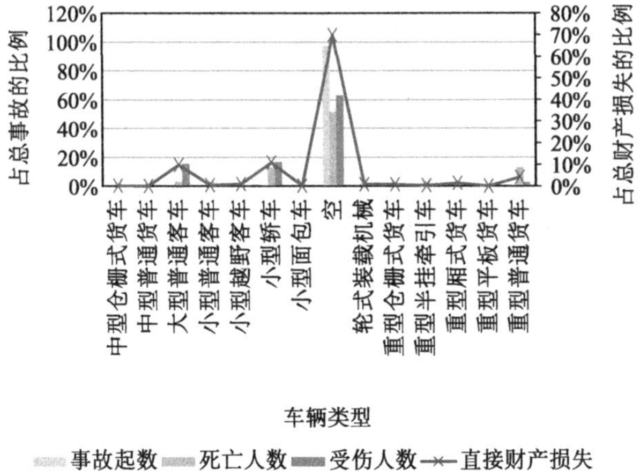

图 2－29　车辆类型相对数量交通事故分布

对一般程序处理的交通事故车型进行分析（不含 2014 年 7 月一起雨天发生的特大交通事故）可以发现：重型普通货车和小型轿车是发生交通事故的两类主要车型。其中，重型普通货车的事故发生起数、死亡人数、受伤人数均超过一般程序处理的交通事故总量的 30%，应在日常运营管理中给予特别关注。车辆类型相对数量交通事故分布见图 2－30。

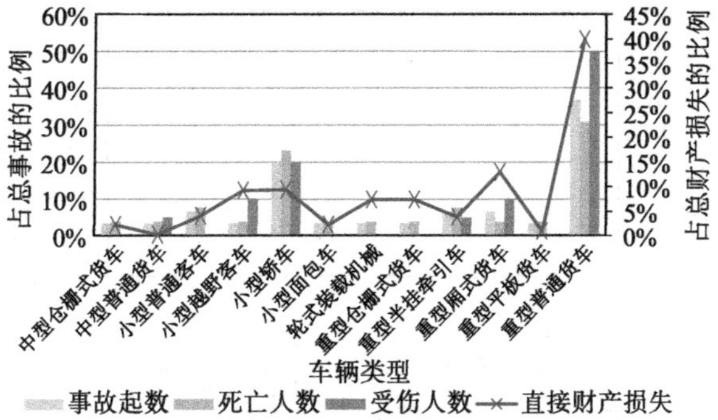

图 2-30　车辆类型相对数量交通事故分布

2.5　事故原因分布

从交通事故认定原因的分布来看，其他操作不当，在同车道行驶中不按规定与前车保持必要的安全距离，机动车载货长度、宽度、高度超过规定，饮酒后驾驶机动车，驾驶安全设施不全的机动车等原因是造成交通事故的主要原因，并产生了相对严重的事故后果。事故认定原因交通事故分布见图 2-31，事故认定原因相对数量交通事故分布见图 2-32，事故认定原因事故后果对比交通事故分布见图 2-33。

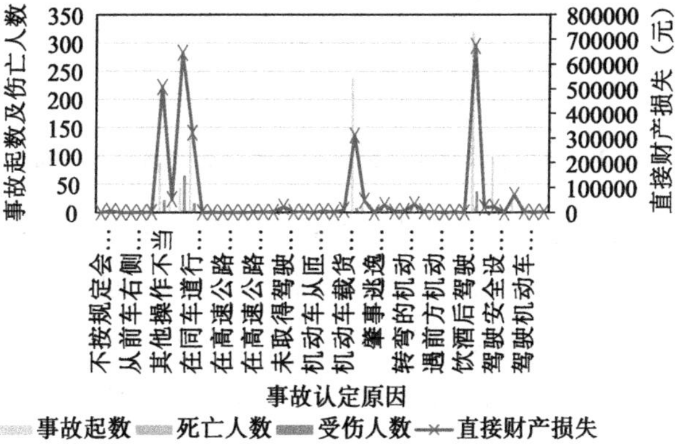

图 2-31　事故认定原因交通事故分布

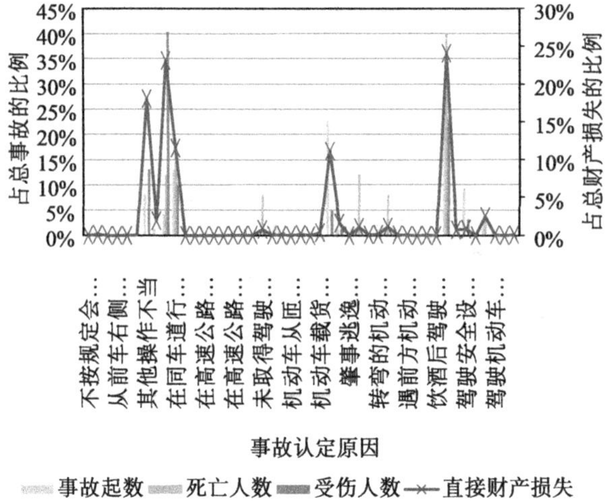

图 2-32 事故认定原因相对数量交通事故分布

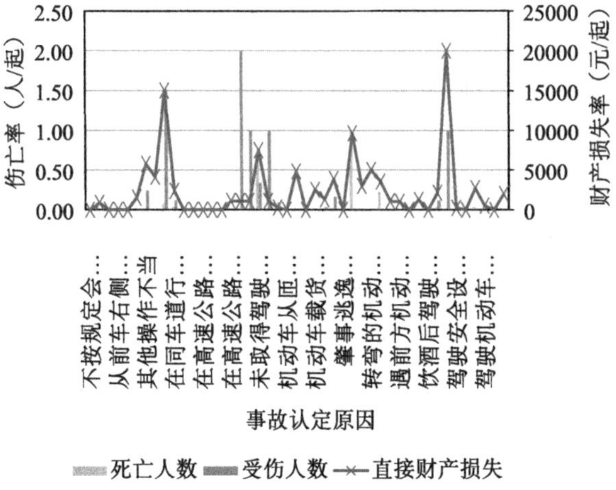

图 2-33 事故认定原因事故后果对比交通事故分布

其中，以平均每起交通事故造成的死亡人数作为衡量指标，危险性比较高的事故原因主要有：行人进入高速公路（1.0 人/起）、无证驾驶（0.67 人/起）、疲劳驾驶（0.22 人/起）等，主要是违法、违章行为，应加大查处力度和加强日常巡查。事故认定原因事故后果死亡人数对比见图 2-34。

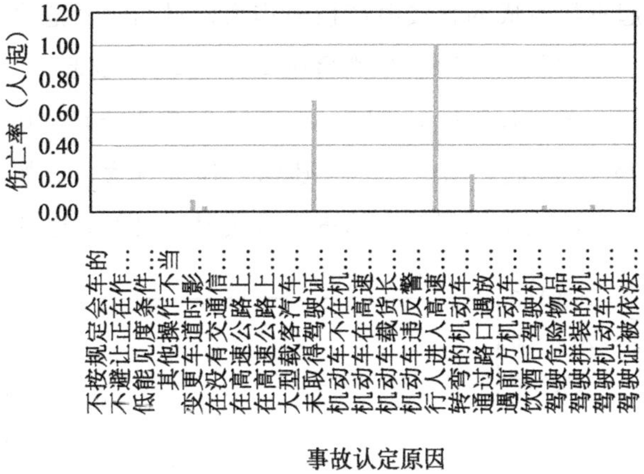

图 2-34　事故认定原因事故后果死亡人数对比

以平均每起事故造成的受伤人数作为衡量指标，危险性比较高的事故原因主要有：大型载客汽车牵引挂车（2.0 人/起）、变更车道时影响正常行驶的机动车（1.5 人/起）、未将故障车辆及时移至不影响交通的地方和驾驶危险品运输车辆超速 20%（1.0 人/起）等。这些原因反映出驾驶人在驾驶技术、文明驾驶及应急处置等方面的不足，应加强对驾驶人的安全宣传教育。事故认定原因事故后果受伤人数对比见图 2-35。

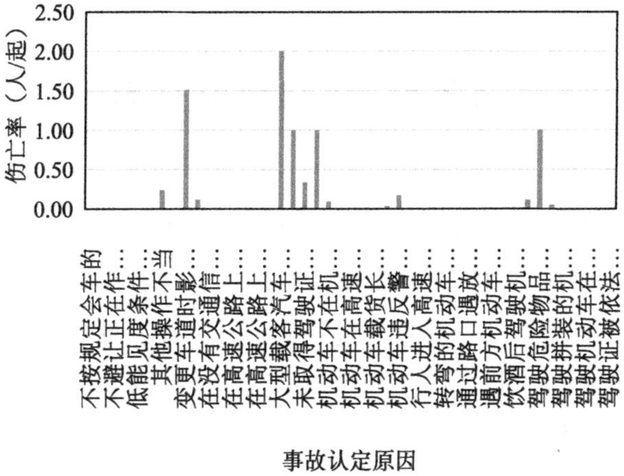

图 2-35　事故认定原因事故后果受伤人数对比

以平均每起事故造成的直接财产损失作为衡量指标，危险性比较高的事故原因主要有：驾驶危险品运输车辆超速20%（2万元/起）、变更车道时影响正常行驶的机动车（1.5万元/起）、行人进入高速公路（0.97万元/起）、无证驾驶（0.75万元/起）等，主要是违法、违章行为，应加大查处力度和加强日常巡查。事故认定原因对应的事故直接财产损失对比见图2－36。

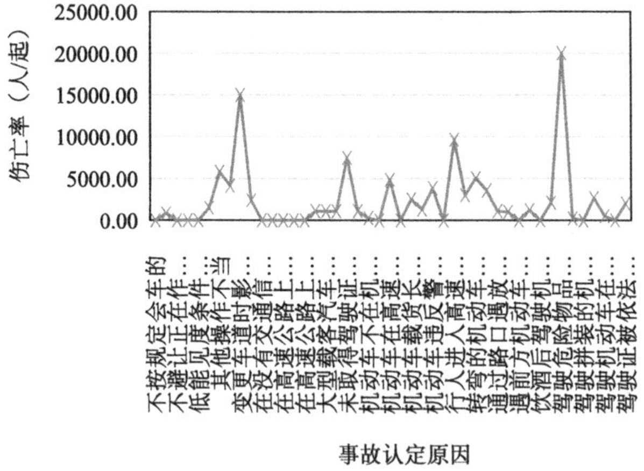

图2－36　事故认定原因对应的事故直接财产损失对比

2.6　事故形态分布

碰撞运动车辆和撞固定物是交通事故形态的主要特征，其次是碰撞静止车辆和侧翻。从交通事故的后果来看，刮撞行人、碰撞后碾压、碾压行人等都造成了较为严重的伤亡，这与事故认定原因中行人进入高速公路具有一定的对应性。事故形态交通事故分布见图2－37，事故形态事故后果对比交通事故分布见图2－38。

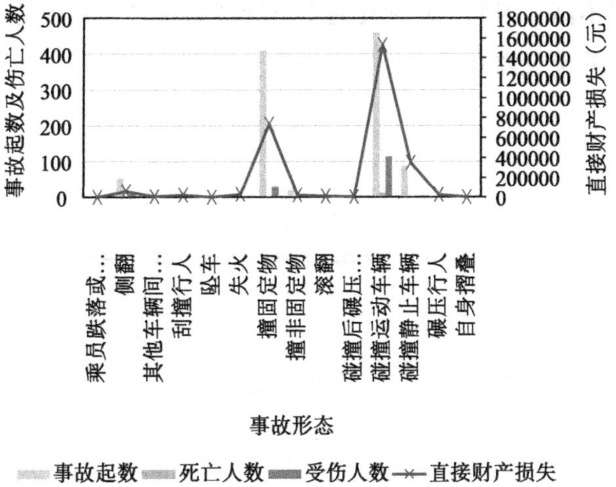

图 2－37　事故形态交通事故分布

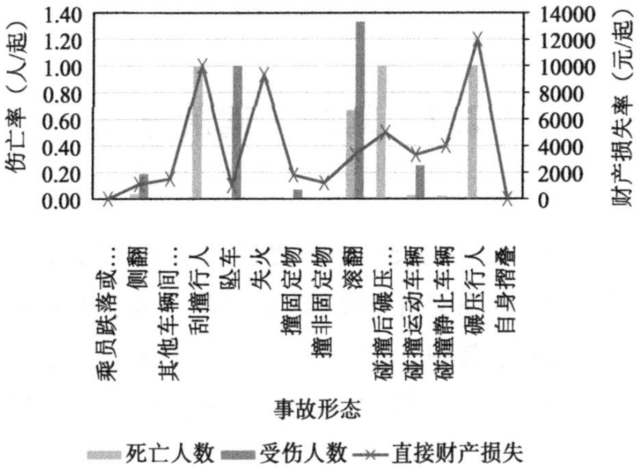

图 2－38　事故形态事故后果对比交通事故分布

除了加强对车辆驾驶人的安全教育外，还应加强对高速公路周边村落村民或行人等的安全教育。在对高速公路实地勘察的过程中，发现高速公路两侧的跨路天桥数量很多，且间距不大，在正常情况下应该完全能够满足行人等跨越高速公路的需要，但是从行人穿越高速公路造成事故多发的情况来看，跨路天桥没有得到良好的利用。跨路天桥见图 2－39。

而坠车、撞固定物等往往较少造成人员死亡，事故后果相对较轻，且此类事故发生率不高。因此，日常交通安全管理的重点之一还是要做好对行人穿越高速公路的安全教育。

图 2－39　K1537 上行方向的跨路天桥

2.7　驾驶人驾龄分布

已有研究成果中对驾龄与交通事故之间关系的研究文献较多，一般认为，驾龄较短的驾驶人存在交通事故多发的风险。从事故数据样本的分布情况来看，交通事故起数在驾驶人驾龄为 3 年、11 年的时候存在高峰，驾龄在 14 年以内的事故起数都在 40 起以上。驾龄交通事故分布见图 2－40。

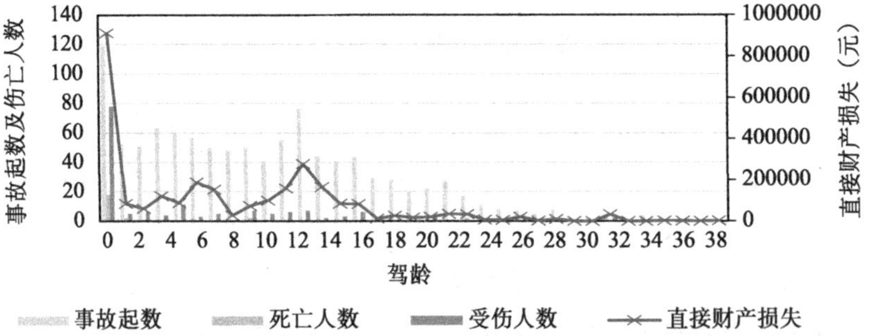

图 2－40　驾龄交通事故分布（驾龄为 0 是指记录中没有驾龄信息）

从不同驾龄对应的交通事故后果来看，2 年以下、8 年以上的驾龄对应了相对较高的事故伤亡率，而事故造成的直接财产损失则在驾龄 4—6 年、8—14 年存在较高的水平，一般损失水平在 0.3 万元/起以上。不同驾龄对应的交通事故后果见图 2 - 41、图 2 - 42、图 2 - 43、图 2 - 44、图2 - 45。

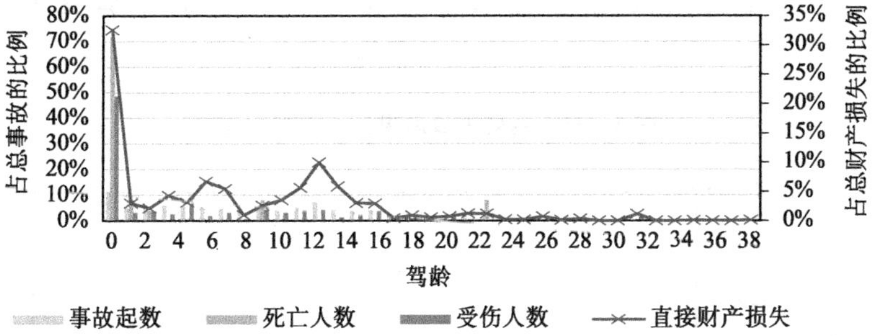

图 2 - 41　驾龄相对数量交通事故分布

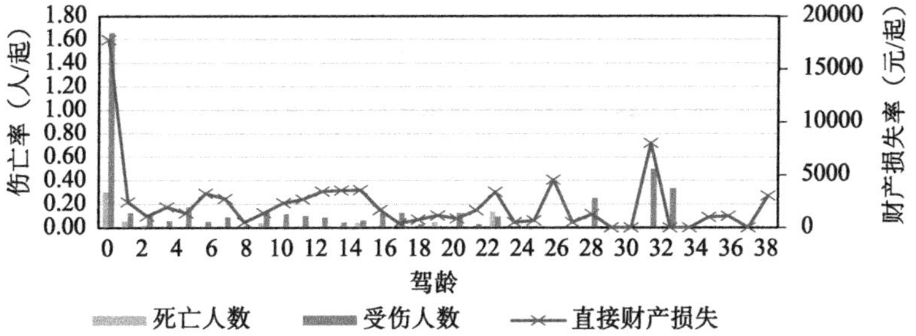

图 2 - 42　驾龄事故后果对比交通事故分布

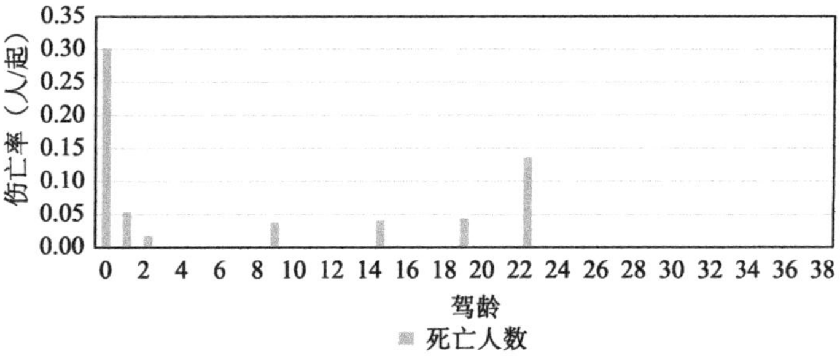

图 2 - 43　驾龄事故后果死亡人数对比

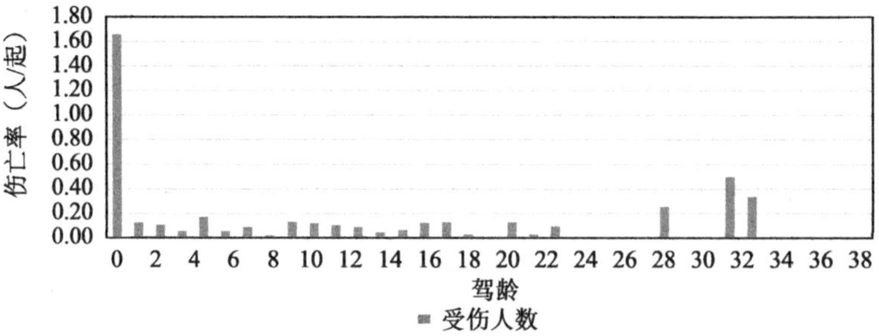

图 2-44　驾龄事故后果受伤人数对比

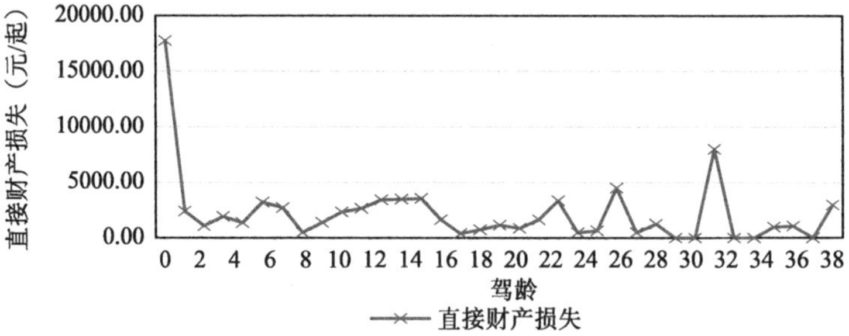

图 2-45　驾龄事故后果直接财产损失对比

第3章

交通事故多发点段判定分析

3.1 累计频率曲线法

累计频率曲线法是一种基于统计学原理的用于交通事故危险点分析的方法，常针对特定道路点段展开。该方法一般以单位长度路段上事故次数为纵坐标、事故次数总数大于某一数值的累积出现频率为横坐标绘制累计频率分布曲线，并确定突变点。

3.1.1 基本原理

累计频率曲线法认为在一条特定的道路上，如果道路条件处处一样，则可认为交通事故发生的位置与道路无关，因此，当统计量足够大时，交通事故沿道路分布理论上是均匀的。但实际上不同路段的道路条件是不同的，所以实际交通事故在路段长度方向上的发生也沿路呈现一定的不均匀性，即发生少量交通事故或不发生交通事故的路段占大部分，集中发生较多交通事故的路段是少部分，并且交通事故数越高的路段所占的比例越小，将交通事故数（率）发生的频率排序，计算其累计频率，则能分离出累计频率很小、但交通事故数（率）很高的位置，将其作为交通事故多发路段的可能位置。

对于累计频率对应的突变点，在突变点左侧，事故总数显著增加，但其出现频率基本保持稳定，即在较短里程内的事故统计值占较大比重；而在突变点右侧，事故数减少不多，但频率增长显著，意味着较长里程内事故总数占全路段的比重不大。

3.1.2 判定过程

根据2014年8月1日至2017年7月31日华东某高速路段（K1480—K1538）的事故记录（203起），以1km为分段单元，计算单元上的事故数，从而得到发生小于N起事故的累计频率。表3－1所示为事故累计频率计算结果。

表3－1　事故累计频率计算

事故次数	路段计数	频率	累计频率
0	4	0.068	0.068
1	13	0.220	0.288
2	11	0.186	0.474
3	8	0.136	0.61
4	8	0.136	0.746
5	3	0.051	0.797
6	2	0.034	0.831
7	4	0.068	0.899
8	1	0.017	0.916
9	2	0.034	0.95
10	2	0.034	0.984
11	1	0.017	1

根据表3－1计算结果绘制的累计频率散点图及拟合曲线见图3－1。

根据累计频率曲线的趋势，可计算出曲线的“突变点”，突变点处的累计频率约为80.3%，事故率为6起/km。即事故率<6起/km的路段单元为80.3%，而≥6起/km的路段单元为19.7%，但事故起数为97起，占全部203起事故的47.8%。因此将≥6起/km的路段定为事故多发路段。见表3－2。

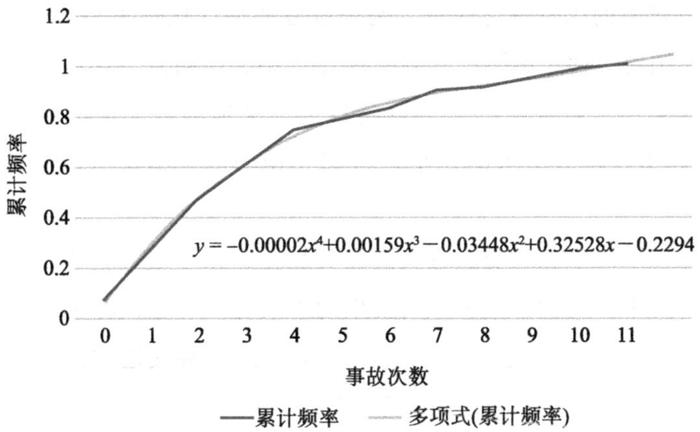

图 3-1 华东某高速路段（K1480—K1538）事故累计频率曲线与拟合曲线

表 3-2 华东某高速路段（K1480—K1538）事故多发路段

事故数≥6 起/km 路段桩号	事故次数	事故数≥6 起/km 路段桩号	事故次数
1480	9	1497	6
1481	6	1502	7
1482	7	1513	7
1484	10	1515	9
1485	10	1530	11
1486	8	—	—
1487	7	—	—

3.2 事故特征关联性分析

3.2.1 单因素分析

1. 事故形态与交通方式分析

通过对交通事故形态的一般对应分析，“惯性比例解释”、“惯性比例累积”能对贡献率的因子进行解释，两个维度的惯性比例累积为84%，因此，我们选择二维解。两个因子的结果标准差越小，说明点估计值越准确，因子的相关系数越小，则说明因子分解越稳定。这里的两个标准差为0.000和0.060，其相关性数值为0.01，小于0.05，说明两个因素存在相关性，且结果较为准确。

通过分析事故形态与交通方式的相关数据，以事故数据样本中的203起事故为例，其中，驾驶小型客车所发生的事故有129起，占64%；驾驶重型货车所发生的事故有57起，占28%。我们对这两种交通方式进行分析，事故形态与交通方式的分析数据见表3－3。

表3－3　　事故形态与交通方式的分析数据

维数	奇异值	惯量	卡方	Sig.	惯量比例		置信奇异值	
					解释	累积	标准差	相关
								2
1	1.000	1.000			.690	.690	.000	.000
2	.465	.216			.149	.840	.060	
3	.445	.198			.136	.976		
4	.163	.026			.018	.994		
5	.086	.007			.005	1.000		
6	.023	.001			.000	1.000		
总计		1.448	293.995	.000[a]	1.000	1.000		

注：a.72自由度。

在驾驶小型客车所发生的129起事故中主要的事故形态是撞固定物和碰撞运动车辆，碰撞运动车辆有32起，占25%；撞固定物有84起，占65%。在驾驶重型货车所发生的57起事故中主要的事故形态是撞固定物和碰撞运动车辆，撞固定物有17起，占30%；碰撞运动车辆有28起，占49%。驾驶小型客车与驾驶重型货车的事故形态分布见图3－2。

从数据中发现，在驾驶小型客车时，最容易发生的事故是撞固定物，其次是碰撞运动车辆。这主要是因为小型客车体积小、质量轻，所以惯性较小，在出现紧急情况时对于转向的控制较为灵活，在无法及时进行制动的情

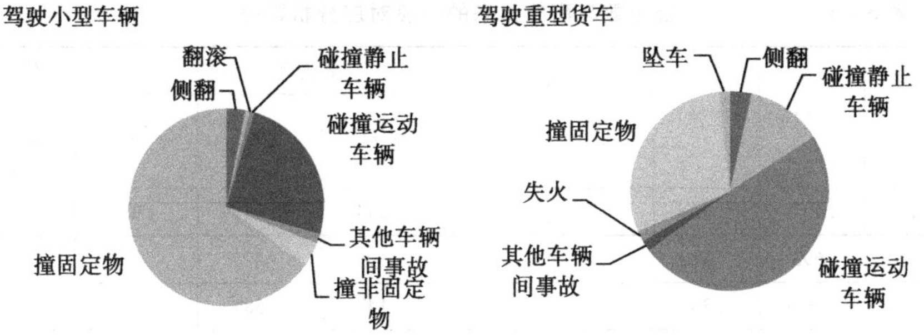

图3-2　驾驶小型客车与驾驶重型货车的事故形态分布

况下，多数驾驶员会选择进行撞击固定物来紧急制动，以此避免造成额外伤亡和重大经济损失。当情况较为紧急无法作出转向操作或驾驶员注意力不集中时则会出现碰撞运动车辆的情况。

而驾驶重型货车时，占比重较大的事故形态依旧是撞固定物和碰撞运动车辆。但是碰撞静止车辆占到了12%，这也体现了重型货车多为长途运输且质量大惯性大，在遇到高速公路上出现故障临时停靠的车辆时比小型客车更不容易反应，更容易发生事故。与驾驶小型客车相比，驾驶重型货车碰撞运动车辆的比重上升到49%，这也说明重型货车在情况紧急时更难作出转向操作，更多地发生碰撞运动车辆的情况，从而产生更为严重的后果。所以在高速公路上，重型货车属于危险因素，它所造成的事故相比之下严重的概率更高。

2. 公里数与事故形态分析

公里数与事故形态的一般对应分析数据见表3-4，其中，“置信奇异值”标准差越小，说明点估计值越准确，因子的相关系数越小，则说明因子分解越稳定。这里的两个标准差为0.080和0.173，其相关性数值为0.027，小于0.05，说明两个因素存在相关性，且结果较为准确。

我们分析发现：

①K1480—K1482路段是连环事故路段，其中，K1480路段发生9起事故，K1481路段发生6起事故，K1482路段发生7起事故；事故形态中撞固定物13起，碰撞运动车辆7起。所以可以推测出此路段为事故多发路段，存在线形问题，比对交管部门给出的数据，此路段确为长下坡+转弯路段，在此地形中车辆易失控，从而易造成严重的交通事故。

表 3－4　　公里数与事故形态的一般对应分析数据

维数	奇异值	惯量	卡方	Sig.	惯量比例		置信奇异值	
					解释	累积	标准差	相关
								2
1	.777	.604			.244	.244	.080	.027
2	.693	.480			.194	.437	.173	
3	.603	.364			.147	.584		
4	.547	.299			.121	.705		
5	.497	.247			.100	.804		
6	.422	.178			.072	.876		
7	.349	.121			.049	.925		
8	.322	.103			.042	.967		
9	.286	.082			.033	1.000		
总计		2.480	503.349	.713[a]	1.000	1.000		

注：a. 522 自由度。

②K1484—K1488 路段，其中，K1484 路段发生 10 起事故，K1485 路段发生 10 起事故，K1486 路段发生 8 起事故，K1487 路段发生 7 起事故，K1488 路段发生 4 起事故；事故形态中撞固定物 21 起，碰撞运动车辆 15 起。所以 K1488 路段应为需要制动减速的路段，比对交管部门给出的数据，此路段为隧道，并且地形较为复杂，能见度低，在此特殊的交通环境影响下，尤其是当天气较为恶劣的情况下，很容易造成交通事故。

③K1485—K1499 路段，此路段发生 20 起事故；事故形态中撞固定物 10 起，碰撞运动车辆 6 起，侧翻 3 起，此路段应为长下坡 + 转弯路段，易导致车辆在此处制动失灵和转弯不及时的情况，因此发生多起交通事故。比对交管部门给出的数据，此路段确为上下坡 + 转弯路段，并且 K1497 + 970—K1498 +80 处为桥面，地形情况复杂，非常容易发生交通事故。

④K1513—K1517 路段，此路段发生 26 起事故；事故形态中撞固定物 12 起，碰撞运动车辆 9 起。另外，K1529—K1530 路段发生 15 起事故。比对交管部门给出的数据，这两个路段为团雾易发路段，在秋冬季节易形成团雾，易造成交通安全隐患，分析原始数据发现这两个路段事故多发生在九月至来

年三月的秋冬季节。

事故多发点形成的原因多为线形不合理，如长下坡＋转弯路段，或者是隧道出入口的路段，并且伴有恶劣天气等情况，能见度低，导致了事故的频繁发生。

3. 事故认定原因与直接经济损失分析

事故认定原因与直接经济损失的一般对应分析数据见表3－5，其中，“置信奇异值”标准差越小，说明点估计值越准确，因子的相关系数越小，则说明因子分解越稳定。这里的两个标准差为0.000和0.033，其相关性数值为0.000，小于0.05，说明两个因素存在相关性，且结果较为准确。

表3－5　事故认定原因与直接经济损失的一般对应分析数据

维数	奇异值	惯量	卡方	Sig.	惯量比例		置信奇异值	
					解释	累积	标准差	相关
								2
1	1.000	1.000			.286	.286	.000	.000
2	.802	.643			.184	.470	.033	
3	.720	.518			.148	.618		
4	.672	.452			.129	.747		
5	.571	.326			.093	.841		
6	.488	.238			.068	.909		
7	.388	.151			.043	.952		
8	.312	.098			.028	.980		
9	.212	.045			.013	.993		
10	.148	.022			.006	.999		
11	.060	.004			.001	1.000		
12	.024	.001			.000	1.000		
总计		3.495	709.522	1.000[a]	1.000	1.000		

注：a. 9500自由度。

事故认定原因中，驾车时有其他妨碍安全行车的有56起，变更车道时影响正常行驶的机动车的有10起，机动车违反警告标志指示的有30起，驾驶安全设施不全的机动车的有21起，其他操作不当的有49起。

3.2.2 多因素分析

1. 天气和事故形态分析（见表3-6）

表3-6 天气与事故形态分析

差异源	SS	df	MS	F	P-value	Fcrit
行	1321.32	4	330.33	3.230541037	0.023032891	2.633532094
列	2001.62	9	222.4022222	2.175035587	0.047761626	2.152607472
误差	3681.08	36	102.2522222			
总计	7004.02	49				

在表3-6中，行的F值3.230541037大于Fcrit值2.633532094，列的F值2.175035587也大于Fcrit值2.152607472，说明天气和事故形态等因素都与事故起数有明显的关联性。

（1）经过数据分析得出，发生事故最多的天气是晴天。一方面，晴天时视野比较清晰，容易导致驾驶员的松懈，在强光照射下，车内温度会上升，从而使驾驶员产生困倦，导致注意力下降，对突发事件反应不及造成事故，尤其是长途驾驶更容易出现这种情况；另一方面，阳光较强时也会使驾驶员视线受阻，部分路面及路旁的金属和玻璃制品会在强光下产生光线反射，从而影响驾驶员的视线，易造成事故，所以在这种天气下发生撞固定物和碰撞运动车辆的事故最多。

（2）在雨天中撞固定物的事故形态最多，这说明雨天不光制约驾驶员的视线，还会使路面的摩擦力减小，刹车效果减弱，导致车辆难以控制出现如撞到护栏等情况。同时，雨天还易发生碰撞静止车辆、碰撞运动车辆和侧翻等事故形态，这也证明了雨天地面摩擦力变小，车辆更加难以控制，易导致事故的发生。

（3）在阴天中易发生碰撞静止车辆、碰撞运动车辆、撞固定物和撞非固定物这四种事故形态同时存在的情况。这是因为在阴天驾驶员的视线会受到影响，驾驶环境变得恶劣，更容易发生交通事故。尤其在原本路况不好或者车流量较大的地段这种影响更为严重，极大地增加了事故发生的概率。

2. 公里数和天气分析（见表 3 – 7）

表 3 – 7　　公里数与天气分析摘要

差异源	SS	df	MS	F	P – value	Fcrit
行	333.7666667	5	66.75333333	3.627241442	0.016939673	2.710889837
列	2143.533333	4	535.8833333	29.11881905	4.35572E – 08	2.866081402
误差	368.0666667	20	18.40333333			
总计	2845.366667	29				

在表 3 – 7 中，行的 F 值 3.627241442 大于 Fcrit 值 2.710889837，列的 F 值 29.11881305 也大于 Fcrit 值 2.866081402，说明公里数和天气等因素都对事故起数有明显的影响。

一些路段交通环境复杂，当遇到雨、雾、雪等恶劣天气时，将会成为事故多发的路段。

（1）K1523 + 500M—K1524 + 700 路段是特大桥路段，团雾易发，当遇到雨雾天气极易造成交通安全隐患。

（2）K1524 路段地势低凹，遇有强降雨的天气时，由于不能及时排出路面积水，导致此路段积水严重，而积水最严重的时候能够淹没东侧两条车道，给正常行车带来了严重的交通隐患。

（3）K1490—K1491 + 500 路段为长下坡路段，在雨、雪、雾等恶劣天气影响下，尤其是受到秋冬低温影响时，路陡车滑，上坡路段行驶困难，下坡路段又易车速过快，对行车安全产生了很大的威胁，易带来严重的交通安全隐患。还有一些桥梁路段在冬季降雪时，桥面极易结冰而且横向风严重，容易发生侧滑、侧翻、追尾等事故。

3. 公里数和交通方式分析（见表 3 – 8）

在表 3 – 8 中，行的 F 值 1.50029967 小于 Fcrit 值 2.449466422，列的 F 值 12.95437519 大于 Fcrit 值 2.180170453，说明公里数和交通方式等因素都对事故起数有明显的影响。

表 3-8　　公里数与交通方式分析摘要

差异源	SS	df	MS	F	P-value	Fcrit
行	185.4259259	5	37.08518519	1.50029967	0.211452785	2.449466422
列	2561.703704	8	320.212963	12.95437519	5.53439E-09	2.180170453
误差	988.7407407	40	24.71851852			
总计	3735.87037	53				

在部分特殊路段下，部分车型更容易发生交通事故。

（1）K1523+700—K1524+500 路段为特大桥路段，此路段发生事故的车型多为小型客车。当小型客车在大桥上行驶时，因为受到侧向风的影响会使操作变难，易导致发生事故。

（2）K1497+500—K1499 路段为长下坡+转弯路段，此路段发生事故的车型大部分是重型货车和中型货车。当大型货车行驶到这一路段时，原本因为上下坡的消耗，制动能力降低，再加上大型货车质量较大、惯性大，使其转向和制动作用很小，在遇到突发情况时，很难作出有效操作，这大大地增加了发生事故的概率。

（3）K1490—K1491+500 路段为长下坡路段，此路段发生事故的车型主要是重型货车和部分小型客车。此路段为长下坡和对向长上坡路段，该路段由于坡度过大，在行驶的过程中需要长时间连续制动或持续加油门，重型货车质量较大，在下坡或上坡时因为惯性较大难以控制，容易出现上坡后滑或者下坡车速过快的情况，在前后车距离过小时非常容易发生事故。

3.3　事故多发致因深度分析

1. K1480—K1482 路段

在统计时间周期内发生事故 22 起，应用 Excel 对数据项进行单因素分析，见图 3-3、图 3-4、图 3-5。

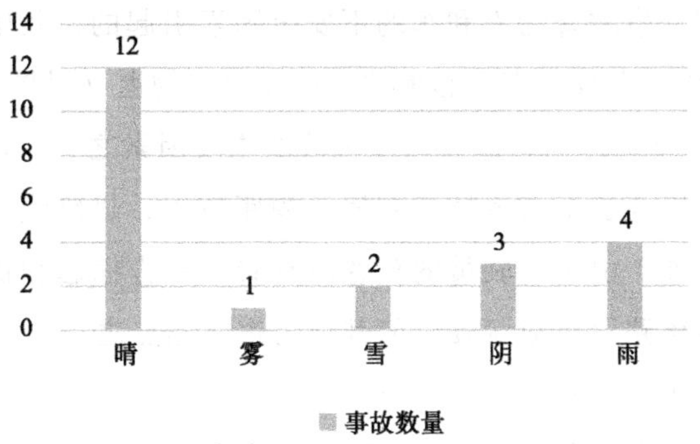

图 3－3　天气分析

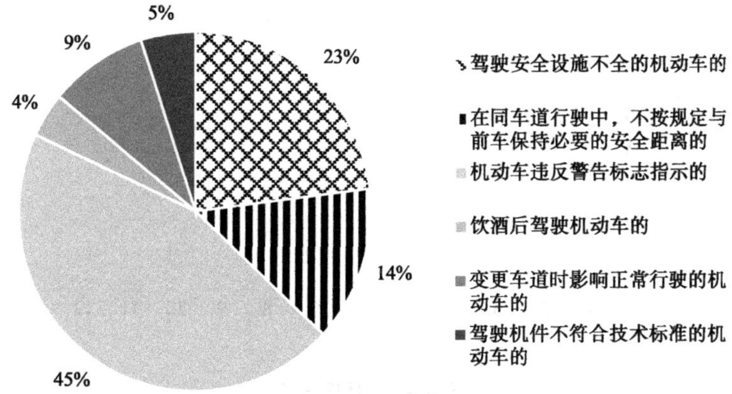

图 3－4　事故原因分析

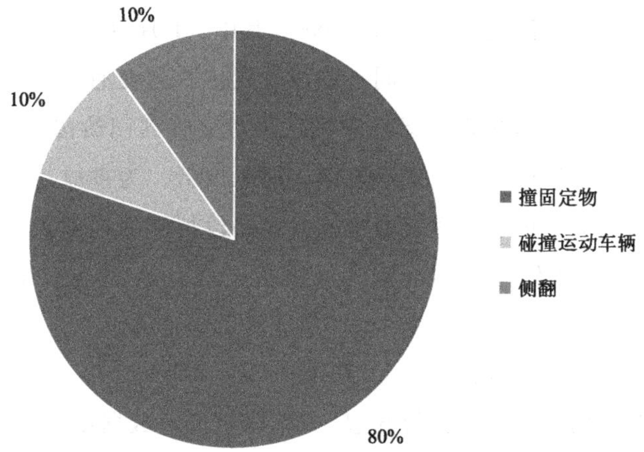

图 3－5　事故形态分析

由上图可知，事故皆为人和车的不安全因素引起的，其中，在机动车违反警告标志的10起事故中有8起事故是撞在固定物上（见图3-5），且不良的天气状况占到45%，也是造成高发事故的主要因素之一。比对交管部门给出的数据，该路段为长下坡+转弯路段，视距较短，道路线形不良，严重影响行车视线。另外，由于驾驶员的疏忽没有看到警告标志和机动车的安全设施不齐全，导致该路段事故频发，使其成为道路黑点之一。

2. K1484—K1487 路段

在统计时间周期内发生事故35起，应用Excel对数据项进行单因素分析，见图3-6。

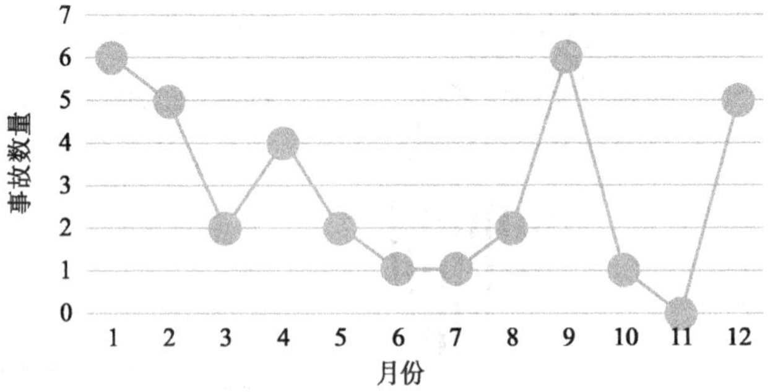

图3-6　月份分析

由上图可以看出，1月份、2月份、9月份、12月份为事故的多发期，该路段发生事故22起，事故占比约63%。其中，1月份、2月份发生事故多以雪天为主，仅在2月份同一天同一路段就发生5起交通事故，这4个月份事故形态都是撞固定物和碰撞运动车辆。比对交管部门给出的数据，K1488路段为隧道，交通环境特殊，地形复杂，能见度低，为事故易发路段，尤其在恶劣天气影响下，更易造成交通事故。该路段特殊的地理条件易使驾驶员对前方车辆运动形态判断不准确，反应不及时，从而造成事故高发。见图3-7、图3-8。

3. K1497—K1499 路段

在统计时间周期内发生事故6起，应用Excel对数据项进行单因素分析，见图3-9、图3-10。

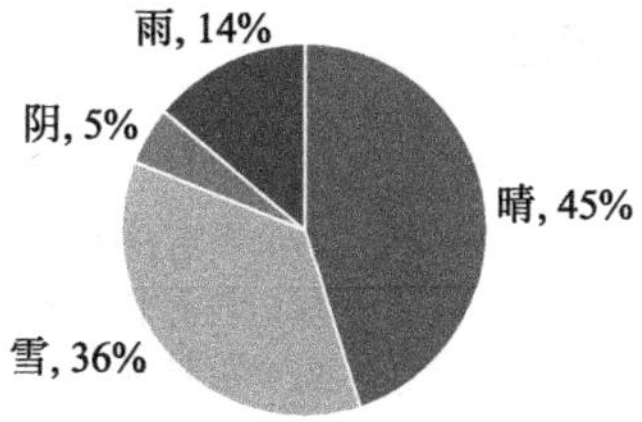

图 3-7 天气比例分析

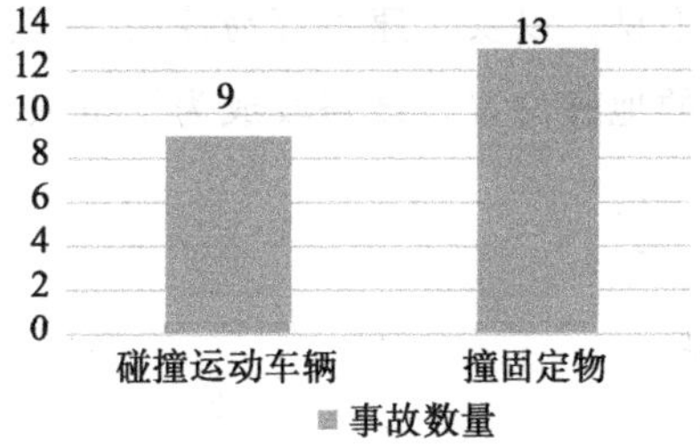

图 3-8 事故形态分析

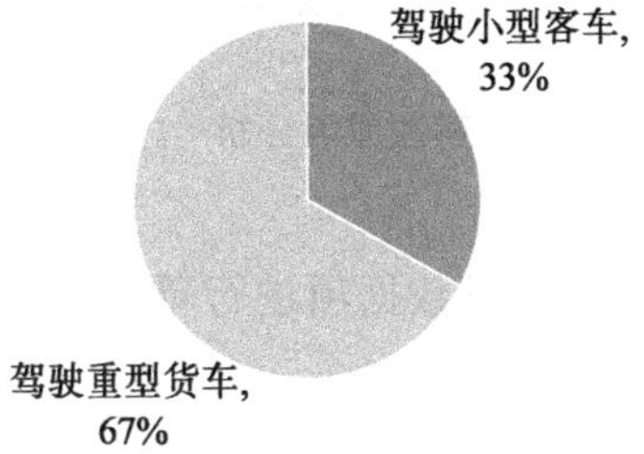

图 3-9 交通方式分析

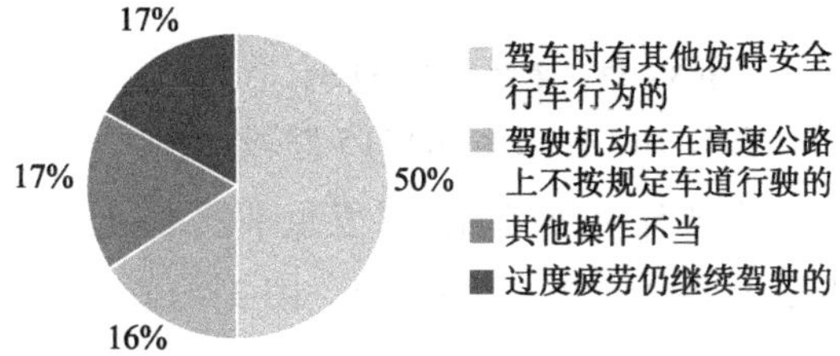

图 3-10 事故原因分析

由上图可知，重型货车占总比为67%，驾车时有其他妨碍安全行车的行为的占比为50%，对比其他因素普遍偏高，经研究分析发现，路面不平整、路面损坏以及部分路面偏高等问题致使驾驶员方向控制感偏差，对大车紧急制动的影响较大。比对交管部门给出的数据，K1497 + 500—K1499 路段为长下坡 + 转弯路段，其中，K1497 + 970—K1498 + 80 处为桥面，地形因素复杂，事故多发。在雨、雪、雾等恶劣天气条件下，路滑易结冰，长下坡 + 转弯的地形易导致车辆失去控制，造成严重的交通安全隐患，使该路段成为了道路黑点之一。

4. K1502—K1503 路段

在统计时间周期内共发生事故 7 起，应用 Excel 对数据项进行单因素分析，见图 3-11、图 3-12。

由上图可知，这 7 起事故都是人为因素引起的，驾驶员大多数都是凭借自己的直觉驾驶，遇到平坦的路段就大幅度的提高行车速度，这也导致一旦遇到急转弯，或者视线不良的路段时便会惊慌失措，而此时紧急制动已经不能满足停车需求，且其事故形态皆是碰撞运动车辆或撞固定物。比对交管部门给出的数据，K1502—K1503 处为马站互通立交，上坡路 + 弯道造成的视线不良，以及车速不容易控制，车流量较大，并易发生倒车等违法行为，特殊的地理位置是该路段成为了事故多发点的原因之一。

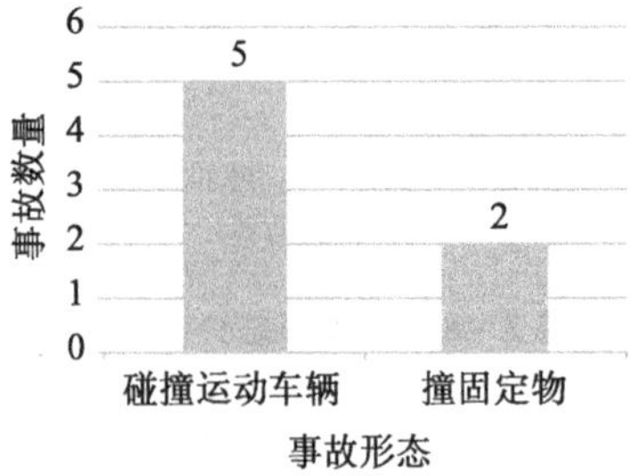

图 3－11　事故形态分析

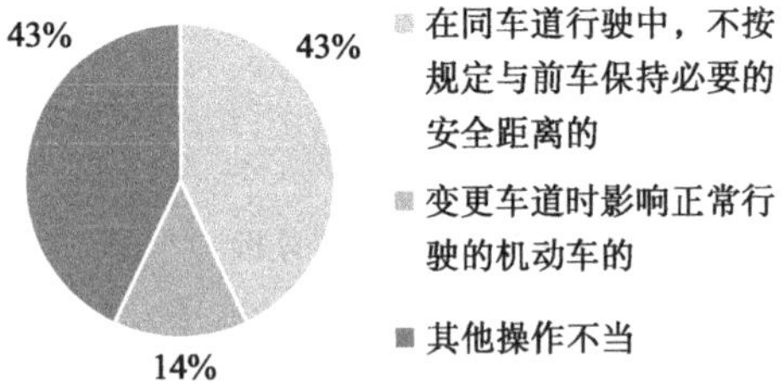

图 3－12　事故原因分析

5. K1513 路段和 K1515 路段

在统计时间周期内共发生事故 16 起，应用 Excel 对数据项进行单因素分析，见图 3－13、图 3－14、图 3－15。

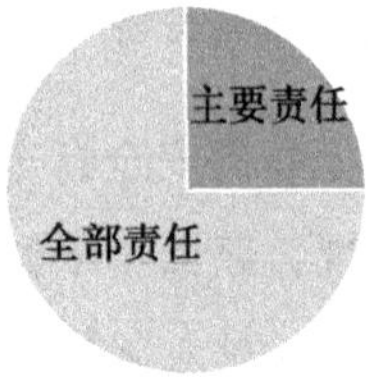

图 3－13　事故责任分析

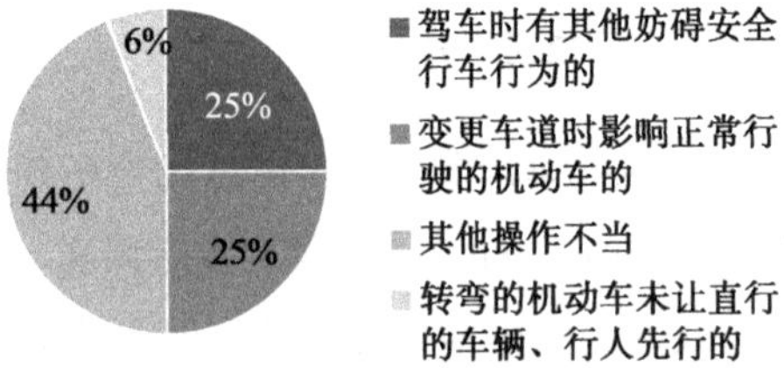

图 3－14　事故原因分析

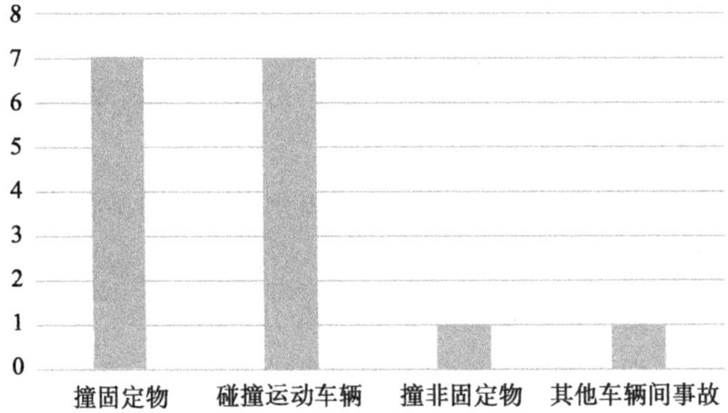

图 3－15　事故形态分析

从上图可以看出，K1513 路段和 K1515 路段这两个看似不连续的路段却有着联系。从事故原因上看，“转弯的机动车未让直行的车辆、行人先行的”占比最高，可见该处为弯道，且事故责任和事故形态多种多样。经研究分析发现，该处交通混乱，且部分路段相对老化、破损，水泥路与沥青路的交替结合，致使路面附着系数波动较大，在一定程度上也会影响驾驶员的操作。比对交管部门给出的数据，K1513处为某服务区，前后路段建筑物和标志物过多，且在秋冬季节，易出现团雾，该路段交通秩序差以及建筑物和标志物极易遮挡驾驶人员视线，造成交通安全隐患，特殊的地理位置是让该处成为事故多发点的因素之一。

6. K1530路段

在统计时间周期内共发生事故11起，应用Excel对数据项进行单因素分析，见图3－16、图3－17。

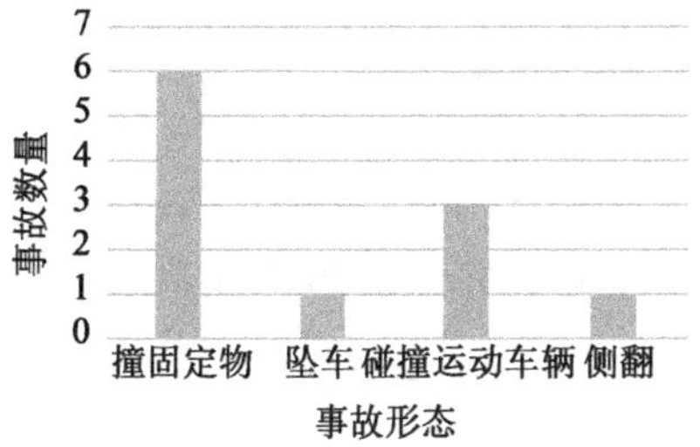

图3－16　事故形态分析

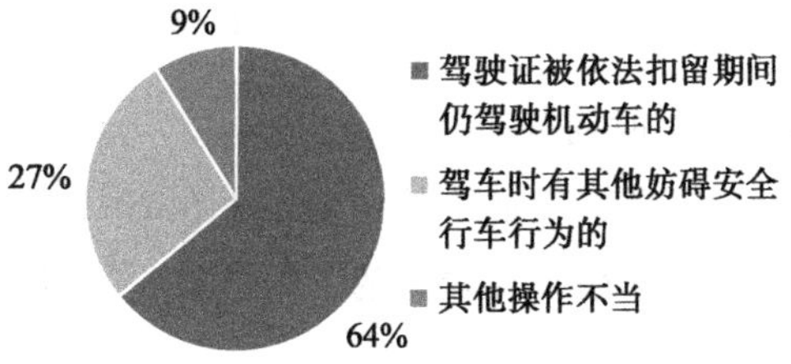

图3－17　事故原因分析

该路段事故率最高，并发生坠车事故，且其事故原因“驾驶时有其他妨碍安全行车行为的”占比较高，比对交管部门给出的数据，该路段为单侧靠山＋转弯路段，危险性极大，并伴随团雾的发生，安全隐患较高，该路段也是道路黑点之一。

3.4　交通事故多发点段统计学特征

结合交通事故整体特征的分析，本节针对交通事故相对集中的K1480—

K1538 路段进行单独分析。

本路段全长 59km，累计发生交通事故 207 起，造成 9 人死亡、29 人受伤、直接财产损失 794260 元。其中，一般程序处理的交通事故 5 起，占本路段总交通事故起数的 2.4%，造成 5 人死亡（占本路段总死亡人数的 56%）、3 人受伤、直接财产损失 22000 元。类型相对数量交通事故分布见图 3－18。

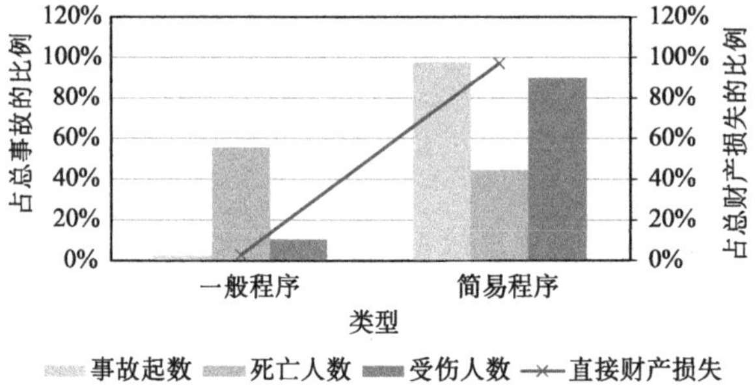

图 3－18　类型相对数量交通事故分布

1. 时间分布

本路段交通事故主要发生在 2015 年和 2016 年，并且自 2015 年以来，交通事故起数呈现较大的下降趋势，2017 年仅发生 5 起交通事故。年交通事故分布见图 3－19。

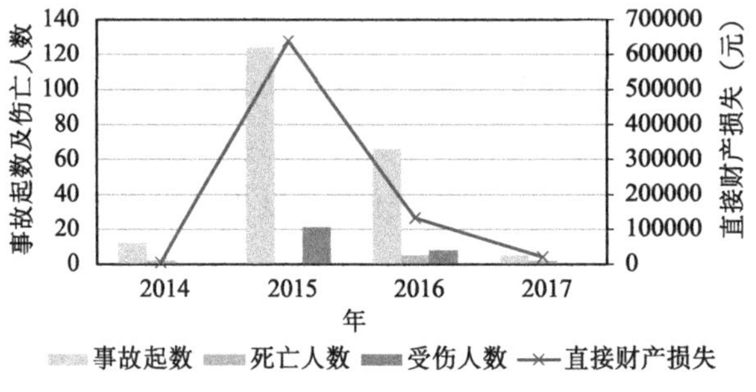

图 3－19　年交通事故分布

但是，从年分布的相对数量来看，2016 年的交通事故死亡人数占到了近 4 年的 50% 以上，而 2017 年的交通事故死亡率远高于之前的年份，达到 0.4 人/起。年相对数量交通事故分布见图 3－20，年事故后果对比交通事故分布见图 3－21。

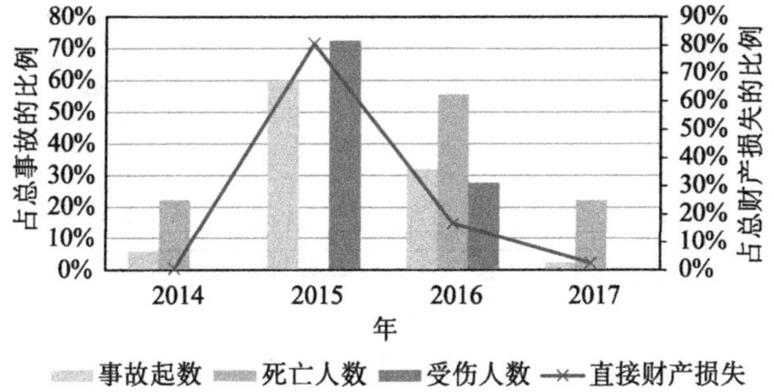

图 3－20　年相对数量交通事故分布

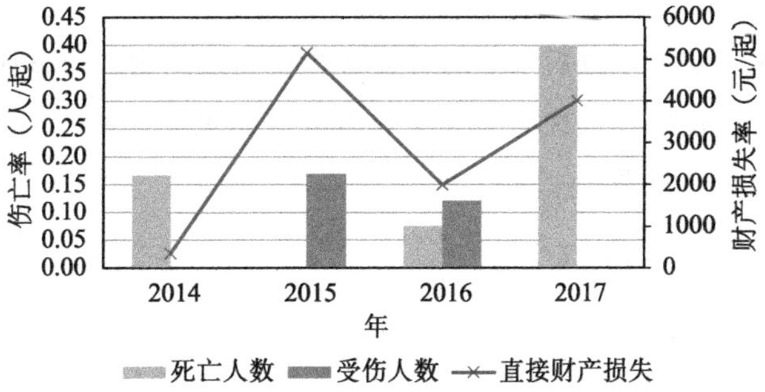

图 3－21　年事故后果对比交通事故分布

2. 空间分布

交通事故起数在 K1480—K1486 路段、K1512—K1515 路段存在明显的集聚。而从交通事故后果来看，K1489—K1538 路段的交通事故后果则比较严重。桩号交通事故分布见图 3－22，桩号事故后果对比交通事故分布见图 3－23。

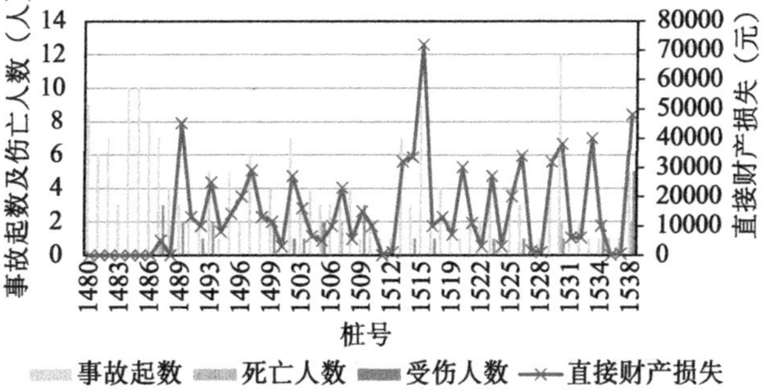

图 3－22　桩号交通事故分布

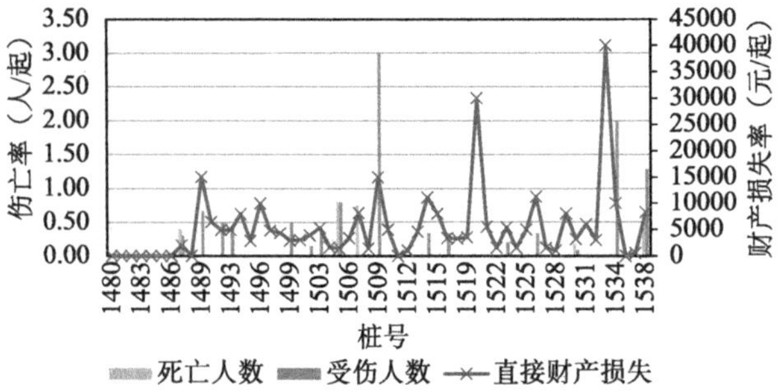

图3-23　桩号事故后果对比交通事故分布

3. 天气分布

阴天、雾天交通事故后果中的直接财产损失最严重，与整体的交通事故天气分布具有一定的一致性。天气交通事故分布见图3-24，天气事故后果对比交通事故分布见图3-25。

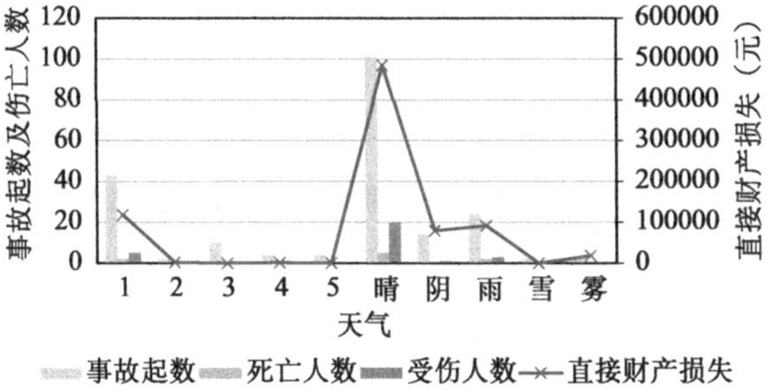

图3-24　天气交通事故分布

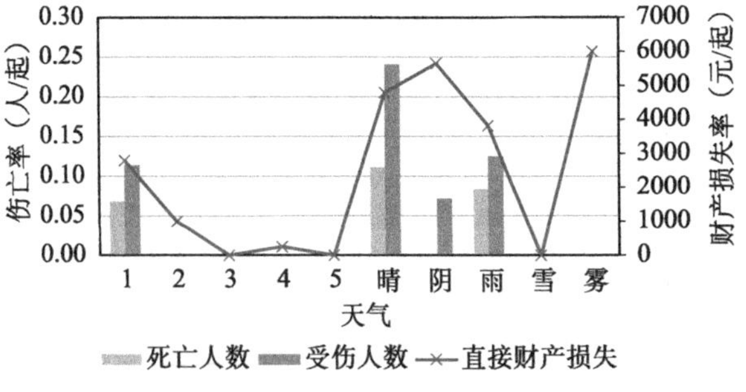

图3-25　天气事故后果对比交通事故分布

4. 交通方式分布

在此路段发生的交通事故中，肇事车型主要是小型客车（占交通事故总数的 70%）和重型货车。交通方式交通事故分布见图 3－26，交通方式相对数量交通事故分布见图 3－27。

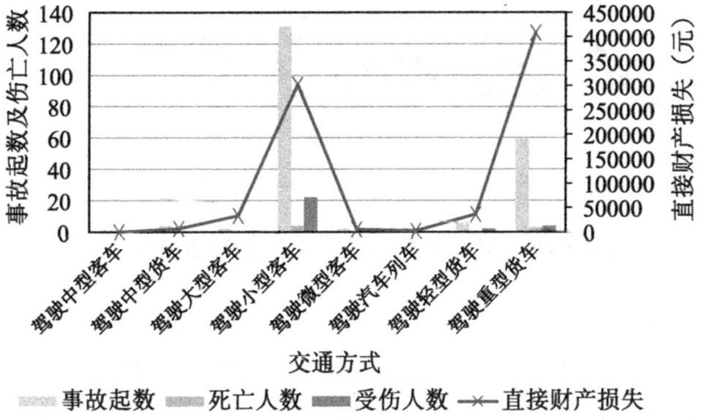

图 3－26　交通方式交通事故分布

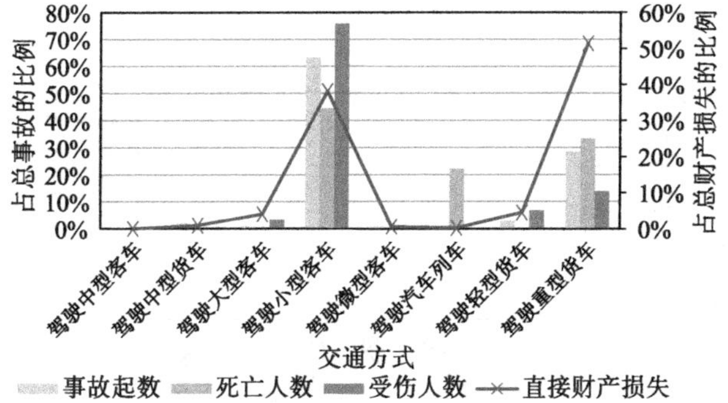

图 3－27　交通方式相对数量交通事故分布

从事故后果来看，比较严重的交通方式是乘小微型客车，而乘小微型客车、步行、驾驶汽车列车的死亡严重性最高，达到 1 人/起。交通方式事故后果对比交通事故分布见图 3－28。

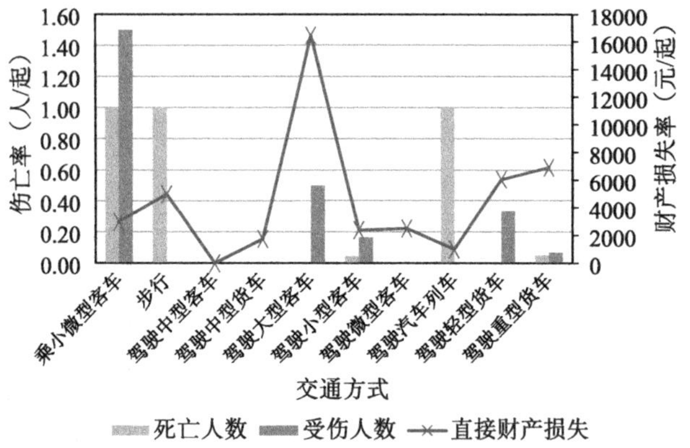

图 3－28　交通方式事故后果对比交通事故分布

5. 事故形态分布

事故形态主要表现为撞固定物和碰撞运动车辆，但是后果最严重的是车辆翻滚和碰撞后碾压行人。事故形态交通事故分布见图 3－29，事故形态相对数量交通事故分布见图 3－30，事故形态事故后果对比交通事故分布见图 3－31。

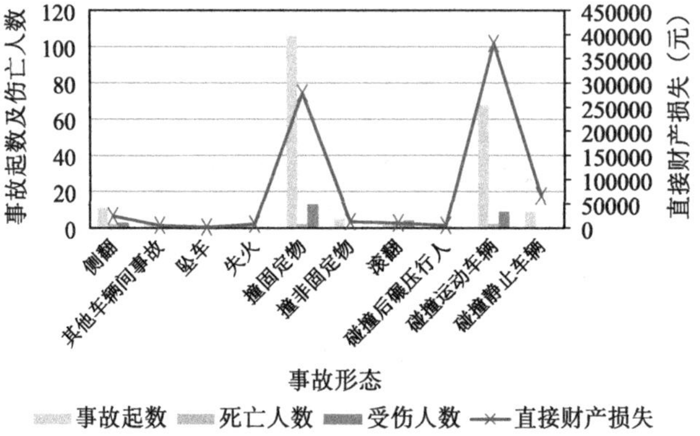

图 3－29　事故形态交通事故分布

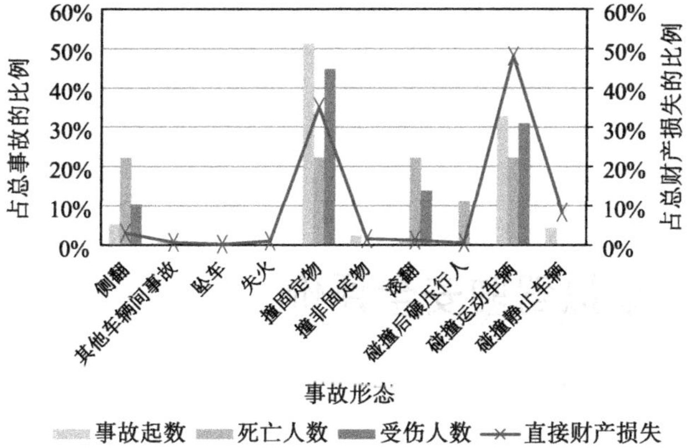

图3-30　事故形态相对数量交通事故分布

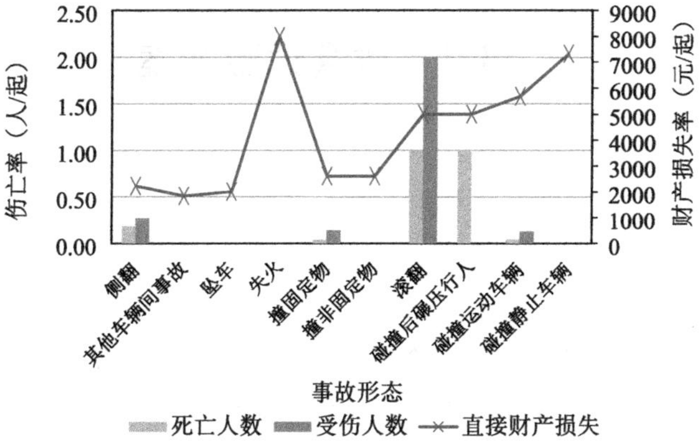

图3-31　事故形态事故后果对比交通事故分布

第4章 虚拟驾驶安全评价

4.1 仿真试验方案

4.1.1 概述

根据前述内容提出的交通安全分析重点及项目研究需求，选取华东某高速公路中的K1480—K1536路段作为安全性评价与驾驶模拟试验的研究范围，以下简称“华东某高速路段”。

对设计单位提供的设计文件进行分析，提取交通场景建模的关键要素，见表4－1，设计建模思路并确定建模流程。

表4－1 基础资料汇总

路段	隧道	互通立交	分离立交	通道	涵洞	大桥	中桥	小桥	天桥
1480—1488	1	—	—	—	3	1	3	—	2
1488—1496	1	—	2	14	22	1	—	5	3
1496—1506	—	1	3	14	17	1	2	—	1
1506—1517	—	—	2	8	15	1	1	2	8
1517—1527	—	—	1	6	6	2	—	1	7

续表

路段	隧道	互通立交	分离立交	通道	涵洞	大桥	中桥	小桥	天桥
1527—1536	—	1	1	7	9	2	1	1	10
总计	2	2	9	49	72	8	7	9	31

项目组主要参照以下标准、规范、设计文件及相关研究成果对“华东某高速路段”设计文件进行交通安全性评价：《公路项目安全性评价规范》（JTG B05—2015）、《公路工程技术标准》（JTG B01—2014）、《公路隧道设计规范 第一册 土建工程》（JTG 3370.1—2018）、《公路隧道设计规范 第二册 交通工程与附属设施》（JTG D70/2—2014）、《公路隧道设计规范》（JTG D70—2004）；《公路隧道设计细则》（JTG/T D70—2010）、《公路路线设计规范》（JTG D20—2017）。

4.1.2 工作内容

项目工作主要内容：基于现行行业标准《公路项目安全性评价规范》（JTG B05—2015）开展驾驶模拟仿真试验研究。

（1）根据项目路段的公路设计资料制作虚拟交通场景，通过驾驶模拟试验，研究驾驶行为安全性，初步确定危险或安全隐患路段。

（2）利用交通安全驾驶模拟系统及生理和心理测试系统，针对项目路段开展驾驶人心理和生理指标变化规律、驾驶行为安全研究。

（3）选取轿车、重型货车等不同车型，在项目路段进行驾驶模拟试验，定量分析公路线形、景观及交通设施等信息对驾驶人驾驶行为的影响规律，确定道路可能存在危险或安全隐患的路段。

4.1.3 工作过程

依据现行安全评价行业标准对“华东某高速路段”的特征开展驾驶模拟仿真及心理和生理试验研究。工作过程分为前期准备、建模及试验测试、数据分析、编制研究报告等几个阶段。

（1）前期准备：收集并分析设计文件，制定研究思路和流程。

（2）建模及实验测试：根据设计文件制作驾驶模拟三维虚拟现实仿真环境，设计试验测试方案，开展驾驶模拟测试及心理和生理试验测试。

（3）数据分析：根据试验数据分析驾驶行为和车辆运行特征，分析其安全性。

（4）编制研究报告。

4.1.4 线元划分

《公路项目安全性评价规范》（JTG B05—2015）（以下简称《规范》）中以运行速度作为公路安全评价的一个重要指标，因此，我们利用预测运行速度对项目路线、路基路面、桥梁、路线交叉和交通工程及沿线设施进行评价。运行速度是指当交通处于自由流状态，且天气良好时，在路段特征点上测定的第85个百分位的车速。

《规范》规定，应将整条路线划分为平直路段（短平直路段）、纵坡路段、平曲线路段、弯坡组合路段、隧道路段和互通式立体交叉路段等若干个分析单元，每个分析单元的起点、终点为预测运行速度的特征点。其中，纵坡坡度小于3%的直线段和半径大于1000m的大半径曲线形成平直路段；纵坡坡度小于3%的直线段和半径不大于1000m的小半径曲线形平曲线路段；纵坡坡度不小于3%的直线段和半径大于1000m的大半径曲线形成纵坡路段；纵坡坡度不小于3%的直线段和半径不大于1000m的小半径曲线形成弯坡组合路段；且当直线段位于两小半径曲线段之间，长度小于临界值200m时，该直线段视为短平直路段，车辆在此路段上的运行速度保持不变。隧道路段宜为驶入隧道洞口前200m至驶出隧道后100m。具体划分原则见表4-2。

表4-2　分析单元划分原则

车型	纵断面	平面	
		半径>1000m	半径≤1000m
小型车或大型货车	坡度<3%	平直路段长度<200m短平直路段	平曲线路段
	坡度≥3%	纵坡路段	弯坡组合路段

依据道路设计文件实际相关参数，将华东某高速路段起点—终点方向及终点—起点方向路段分别划分为 23 个分析单元，见表 4 - 3。

表 4 - 3　　路线分析单元划分

起点—终点		终点—起点	
编号	起止桩号	编号	起止桩号
1	K1480 + 000—K1488 + 415	1	K1536 + 000—K1529 + 254
2	K1488 + 415—K1489 + 490	2	K1529 + 254（互通渐变终点）—K1528 + 037（互通渐变起点）
3	K1489 + 490—K1495 + 860	3	K1528 + 037—K1527 + 460
4	K1495 + 860—K1496 + 760	4	K1527 + 460—K1526 + 750
5	K1496 + 760—K1498 + 100	5	K1526 + 750—K1525 + 860
6	K1498 + 100—K1499 + 000	6	K1525 + 860—K1524 + 900
7	K1499 + 000—K1501 + 250	7	K1524 + 900—K1523 + 100
8	K1501 + 250（互通渐变起点）—K1503 + 190（互通渐变终点）	8	K1523 + 100—K1522 + 711
9	K1503 + 190—K1506 + 921	9	K1522 + 711—K1521 + 708
10	K1506 + 921（互通渐变起点）—K1507 + 879（互通渐变终点）	10	K1521 + 708—K1521 + 008
11	K1507 + 879—K1509 + 540	11	K1521 + 008—K1510 + 440
12	K1509 + 540—K1510 + 440	12	K1510 + 440—K1509 + 540
13	K1510 + 440—K1521 + 008	13	K1509 + 540—K1508 + 075
14	K1521 + 008—K1521 + 708	14	K1508 + 075（互通渐变终点）—K1507 + 220（互通渐变起点）
15	K1521 + 708—K1522 + 711	15	K1507 + 220—K1503 + 190
16	K1522 + 711—K1523 + 100	16	K1503 + 190（互通渐变终点）—K1501 + 250（互通渐变起点）
17	K1523 + 100—K1524 + 900	17	K1501 + 250—K1499 + 000
18	K1524 + 900—K1525 + 860	18	K1499 + 000—K1498 + 100
19	K1525 + 860—K1526 + 750	19	K1498 + 100—K1496 + 760
20	K1526 + 750—K1527 + 460	20	K1496 + 760—K1495 + 860
21	K1527 + 460—K1528 + 029	21	K1495 + 860—K1489 + 570

续表

起点—终点		终点—起点	
编号	起止桩号	编号	起止桩号
22	K1528 +029（互通渐变起点）—K1529 +110（互通渐变终点）	22	K1489 +570—K1488 +520
23	K1529 +089—K1536 +000	23	K1488 +520—K1480 +000

4.1.5 试验仪器设备

1. 驾驶模拟器

试验中驾驶人在熟悉了驾驶模拟器之后，佩戴心理和生理检测设备，在“华东某高速路段”虚拟环境中进行模拟驾驶，对模拟驾驶器输出的试验数据进行分析和评价。驾驶模拟测试采用富朗巴公司的驾驶模拟器，见图 4 –1。

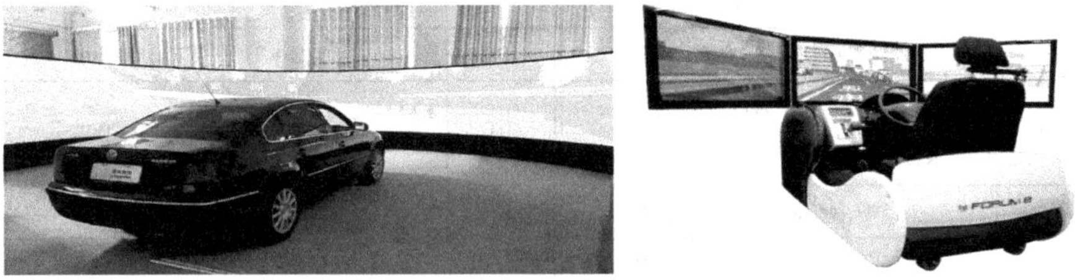

图 4 –1　驾驶模拟器

模拟驾驶系统是利用三维图像即时生成技术、汽车动力学仿真物理系统、大视场显示技术（如多通道立体投影系统）、用户输入硬件系统、立体声音响、中控系统等，让驾驶人在一个虚拟的驾驶环境中，感受到接近真实效果的视觉、听觉和体感的汽车驾驶体验。驾驶仿真可实现汽车转向、制动和加速的逼真模拟，另外利用最新的计算机技术，实现真实的三维场景及逼真的声音模拟。

2. 驾驶人生理信息测试分析平台

生理信息测试传感器可实时记录及检测驾驶人个体在真实自然状态下驾驶汽车或者驾驶模拟器时的生理变化情况，针对特定刺激下的生理变化趋势分析个体的身心健康状态及情绪稳定性等，采用无线射频生理记录技术，同步记录个体 ECG 心电、GSR 皮电、EMG 肌电、HR 心率、HRV 心率变异性等指标，分析个体在特定环境与活动状态下的交感神经与副交感神经神经变化状态。驾驶人生理指标及测试传感器见图 4 –2。

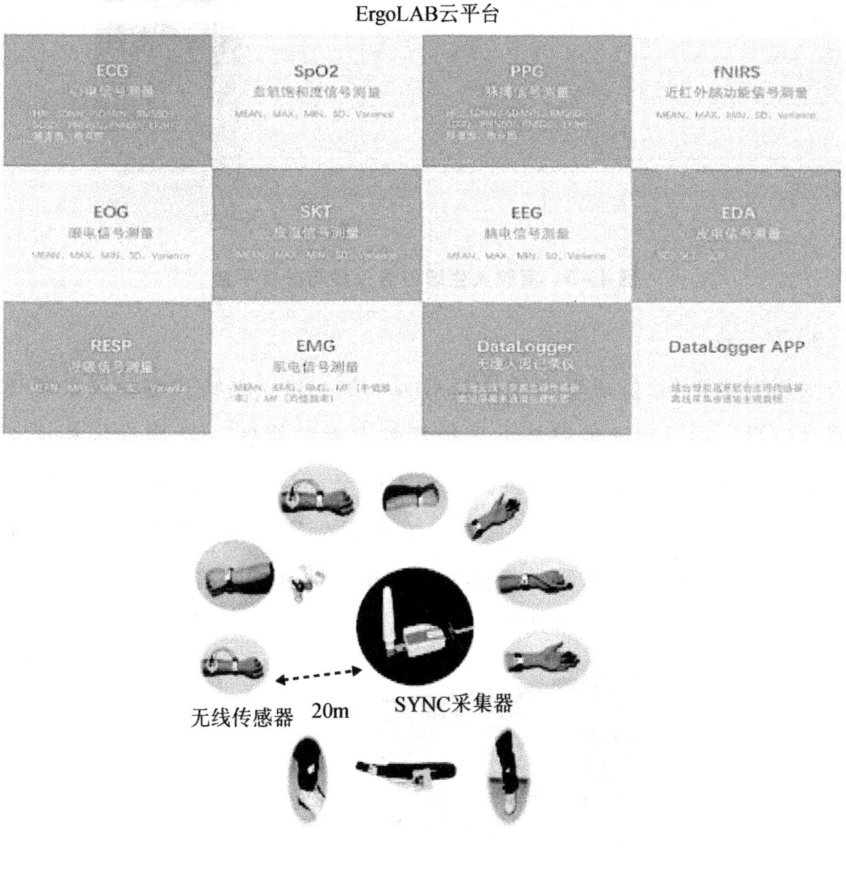

图 4 –2　驾驶人生理指标及测试传感器

ErgoLAB 生理信号采集与分析平台见图 4 –3，其可计算上述传感器采集生理信号的基础统计值（平均值、最大值、最小值、均方根）等。

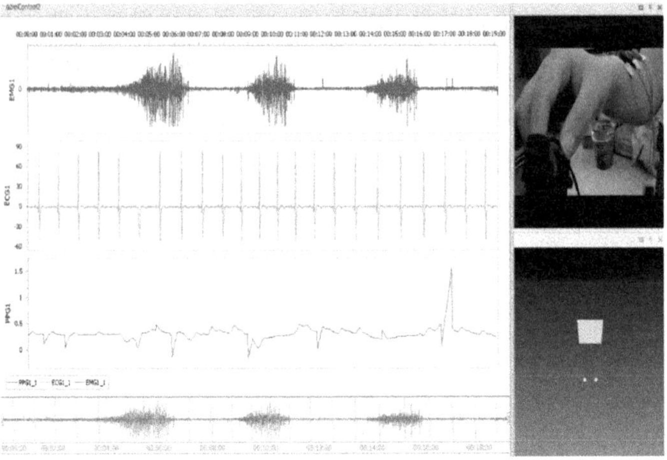

图 4-3 驾驶人生理信号采集与分析平台

3. 眼动仪

采用瑞典 Tobii 公司生产的最新 Glasses2（G2）眼镜式眼动仪采集驾驶人眼动信息，通过暗瞳追踪技术采集驾驶人视觉信息。G2 眼动仪相比于放置式眼动仪的优点在于可以捕捉到驾驶人的全部视觉行为，比头盔式眼动仪对驾驶人造成的干扰更小。G2 眼动仪在确保采集完整、准确、有效的眼动数据的同时最大限度地保障了驾驶人的安全，并具备注视点、扫视点、瞳孔等的多项眼动指标记录分析功能，见图 4-4。

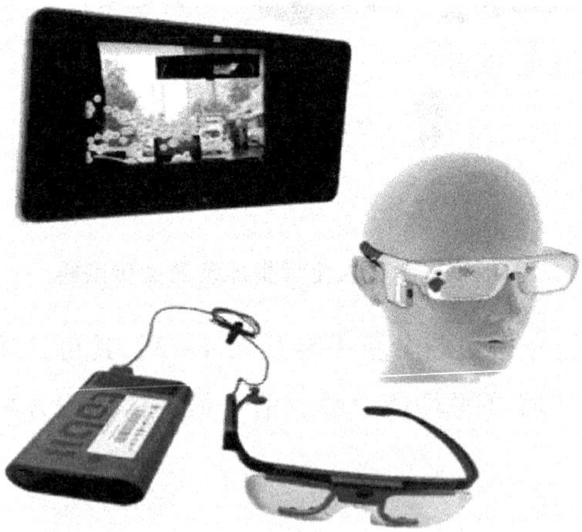

图 4-4 G2 眼动仪

4.2 虚拟道路交通场景构建

2000 年 5 月，FORUM 8 公司推出 UC - win/Road，其是可用于道路的规划设计的三维虚拟现实软件。该软件为道路规划提供了三维呈现技术，也可以通过计算机操作进行三维模拟。根据设计图，利用 UC - win/Road 系统建立了华东某高速路段的驾驶模拟虚拟现实环境。虚拟现实环境的构建完全依据平面、纵面和横断面设计指标，能够真实、准确地再现“华东某高速路段”项目的真实面貌。交通场景的平面线形、横纵断面及典型场景详情如下：

1. 平面线形建模

项目路段整体线形见图 4 - 5。

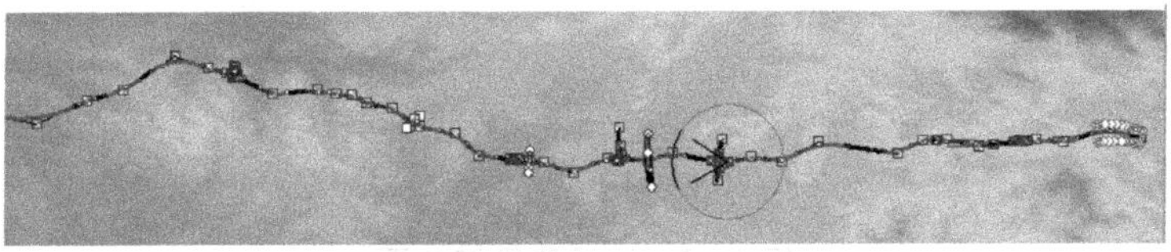

图 4 - 5　项目路段整体线形图

2. 纵断面建模

项目路段纵断面线形见图 4 - 6。

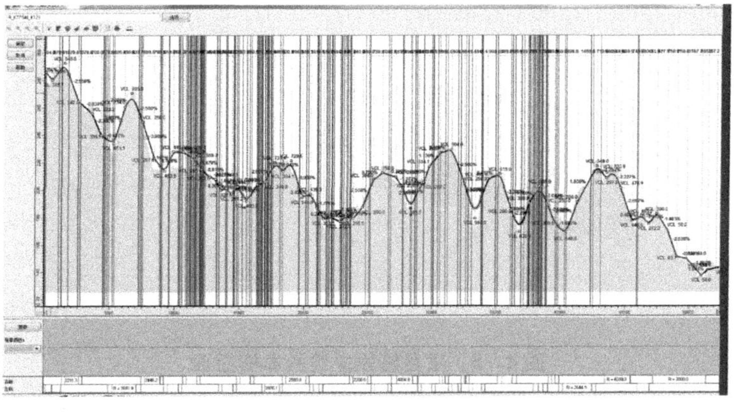

图 4 - 6　项目路段纵断面线型

3. 横断面建模

项目路段全部横断面设计信息见图4－7，项目路段主线标准横断面见图4－8，项目路段主线渐变段横断面见图4－9、图4－10，项目路段单车道匝道断面、双车道匝道断面见图4－11、图4－12，路段主线桥梁标准断面见图4－13。

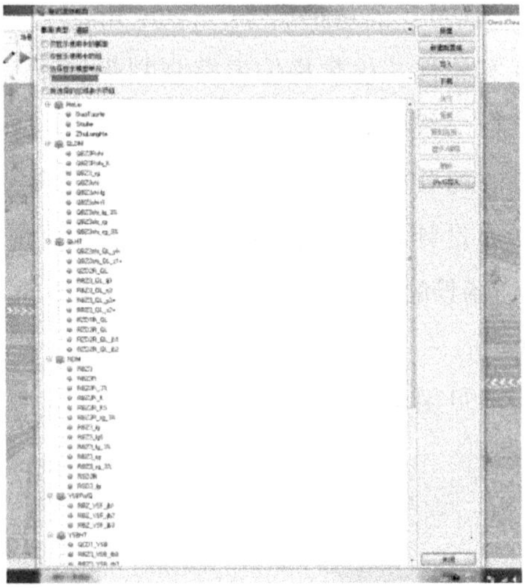

图4－7 项目路段横断面

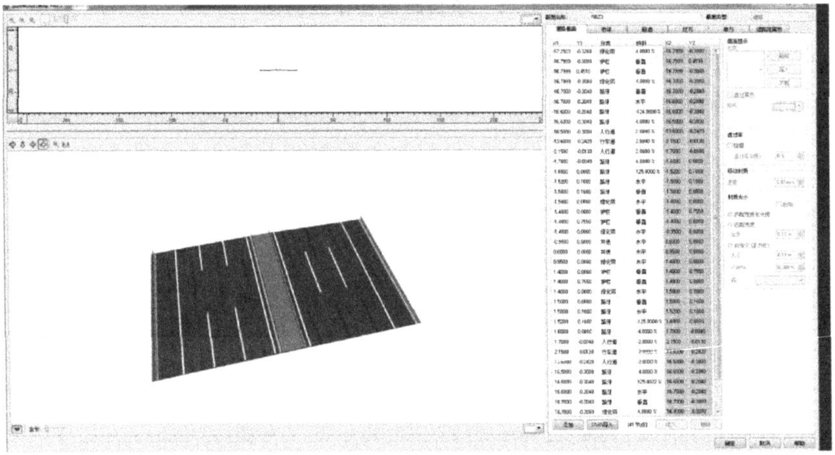

图4－8 项目路段主线标准横断面

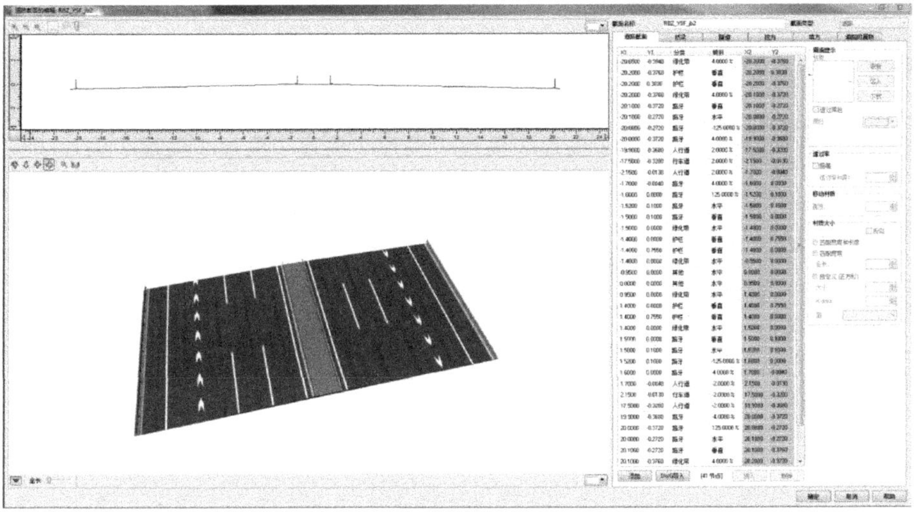

图 4－9　项目路段主线渐变段横断面

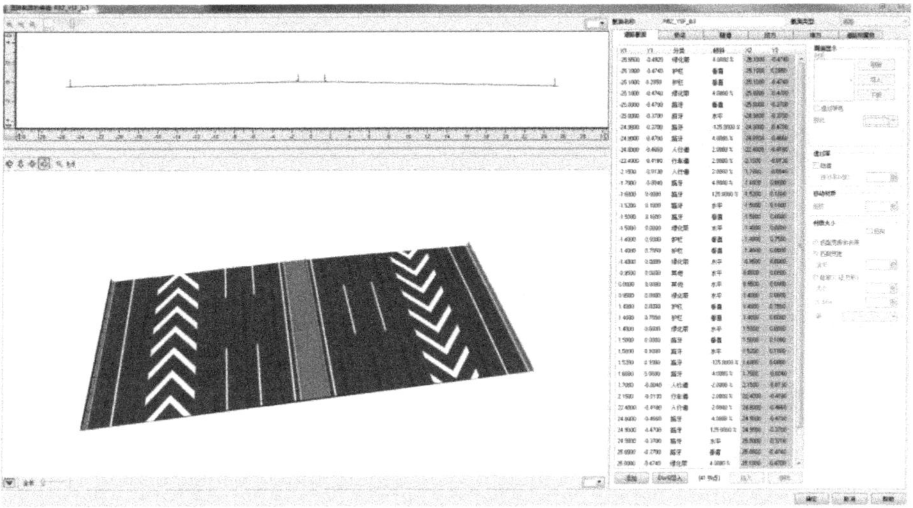

图 4－10　项目路段主线渐变断面横断面

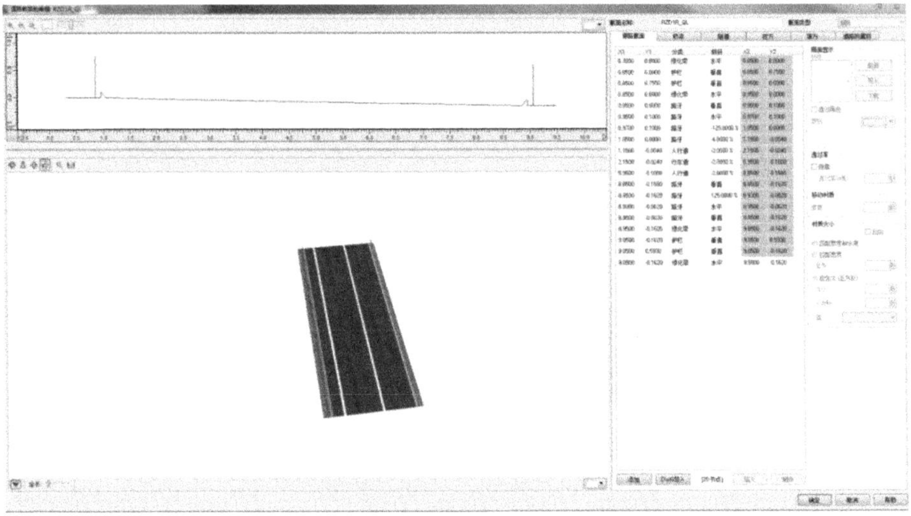

图 4－11　项目路段单车道匝道断面

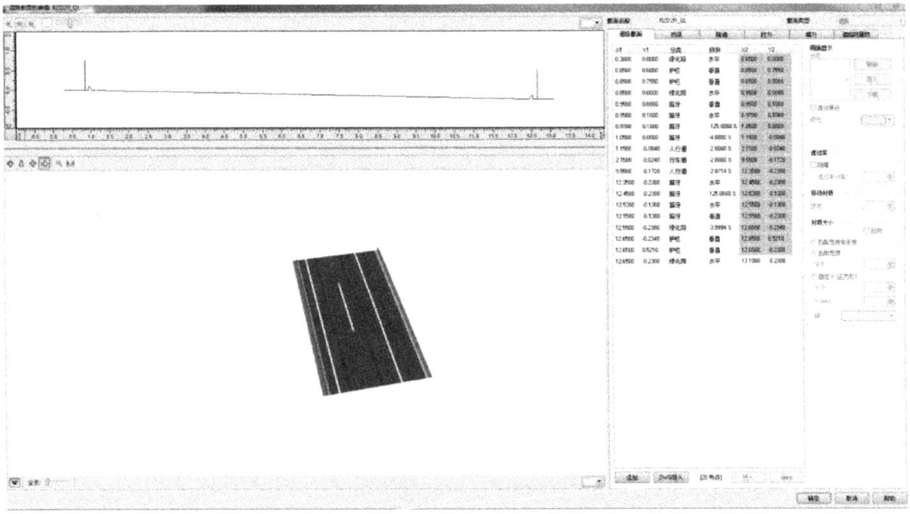

图 4－12　项目路段双车道匝道断面

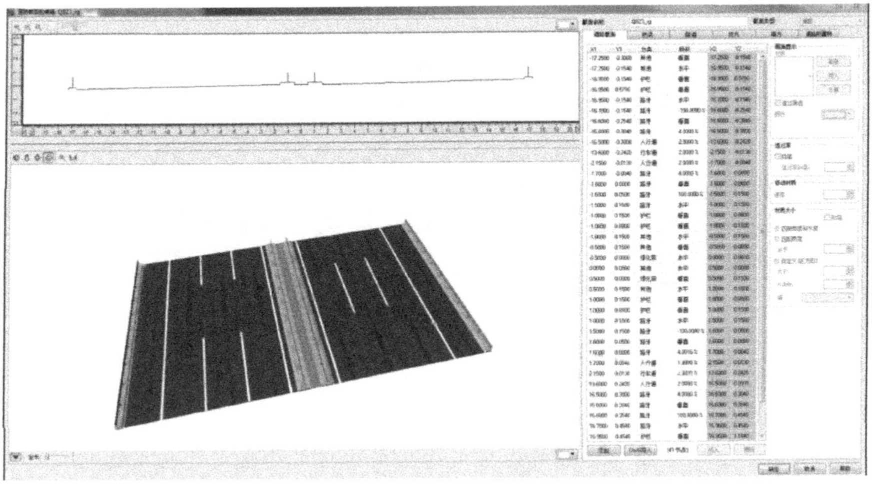

图4-13　项目路段主线桥梁标准断面

4. 典型场景建模

互通立交见图4-14、图4-15，枢纽立交见图4-16、见图4-17，隧道口见图4-18，停车场见图4-19，交通标志标线见图4-20。

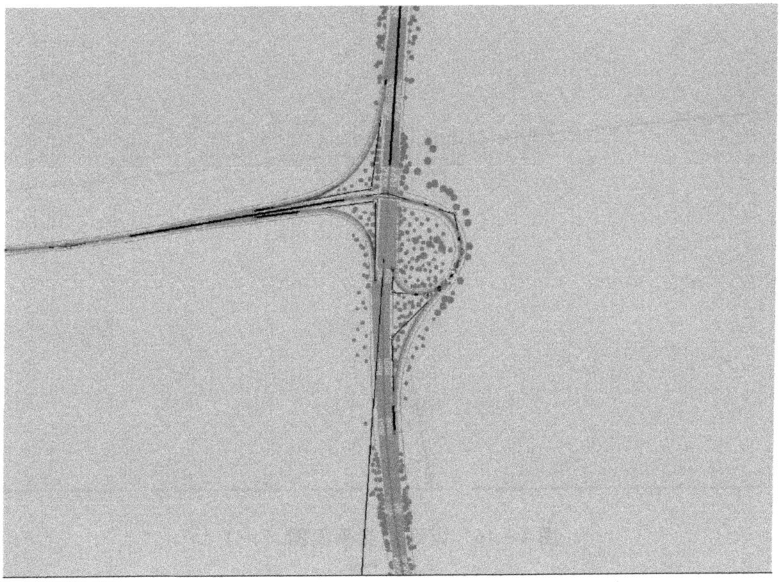

图4-14　互通立交平面图（一）

图4-15　互通立交平面图（二）

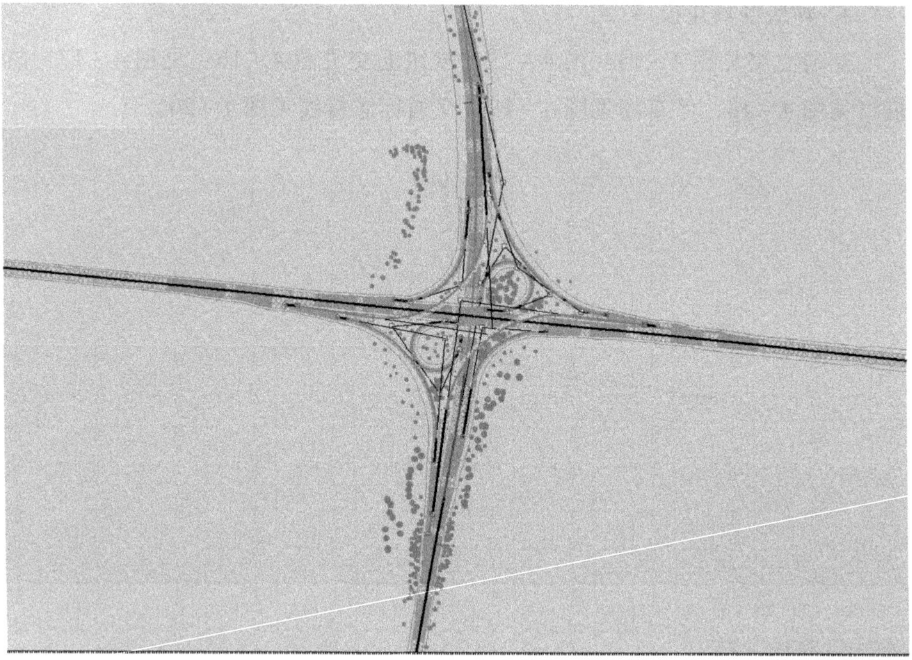

图4-16　枢纽立交平面图（一）

图 4－17　枢纽立交平面图（二）

图 4－18　隧道口

图 4－19　停车场

图 4-20　交通标志标线

4.3　车速一致性分析

车辆在高速公路的运行安全与其运行速度密不可分，而车辆在高速公路上的运行速度又受到多个方面因素的影响。从车辆的运行速度角度对华东某高速路段（K1480—K1536）进行安全性评价，寻找该路段中存在交通安全隐患的路段，并提出合理性的建议。

1. K1480—K1536 方向

将采集到的 29 位有效被试者（小型客车被试者 19 人，大型货车被试者 5 人，大型客车被试者 5 人）驾车从起点行驶至终点（K1480—K1536）方向的运行速度绘制成曲线图，见图 4-21（图中竖线表示分析单元分割位置），以及线元速度差分布图，见图 4-22（图中横线位置为 85% 位速度差值位置）。

根据试验数据分析，29 位被试者驾驶车辆的整体运行速度跨度为：小型客车主要集中在 80—130km/h，大型货车和大型客车主要集中在 60—100km/h。车辆的运行速度虽然存在一定程度的波动，但就每位被试者来说，29 位被试者驾驶车辆的运行速度跨度略有差别，可见不同驾驶人驾驶车辆的行驶速度由于个人感知的不同存在差异。受道路线形和道路实际状态的影响，线元起点与终点的速度差分布较为集中，结合试验过程中的录像情况，剔除出现驾驶疲劳和驾驶时打瞌睡的被试者数据，从而保证试验结果的真实有效性。见表 4-4。

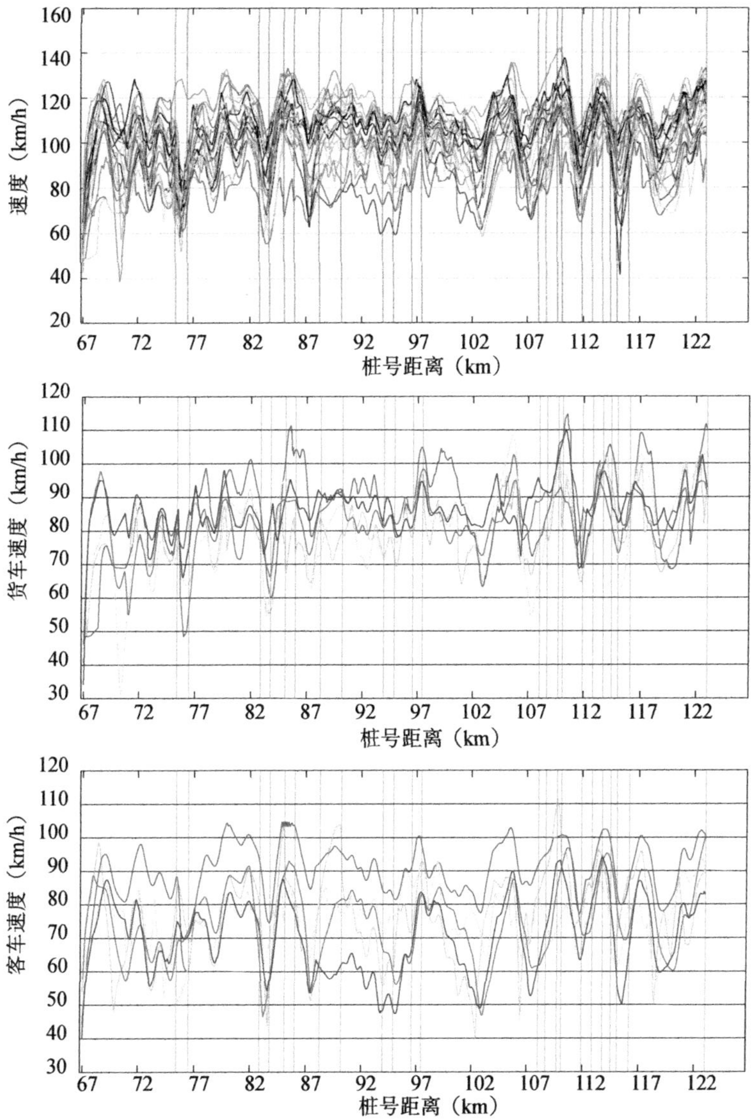

图 4-21　起点—终点方向运行速度分布图

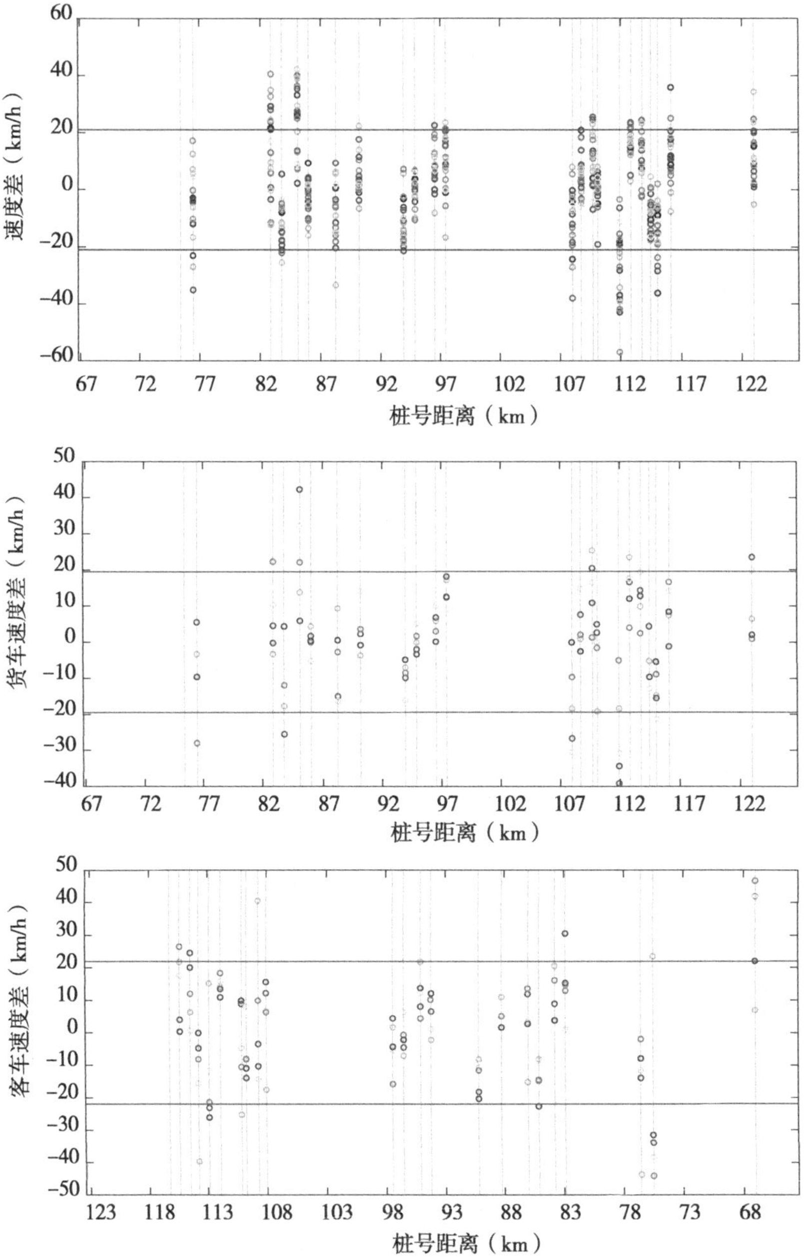

图4-22　起点—终点方向线元速度差分布图

表 4-4　　起点—终点方向相邻“分析单元”之间运行速度差

起点桩号	终点桩号	单元类型	起点速度	终点速度	85%位速度差	路段长度	被试者编号
K1480 +000	K1488 +415	平直路	/	/	/	8415	/
K1488 +415	K1489 +490	隧道	105	78	-27	1075	6, 7, 8, 16, 23, 26
K1489 +490	K1495 +860	平直路	81	114	33	6370	5, 6, 7, 8, 9, 11, 13, 16, 23, 26
K1495 +860	K1496 +760	纵坡路	118	99	-19	900	4, 7, 21, 25
K1496 +760	K1498 +100	平直路	73	112	39	1340	1, 2, 4, 5, 7, 9, 10, 12, 14, 15, 16, 18, 21, 22, 23, 25, 27, 29
K1498 +100	K1499 +000	纵坡路	116	105	-11	900	/
K1499 +000	K1501 +250	平直路	86	76	-20	2250	15, 28
K1501 +250	K1503 +190	互通立交	98	112	14	1940	15
K1503 +190	K1506 +921	平直路	101	83	-18	3731	5, 25
K1506 +921	K1507 +879	互通立交	95	84	-11	958	/
K1507 +879	K1509 +540	平直路	85	103	18	1661	10
K1509 +540	K1510 +440	纵坡路	97	118	21	900	15, 18
K1510 +440	K1521 +008	平直路	104	77	-27	10568	1, 4, 10, 15, 21, 28, 29
K1521 +008	K1521 +708	短平路	77	91	14	700	21, 22
K1521 +708	K1522 +711	平直路	101	121	20	1003	10, 15, 19, 21, 25
K1522 +711	K1523 +100	短平路	106	114	8	389	/
K1523 +100	K1524 +900	纵坡路	121	82	-39	1800	1, 2, 3, 4, 6, 7, 8, 10, 13, 14, 15, 21, 22, 24, 26, 29
K1524 +900	K1525 +860	平直路	69	91	22	960	1, 10, 14, 18, 19, 20
K1525 +860	K1526 +750	纵坡路	97	117	20	890	1, 15
K1526 +750	K1527 +460	平直路	105	89	-16	710	/
K1527 +460	K1528 +034	纵坡路	112	85	-27	574	1, 4, 10, 14, 22, 29
K1528 +034	K1529 +110	互通立交	78	100	22	1076	4, 14, 17
K1529 +110	K1536 +000	平直路	84	104	20	6890	1, 15, 21, 28

由表 4-4 可知，在一般情况下，在高速公路上线元起点与终点的速度

差不应过大，如果速度差过大，容易导致交通安全问题。在绝大多数情况下，线元速度差属于孤立事件，属于驾驶人驾驶过程中的自我调整。而对于绝大多数驾驶人在非驾驶人因素所导致的速度差不稳定的路段应重点分析；另外应对隧道、长下坡及急转弯路段进行重点分析。

通过对道路的平曲线参数进行对照分析，发现绝大多数的较大速度差主要是由较大纵坡和急转弯的变化所引起，部分较大速度差是由道路特性的改变（如隧道、桥梁、互通立交等）所引起，具体分析如下：

（1）K1488 +415—K1489 +490 路段是隧道路段，道路涵盖下坡路段和上坡路段（见图 4 -23）。其中，K1488 +415—K1488 +540 路段是坡度为 1.9% 的下坡路段，车辆在行驶过程中速度增加，再加上道路限速标志距离隧道口过近，车辆进入隧道时速度无法达到规定的限速标准 80km/h。在 K1488 +540—K1489 +490 路段，由于隧道内道路是曲线，且受隧道光线影响，车辆在隧道内行驶必然会降低速度，从而导致车辆在驶出隧道时速度较低。在出隧道后受光线影响，短时间内驾驶员不可能直接将车速加速到 120km/h，从而导致该线元处的速度差较大，进而存在交通安全隐患。为保障道路行车安全，建议将隧道入口限速标志前移且放置于较为明显的地方，隧道口位置的减速装置也应适当前移，而对于隧道出口位置为降低明暗光线差，可适当增加隧道出口灯光的亮度。

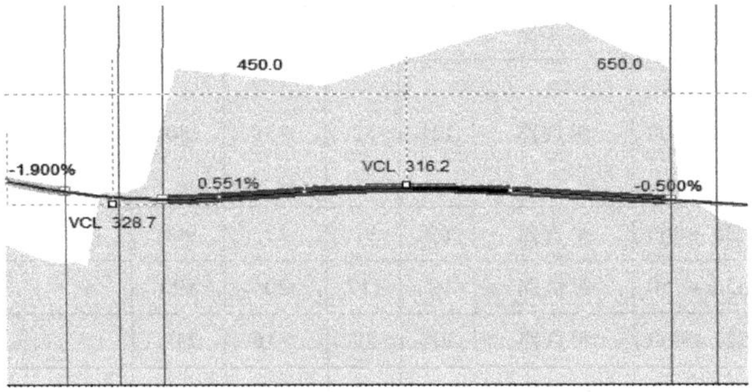

图 4 -23　起点—终点方向 K1488 +415—K1489 +490 纵曲线示意图

（2）K1489 +490—K1495 +860 路段是平直路段，道路的下坡路段坡度均小于 2.6%，其上坡路段坡度均小于 1.3%，且道路的曲率半径和驾驶员行车视野均比较好。该路段大部分是下坡路段（见图 4－24），并且道路的曲率半径有所减小但变化较为缓和（见图 4－25），比较适宜驾驶员驾驶，因此，在该路段易出现超速现象。但在线元起点位置受隧道出口的影响，车辆速度较低，从而导致在该线元位置的速度差值较大。为保障道路交通安全，应在长下坡路段且坡度值比较大的位置适当增加减速装置（如 K1492＋020—K1493＋100、K1494＋180—K1494＋880 处），且在道路旁适当增加限速标志或监控设备等。

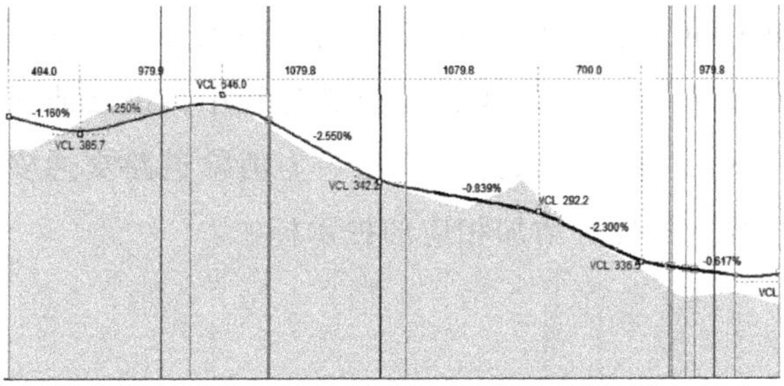

图 4－24　起点—终点方向 K1489＋490—K1495＋860 纵曲线示意图

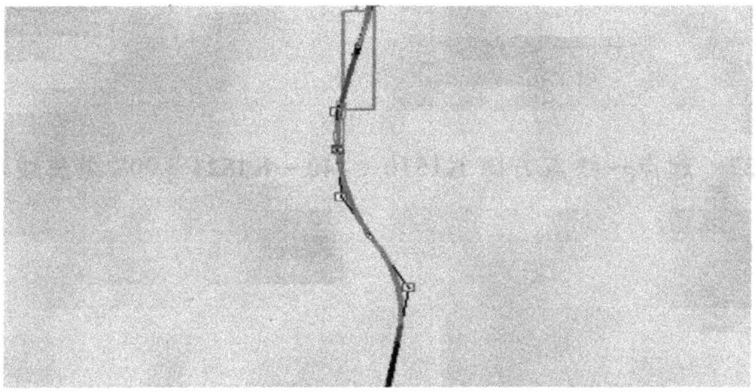

图 4－25　起点—终点方向 K1489＋490—K1495＋860 平曲线示意图

（3）K1496＋760—K1498＋100 路段，其中，K1496＋760—K1497＋260 路段是坡度为 2% 的上坡路段，K1497＋260—K1498＋100 路段是坡度为 2.5% 的下坡路段（见图 4－26）。车辆在线元起点位置时的速度较大，受上坡路段影响车辆速度有所减缓，但在长下坡路段，驾驶员被迫执行制动，从而导致车辆的速度差较大。为保障道路交通安全，建议在长下坡起点处的适当位置增加相应的提示标志。

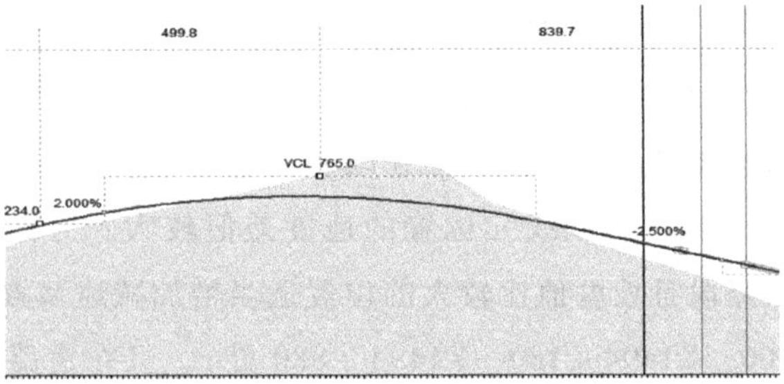

图 4-26　起点—终点方向 K1496+760—K1498+100 平曲线示意图

（4）K1510+440—K1521+008 路段内道路无长距离的下坡和上坡，坡度较为缓和（见图 4-27）。但车辆在行驶过程中，道路曲率半径变化较为明显（见图 4-28），从而导致速度降低。为消除道路交通安全隐患，建议在道路曲率半径骤变的位置增加相应的提示标志。

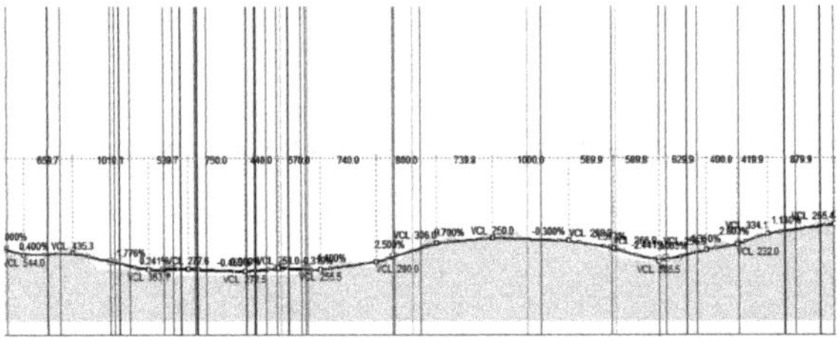

图 4-27　起点—终点方向 K1510+440—K1521+008 纵曲线示意图

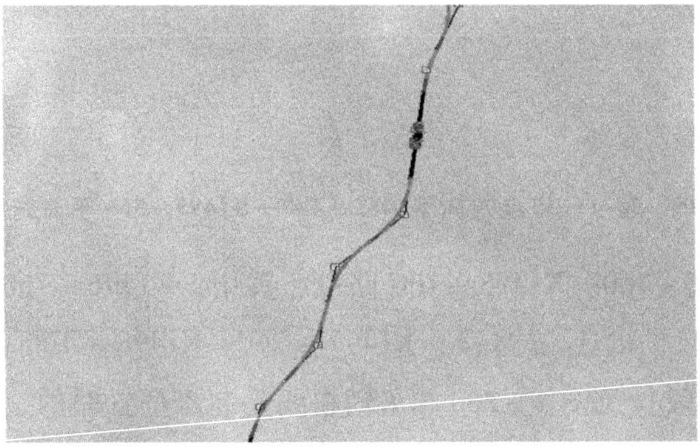

图 4-28　起点—终点方向 K1510+440—K1521+008 平曲线示意图

（5）K1523+100—K1524+900 路段由坡度为 3% 的下坡路段和坡度 3%

的上坡路段构成（见图4－29），该线元与前一线元坡度为2.5%的下坡路段相接，构成长下坡路段，驾驶员在该线元起点就开始减速，降低车辆的行驶速度，当行驶至坡度为3%的上坡路段时，驾驶员加速行驶，车辆速度有所提升。为保障行车安全，建议对长下坡路段适当增加提示标志或增设减速装置。

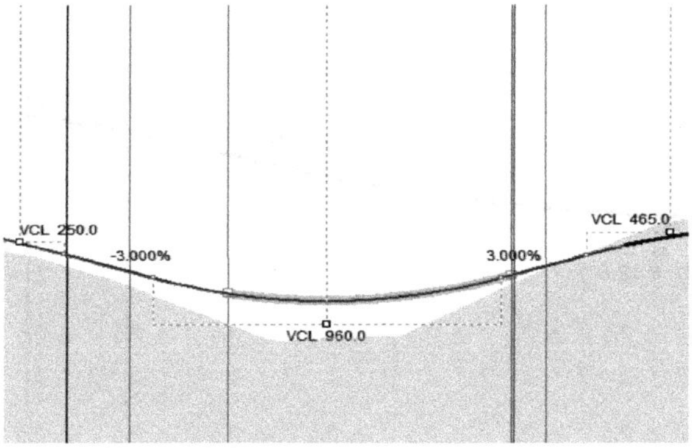

图4－29　起点—终点方向K1523＋100—K1524＋900纵曲线示意图

（6）K1524＋900—K1525＋860路段较为缓和（见图4－30），适宜驾驶员驾驶，但受前一线元影响其在该线元起点位置的速度较低，从而导致其速度差过大。

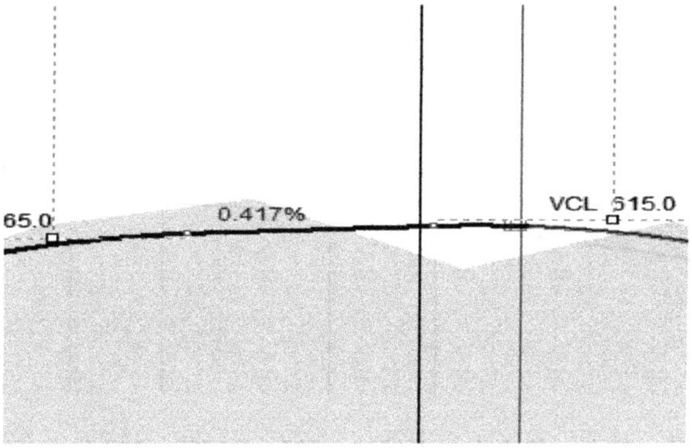

图4－30　起点—终点方向K1524＋900—K1525＋860纵曲线示意图

（7）K1527＋460—K1528＋034路段是坡度为3%的上坡路段（见图4－31），与前一线元坡度为2.2%的下坡路段相接，受前一线元由陡坡驶向缓坡影响，车速有所提升，行驶至本线元顺接上坡，从而导致车辆速度差较大，故此该路段存在交通安全隐患。为保证行车安全建议适当增加提示标志。

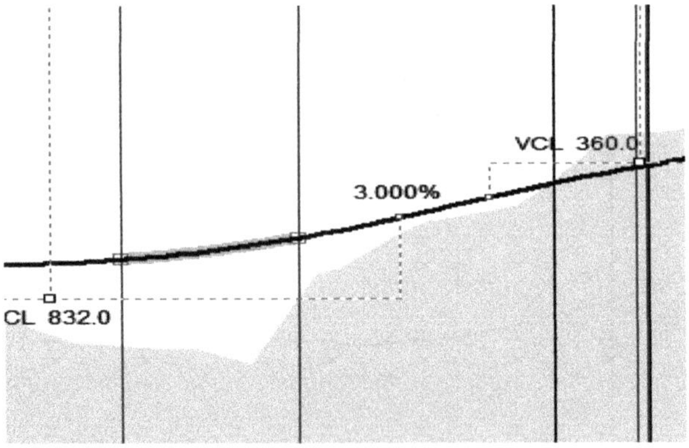

图 4－31　起点—终点方向 K1527＋460—K1528＋034 纵曲线示意图

（8）K1528＋034—K1529＋110 路段坡度较为缓和（见图 4－32），比较适合驾驶员驾驶，由于车辆在该线元起点位置速度较低，所以会出现加速行驶，但是该处是互通立交，交通流交互性频繁，速度差较大严重影响道路行车安全。为保障道路交通安全，建议适当增加限速标志和监控装置。

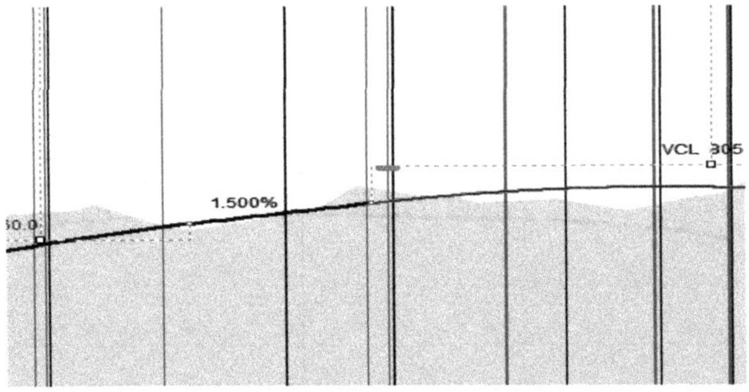

图 4－32　起点—终点方向 K1528＋034—K1529＋110 纵曲线示意图

2. K1536—K1480 方向

将采集到的 29 位有效被试者（小型客车被试者 19 人，大型货车被试者 5 人，大型客车被试者 5 人）驾车从终点行驶至起点（K1536—K1480）方向的运行速度绘制成曲线图，见图 4－33（图中竖线表示分析单元分割位置），以及线元速度差分布图，见图 4－34（图中横线位置为 85% 位速度差值位置）。

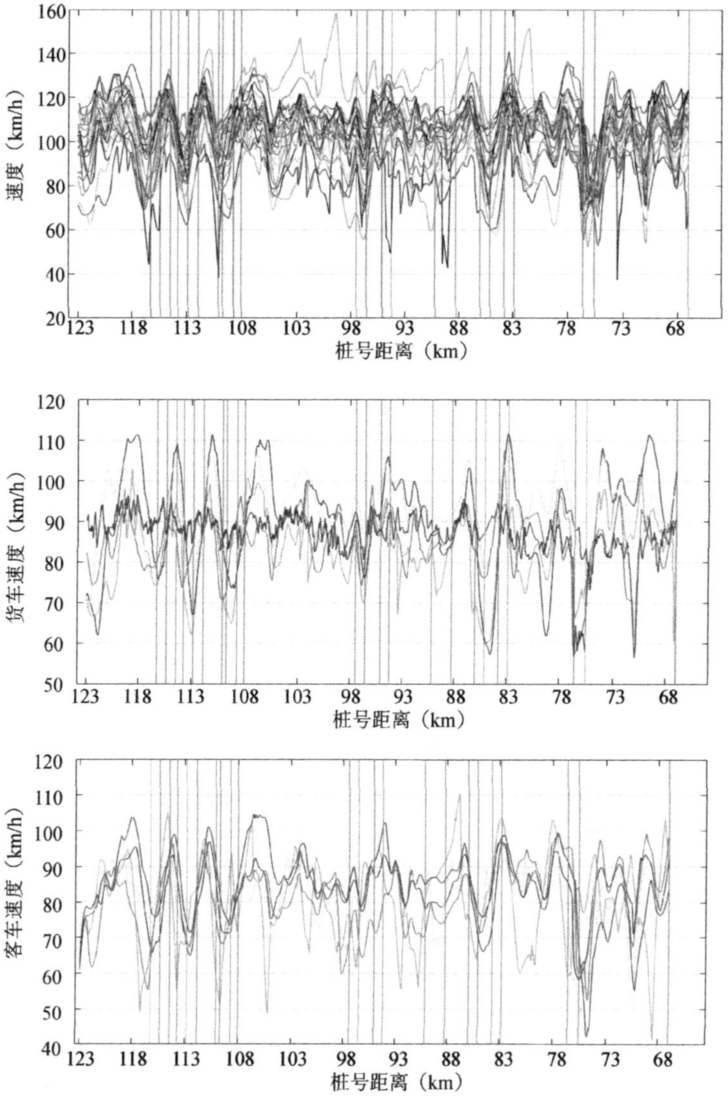

图 4－33　终点—起点方向运行速度分布图

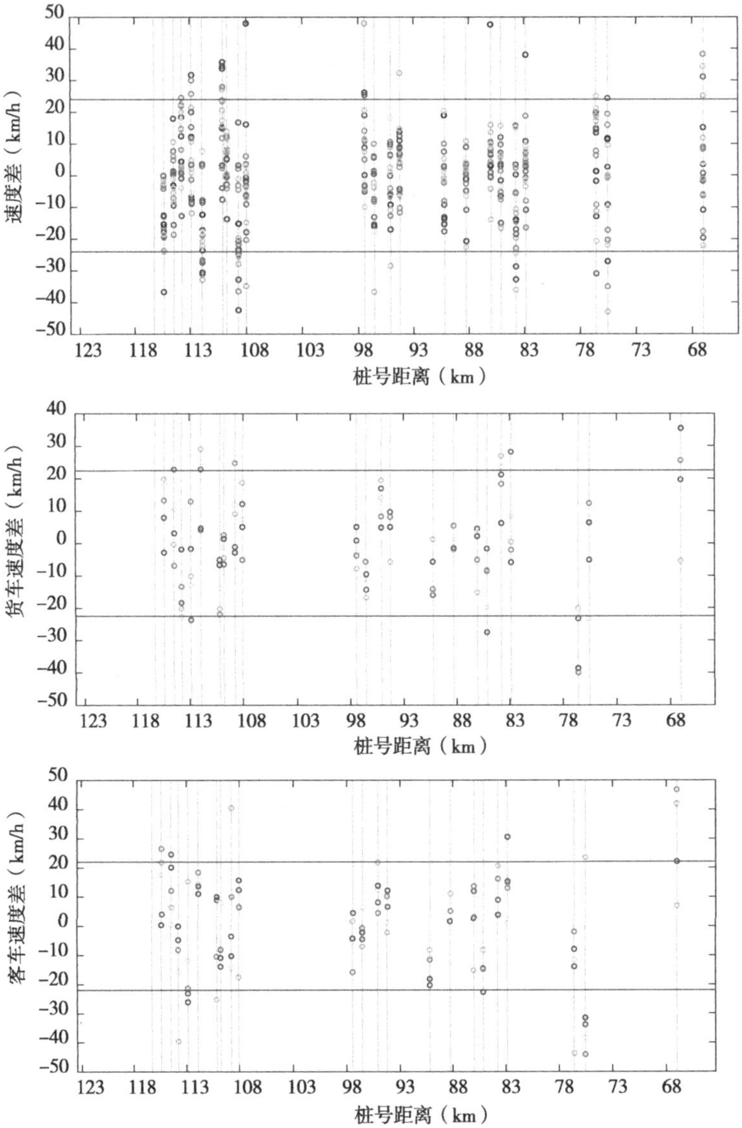

图 4－34　终点—起点方向线元速度差分布图

根据试验数据分析，29 位被试者驾驶车辆从终点行驶至起点（K1536—K1480）方向的整体运行速度分布较复杂且整体车速相对较低，稳定性差，速度跨度主要集中在 80—120km/h，部分驾驶员在部分路段出现超速行驶现象，有一位被试者在部分路段行车速度高于140km/h，这与该驾驶员对道路线形的熟悉度以及个人驾驶习惯有一定关系，很容易造成道路交通事故。车辆的运行速度虽然存在一定程度的波动，但就每位被试者来说，19位被试者驾驶车辆的运行速度跨度略有差别，可见不同驾驶人驾驶车辆的行驶速度由于个人感知的不同存在差异。受道路线形和道路实际状态的影响，线元间的速度差分布（图4－34中横线位置为85%位速度差值位置）相对较为集中，但仍有部分驾驶员在部分路段的速度差明显不符合实际情况。结合试验过程中的录像情况，剔除出现驾驶疲劳和驾驶时打瞌睡的被试者数据，从而保证试验结果的真实有效性。

表4－5　　终点—起点方向相邻“分析单元”之间运行速度差

起点桩号	终点桩号	单元类型	起点速度	终点速度	85%位速度差	路段长度	大于85%位速度差被试者编号
K1536＋000	K1529＋254	平直路	/	/	/	6746	/
K1529＋254	K1528＋370	互通立交	103	80	－23	884	4，27
K1528＋370	K1527＋460	纵坡路	124	108	－16	910	26
K1527＋460	K1526＋750	平直路	81	103	22	710	25
K1526＋750	K1525＋860	纵坡路	106	128	22	890	2，4，7，21，26
K1525＋860	K1524＋900	平直路	113	83	－30	960	1，2，3，6，7，14，15，18，19，21，29
K1524＋900	K1523＋100	纵坡路	94	128	34	1800	3，5，8，13，18，25
K1523＋100	K1522＋711	短平路	95	81	－14	389	/
K1522＋711	K1521＋708	平直路	127	94	－33	1003	3，4，12，13，14，19，23，25
K1521＋708	K1521＋008	短平路	110	90	－20	700	4，6
K1521＋008	K1510＋440	平直路	90	115	25	10568	4，6，16
K1510＋440	K1509＋540	纵坡路	113	97	－16	900	6
K1509＋540	K1508＋075	平直路	97	80	－17	1465	13
K1508＋075	K1507＋220	互通立交	107	119	12	885	8
K1507＋220	K1503＋190	平直路	113	100	－13	4030	/

续表

起点桩号	终点桩号	单元类型	起点速度	终点速度	85%位速度差	路段长度	大于85%位速度差被试者编号
K1503 +190	K1501 +250	互通立交	80	94	14	1940	21
K1501 +250	K1499 +000	平直路	101	111	10	2250	4
K1499 +000	K1498 +100	纵坡路	118	103	-15	900	21
K1498 +100	K1496 +760	平直路	121	92	-29	1340	3, 4, 15, 19, 22, 29
K1496 +760	K1495 +860	纵坡路	114	98	-16	900	4
K1495 +860	K1489 +570	平直路	113	133	20	6290	21, 23, 24, 25
K1489 +570	K1488 +520	隧道	86	69	-27	1050	4, 11, 13, 22, 25, 27, 29
K1488 +520	K1480 +000	平直路	109	87	-22	8520	11, 13, 22, 23, 24, 25, 27, 28

由表4-5可知，在一般情况下，在高速公路上线元起点与终点的速度差不应过大，如果速度差过大，容易导致交通安全问题。在绝大多数情况下，线元速度差属于孤立事件，属于驾驶人驾驶过程中的自我调整。而对于绝大多数驾驶人在非驾驶人因素所导致的速度差不稳定的路段应重点分析；另外应对隧道、长下坡及急转弯路段进行重点分析。

通过对终点—起点路段的平曲线参数进行对照分析，发现绝大多数的较大速度差主要是由较大纵坡和急转弯的变化所引起，部分较大速度差是由道路特性的改变（如隧道、桥梁、互通立交等）所引起，具体分析如下：

（1）K1526+750—K1523+100路段由3个线元构成，各线元的速度差都较大。K1526+750—K1525+860（即线元1）是坡度为3%的上坡路段，K1525+860—K1524+900（即线元2）是坡度为0.417%的下坡路段，K1524+900—K1523+100（即线元3）是坡度为2.5%的上坡路段（见图4-35）。线元间的速度差较大是由于道路纵坡的变化较大且频繁，驾驶员过度加速行驶和过度减速行驶，导致对车辆速度的控制极其不稳定，出现超速行驶现象。为保障道路交通安全，建议适当增加限速标志或者监控设备和必要的提示标志。

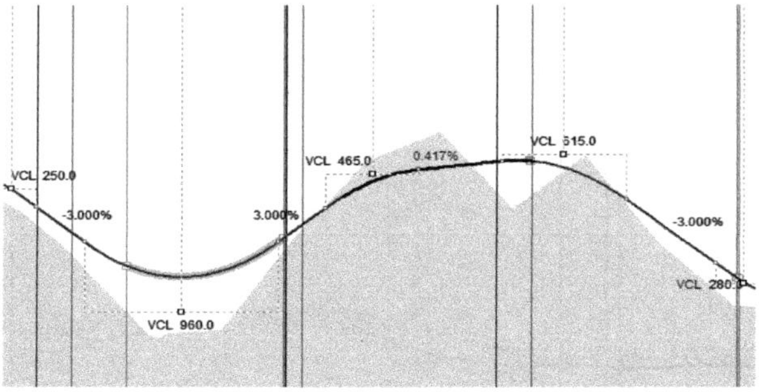

图4-35　终点—起点方向K1526+750—K1523+100纵曲线示意图

（2）K1522+711—K1521+708路段是坡度为2.5%的上坡路段（见图4-36），受前一线元坡度为3%的上坡路段影响，驾驶员持续加速，导致车辆超速，当行驶至坡度有所减缓路段时，开始制动，车速有所降低。过大的加速和减速影响，导致速度差过大。针对此道路问题，建议增加限速标志和提示标志。

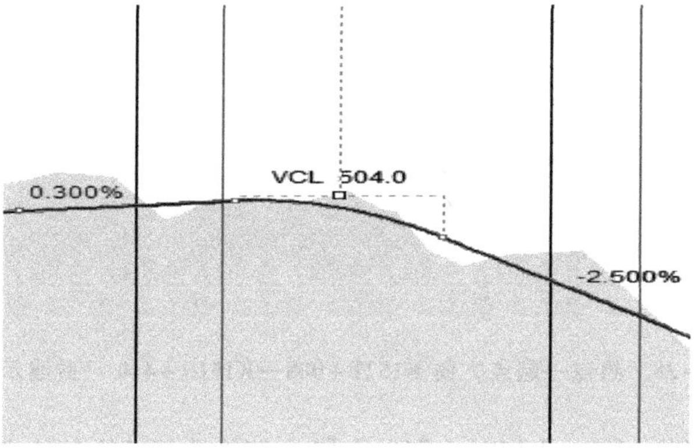

图4-36　终点—起点方向K1522+711—K1521+708纵曲线示意图

（3）K1521+008—K1510+440路段内无长距离的下坡和上坡，坡度较为缓和（见图4-37、图4-38）。但车辆在道路行驶过程中，道路曲率半径变化较为明显，并且在道路后段道路曲率半径变大，较适合驾驶员驾驶，从而导致速度加快。为消除道路交通安全隐患，建议在道路曲率半径骤变的位置增加相应的提示标志。

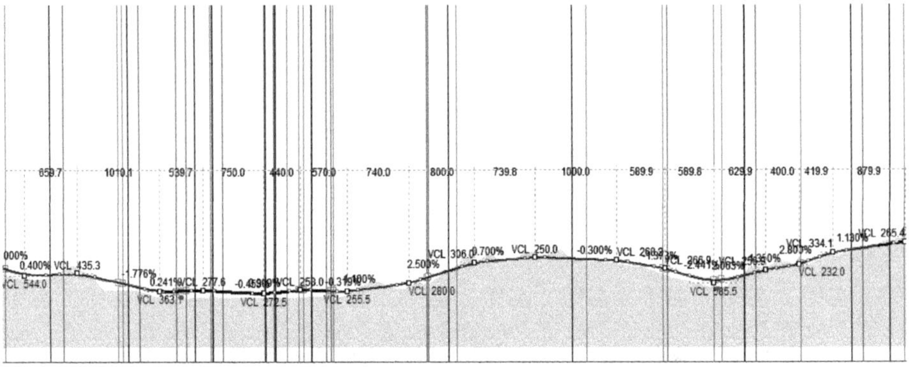

图 4-37 终点—起点方向 K1521+008—K1510+440 纵曲线示意图

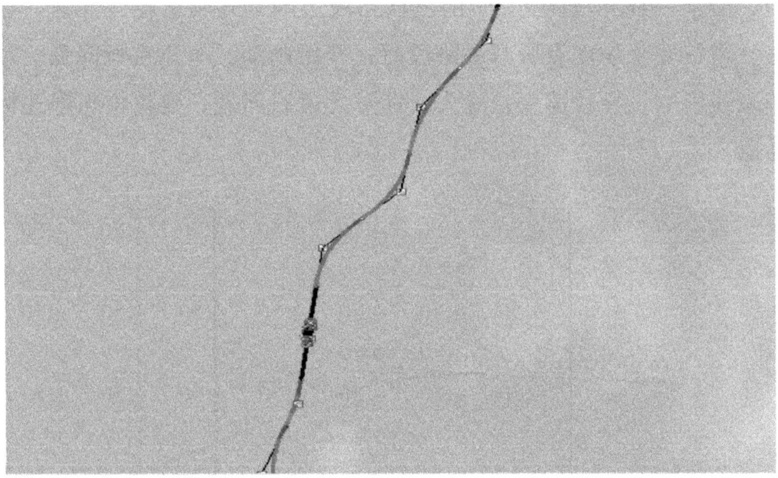

图 4-38 终点—起点方向 K1521+008—K1510+440 平曲线示意图

（4）K1498+100—K1496+760 路段由坡度为 2.5% 的上坡路段和坡度为 2% 的长下坡路段构成（见图 4-39）。车辆在初始位置速度较大，随着车辆上坡速度有所减小；当车辆行驶至长下坡路段时，驾驶员采取制动，故速度减小，导致速度差较大。为保障道路安全，建议增设监控设备、限速标志和提示标志，以此避免超速行驶和速度差过大问题。

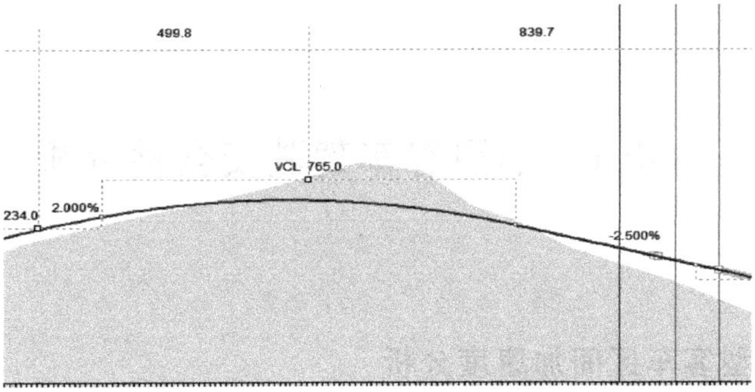

图4-39　终点—起点方向 K1498+100—K1496+760 纵曲线示意图

（5）K1489+570—K1488+520 路段是隧道路段，道路涵盖上坡路段和下坡路段（见图4-40）。由于道路限速标志距离隧道口过近，导致驾驶员在进入隧道时车速无法达到规定的限速标准 80km/h。由于隧道内道路是曲线，且受隧道光线影响，车辆在隧道内行驶必然会降低速度，从而导致车辆在驶出隧道时速度较低。在出隧道后受光线影响，短时间内驾驶员不可能直接将车速加速到道路设计速度，导致该线元处的速度差较大，从而存在交通安全隐患。为保障道路行车安全，建议将隧道入口限速标志前移且放置于较为明显的地方，隧道口位置的减速装置也应适当前移，而对于隧道出口位置为降低明暗光线差，可适当增加隧道出口灯光的亮度。

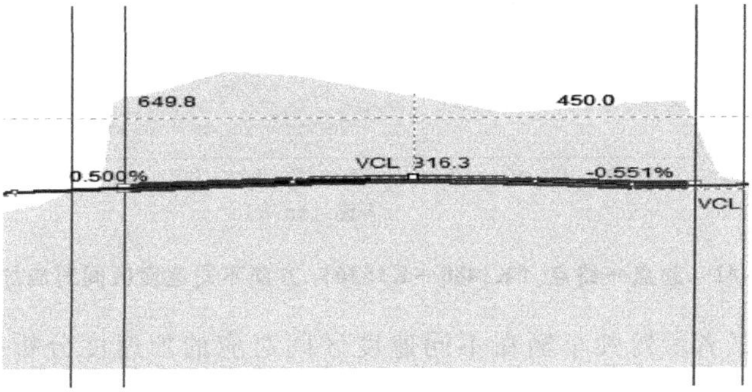

图4-40　终点—起点方向 K1489+570—K1488+520 纵曲线示意图

4.4 小型客车驾驶安全性分析

4.4.1 小型客车区间加速度分析

每位驾驶人在长期驾驶过程中均形成了个性化的驾驶行为习惯，其中一些规律是可以利用描述性分析的方法进行总结的，例如，分析驾驶人在不同速度区间的纵向加速度上限值以及方位角变化率之间的关系可以发现其具备良好的规律性和一致性。本节即利用这一特性对起点—终点（K1480—K1536）方向和终点—起点（K1536—K1480）方向上各被试者驾驶行为一致性进行分析，见图4－41、图4－42。

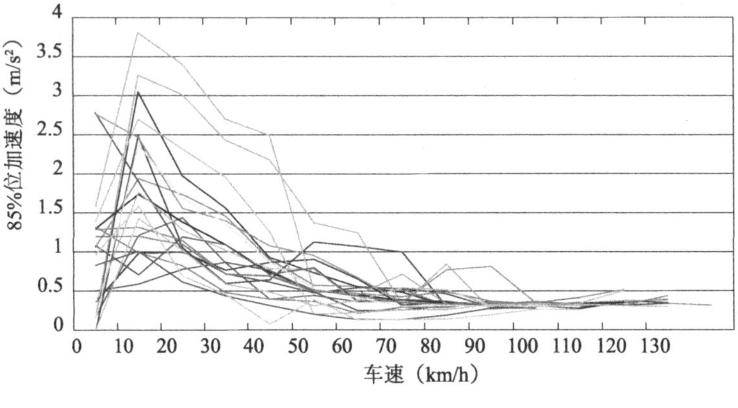

图4－41　起点—终点（K1480—K1536）方向不同速度区间对应加速度

通过被试者所驾驶车辆在不同速度区间对应的加速度分析结果可以看出，在车速较低时加速度比较大，随车速的增大加速度逐渐减小，当车速达到80km/h时，加速度趋于稳定。

对被试者所驾驶车辆的加速度和减速度进行分析，如果多个车辆的加速度或减速度都在某些路段出现一致性不佳的情况，说明该路段对于驾驶人而言存在认知一致性不良的现象，即驾驶人对该路段的感知与真实情况可能存在一定差异。

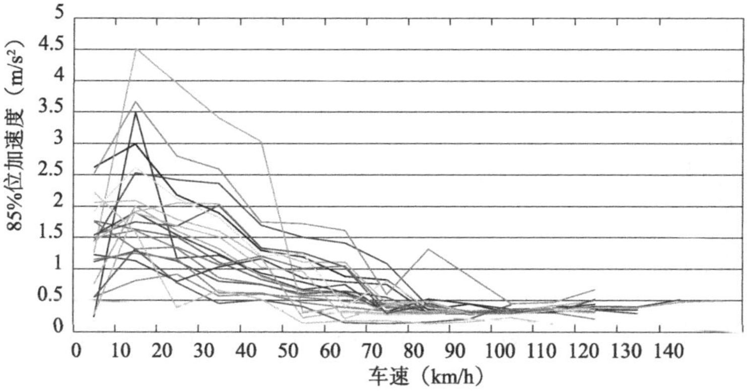

图 4－42　终点—起点（K1536—K1480）方向不同速度区间对应加速度

4.4.2　小型客车较大加速度分析

为了进一步对华东某高速路段的安全性进行分析，选取被试者在行车过程中车辆的较大加速度（即大于 85% 位的车辆加速度）变化情况来寻找被试者在自由流状态下驾驶车辆行驶到某些道路断面进行紧急加速的原因，从而间接反映出道路存在的安全隐患问题。

1. 起点—终点（K1480—K1536）方向

图 4－43 所示为起点—终点（K1480—K1536）方向小型客车较大加速度的分布情况。

整体来看，各被试者在整个路段的大于 85% 位的车辆加速度分布较为分散，但是在某些路段较为集中。对于个别被试者在某些路段出现较大加速度的现象，我们默认为是由于被试者自身原因产生的，在本节将不对其作重点分析，而对于绝大多数被试者在某一路段区域发生较大加速度的现象，本节将着重分析。由图 4－43 可知，车辆加速度过大的路段主要是 K1480＋000—K1481＋500、K1484＋000—K1485＋000、K1489＋200—K1490＋100、K1496＋600—K1498＋100、K1508＋300—K1508＋900、K1524＋600—K1525＋

250。车辆加速度过大是由于道路坡度过大和道路曲率半径以及道路特性（如隧道、桥梁、互通立交等）等原因导致的。

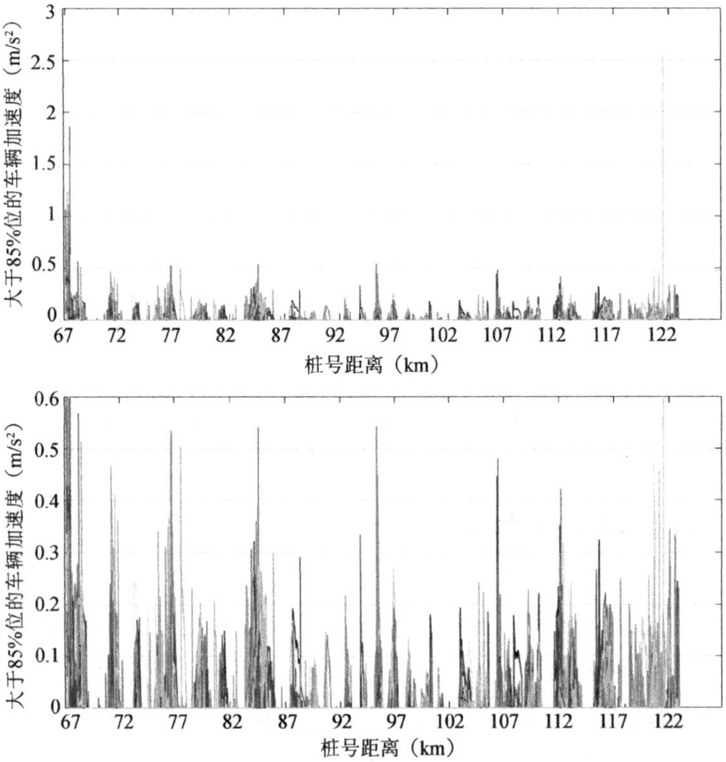

图4－43　起点—终点（K1480—K1536）方向小型客车较大加速度分布

（1）K1480＋000—K1481＋500是纵坡为1.4%的上坡路段，其处于起始位置，车速尚未达到行驶要求速度，所以车辆的加速度较大。

（2）K1484＋000—K1485＋000是纵坡为0.96%的下坡路段。其中，K1484＋000—K1484＋050是隧道路段（K1484＋050隧道出口）。受隧道影响，车辆在进入隧道前和进入隧道后适当减速，而出隧道出口（即K1484＋050位置）后车辆加速行驶。

（3）K1489＋200—K1490＋100是纵坡为1.674%的下坡路段。其中，K1489＋200—K1489＋490是隧道路段（K1489＋390为隧道出口），K1489＋490—K1490＋100是平直路段。

（4） K1496 +600—K1498 +100 由纵坡为 3% 的上坡路段（K1496 +600—K1496 +760）、纵坡为 2% 的上坡路段（K1496 +760—K1497 +260）和纵坡为 2.5% 的下坡路段（K1497 +260—K1498 +100）构成。上坡路段车辆加速行驶，但行驶至 K1497 +260 时车辆速度尚未达到预期车速故继续加速行驶。

（5） K1508 +300—K1508 +900 是纵坡为 1.292% 的下坡路段，车辆加速度过大的可能原因是之前车辆速度过低，未达到稳定车速所致。

（6） K1524 +600—K1525 +250 由纵坡为 3% 的上坡路段（K1524 +600—K1524 +900）和纵坡为 0.417% 的上坡路段（K1524 +900—K1525 +250）构成，但平曲线中 K1524 +569—K1525 +250 为直线路段。

2. 终点—起点（K1536—K1480）方向

图 4 -44 所示为终点—起点（K1536—K1480）方向小型客车较大加速度的分布情况。

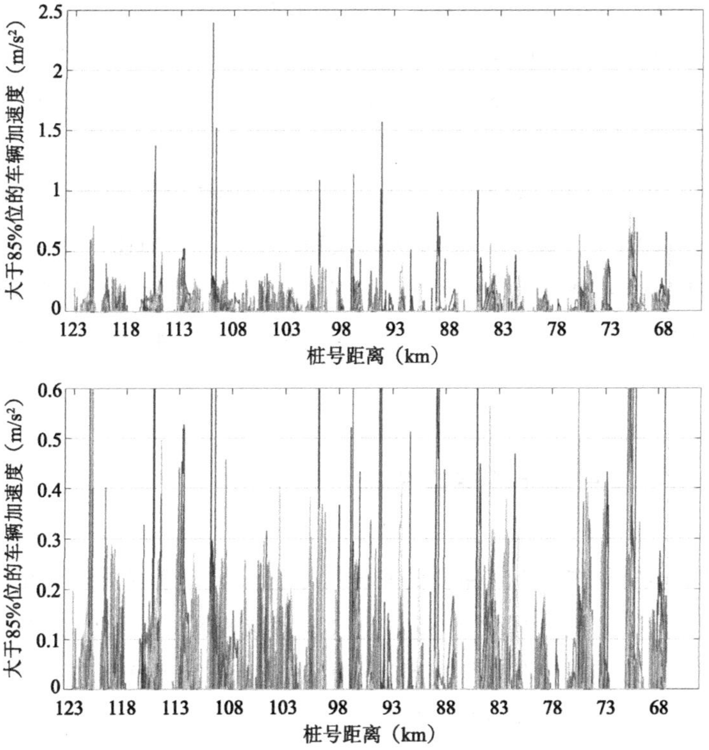

图 4 -44　终点—起点（K1536—K1480）方向小型客车较大加速度分布

整体来看，各被试者在整个路段的车辆加速度较为分散，但是在某些路段较为集中。由图4-41可知，车辆较大加速度的路段主要是K1535+000—K1534+200、K1526+200—K1525+200、K1522+510—K1521+500、K1510+100—K1509+550、K1488+350—K1487+360、K1484+200—K1483+300。

（1）K1535+000—K1534+200由纵坡为2.227%的上坡路段（K1535+000—K1534+660）和纵坡为0.877%的下坡路段（K1534+660—K1534+200）构成。

（2）K1526+200—K1525+200由纵坡为3%的上坡路段（K1526+200—K1525+860）和纵坡为0.417%的下坡路段（K1525+860—K1525+200）构成，但平曲线中K1525+521.184—K1525+200为直线路段。

（3）K1522+510—K1521+500由纵坡为2.5%的上坡路段（K1522+510—K1522+100）和纵坡为0.3%的下坡路段（K1522+100—K1521+500）构成。车辆在上坡路段加速行驶，但行驶至K1522+100时车辆速度尚未达到预期车速故继续加速行驶。

（4）K1510+100—K1509+550是纵坡为3%的上坡路段，车辆处于上坡路段加速行驶。

（5）K1488+350—K1487+360是纵坡为1.9%的上坡路段，但平曲线中K1487+720.614—K1487+360为直线路段。故车辆加速行驶。

（6）K1484+200—K1483+300由纵坡为0.96%的上坡路段（K1484+200—K1484+000）和纵坡为1.8%的下坡路段（K1484+000—K1483+300）构成，途经隧道。

4.4.3 小型客车较大减速度分析

为进一步对华东某高速路段的安全性进行分析，选取被试者在行车过程中车辆的较大减速度（即大于85%位的车辆减速度）变化情况来寻找被试者在自由流状态下驾驶车辆行驶到某些道路断面进行紧急刹车的原因，从而间接反映出道路存在的安全隐患问题。

1. 起点—终点（K1480—K1536）方向

图 4－45 所示为起点—终点（K1480—K1536）方向小型客车减速度的分布情况。

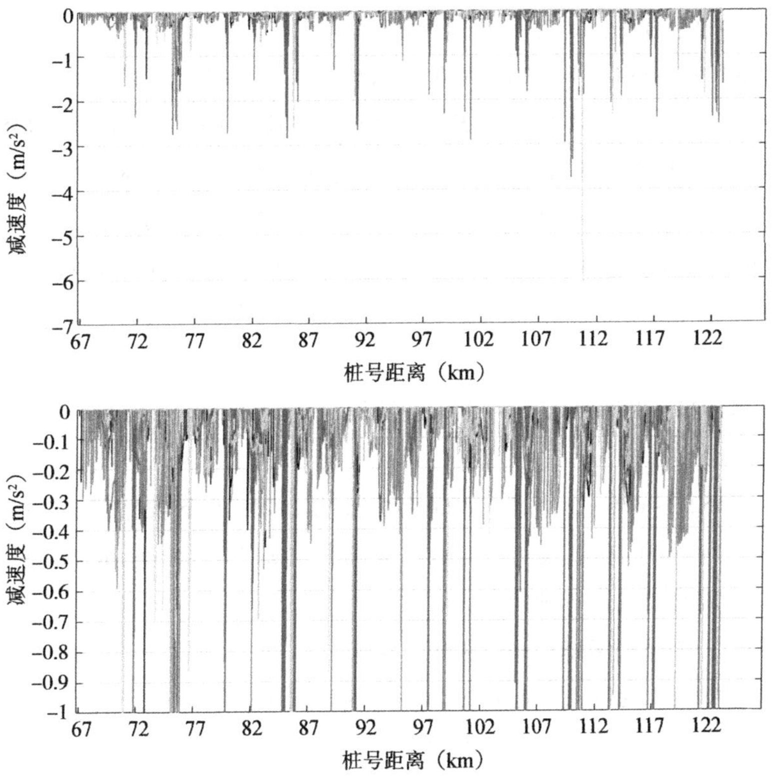

图 4－45　起点—终点（K1480—K1536）方向小型客车减速度分布

整体来看，各被试者在整个路段的车辆减速度较为分散，但是在某些路段较为集中。这里仅对绝大多数被试者所驾驶车辆在某些路段均发生较大减速度的区域进行分析。由图 4－42 可知，车辆减速度过大的路段主要是 K1483＋000—K1484＋100、K1485＋350—K1485＋850、K1488＋000—K1488＋850、K1495＋500—K1496＋300、K1524＋000—K1524＋900、K1527＋000—K1527＋800。车辆减速度过大的路段主要是道路曲率半径比较小、长下坡、坡度较大等路段，驾驶员为保证道路行车安全，从而采取制动措施。

具体分析如下：

（1）K1483 +000—K1484 +100 是纵坡为 1.8% 的上坡路段，途径隧道（K1470 +940—K1471 +050），减速度有所降低。

（2）K1485 +350—K1485 +850 是纵坡为 1.6% 的上坡路段，平曲线半径为 5500m 的平直路段，途径停车服务区。

（3）K1488 +000—K1488 +850 由纵坡为 1.9% 的下坡路段（K1488 +000—K1488 +540）和纵坡为 0.379% 的上坡路段（K1488 +540—K1488 +850）构成，平曲线半径为 2800m，途径隧道（K1488 +615—K1487 +515）。

（4）K1495 +500—K1496 +300 由纵坡为 0.617% 的下坡路段（K1495 +500—K1495 +860）和纵坡为 3% 的上坡路段（K1495 +860—K1496 +300）构成，平曲线半径为 3681.865m。产生减速度的原因是之前车辆速度过高所致。

（5）K1524 +000—K1524 +900 是纵坡为 3% 的下坡路段，车辆减速度增大。

（6）K1527 +000—K1527 +800 由纵坡为 2.2% 的下坡路段（K1527 +000—K1527 +460）和纵坡为 3% 的上坡路段（K1527 +460—K1527 +800）构成，在上坡路段减速行驶所致。

2. 终点—起点（K1536—K1480）方向

图 4 -46 所示为终点—起点方向小型客车减速度的分布情况。

整体来看，各被试者在整个路段的车辆减速度较为分散，但是在某些路段较为集中。由图 4 -46 可知，车辆较大减速度的路段主要是 K1530 +500—K1529 +800、K1526 +700—K1526 +000、K1524 +900—K1523 +900、K1519 +800—K1518 +800、K1502 +900—K1502 +300、K1496 +800—K1496 +000、K1490 +100—K1489 +000、K1485 +500—K1484 +000。具体分析如下：

（1）K1530 +500—K1529 +800 是纵坡为 2.5% 的上坡路段，因速度过大所致减速度增大。

（2）K1526 +700—K1526 +000 是纵坡为 3% 的上坡路段，平面曲率半径由 3505m 变为 2200m，曲率变小，为控制车辆平稳运行，减速度增大。

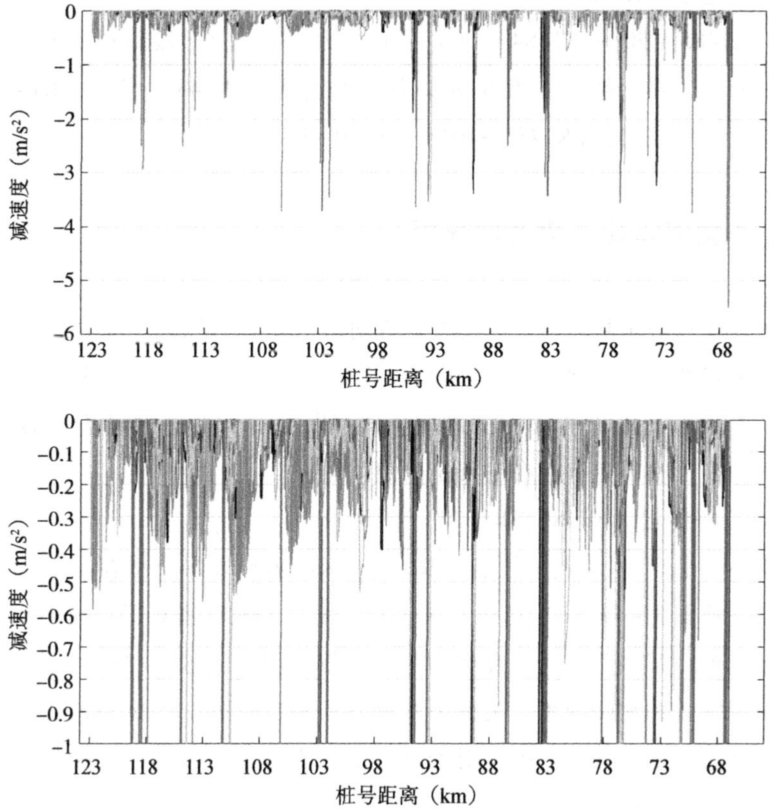

图4-46　终点—起点方向小型客车减速度分布

（3）K1524+900—K1523+900是纵坡为3%的下坡路段，车辆减速度增大。

（4）K1519+800—K1518+800是纵坡为2.06%的下坡路段，途径大桥，车辆减速度增大。

（5）K1496+800—K1496+000由纵坡为2%的下坡路段（K1496+800—K1496+760）和纵坡为3%的下坡路段（K1496+760—K1496+000）构成，车辆减速度增大。

（6）K1490+100—K1489+000由纵坡为1.674%的上坡路段（K1490+100—K1489+640）和纵坡为0.5%的下坡路段（K1489+640—K1489+000）

构成，途径隧道（K1489 +370—K1488 +620）。

（7）K1485 + 500—K1484 +000 由纵坡为 1.6% 的下坡路段（K1485 + 500—K1485 + 250）和纵坡为 0.96% 的上坡路段（K1485 + 250—K1484 + 000）构成，途径隧道（K1484 +050—K1480 +940）。

4.4.4 小型客车转向角速度分析

为进一步对华东某高速路段的安全性进行分析，选取被试者在行车过程中车辆的稳定性指标（即大于 85% 位的车辆减速度）变化情况来寻找被试者在自由流状态下驾驶车辆行驶到某些道路断面进行紧急转动方向盘的原因，从而间接反映出道路存在的安全隐患问题。

1. 起点—终点（K1480—K1536）方向

图 4 -47（a）为起点—终点（K1480—K1536）方向小型客车转向角速度分布图。从图 4 -47（a）可以看出，被试者 4 和被试者 6 所驾驶小型客车的转向角速度在某些路段明显存在问题，经询问得知，这 2 位被试者在驾驶过程中出现疲劳和瞌睡现象，为保障数据分析的准确性，故排除该 2 位被试者在某些路段出现的异常数据，对处理后的所有被试者数据进行分析，见图 4 -47（b）。从图 4 -47（b）可以看出，在整个路段全部被试者所驾驶的小型客车的转向角速度较为平稳和集中，且其转角较为缓和，只存在少量被试者所驾驶的小型客车的转向角速度值在某些路段出现不稳定的情况。所驾驶的小型客车的转向角度值主要集中在 -0.05—0.05rad。转向角速度值较大的路段主要集中在 K1483 + 500—K1485 + 000、K1488 + 000—K1489 + 300、K1492 + 300—K1493 + 500、K1498 + 000—K1500 + 000、K1509 + 350—K1510 +000、K1531 +100—K1532 +000。产生不稳定的原因主要是由于道路的曲率半径发生改变、道路的坡度发生较大改变，驾驶员对车辆采取转向、制动等操作，从而导致转角发生较大的改变。具体分析如下：

（1）K1483 +500—K1485 +000 路段，其中 K1484 +729.486 为连续反向曲线段中前一个曲线段（右转角 20°47′26.5″）的第二缓和曲线的终点，同时是后一个曲线段（左转角 12°04′51.3″）的第一缓和曲线的起点，车辆在此处的转向角度较大。

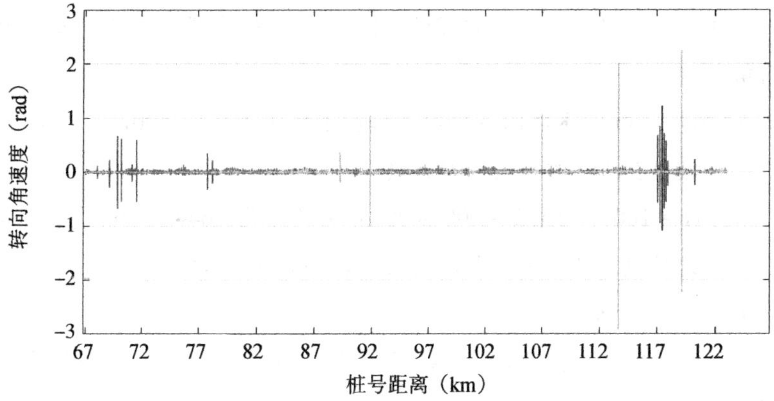

图4-47（a）　起点—终点（K1480—K1536）方向小型客车转向角速度分布图

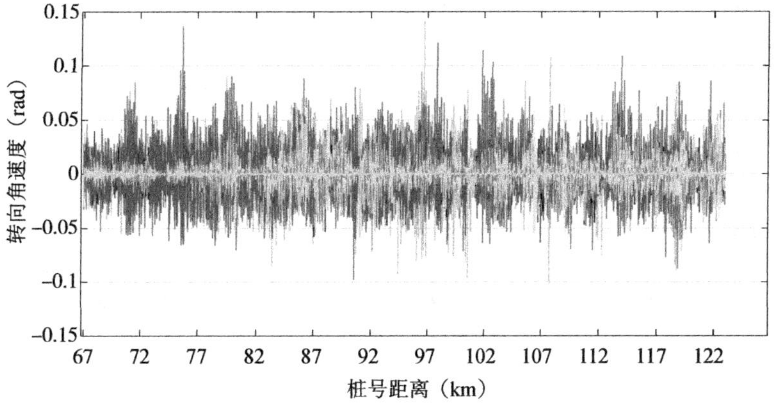

图4-47（b）　起点—终点（K1480—K1536）方向排除异常数据后小型客车转向角速度分布图

（2）K1488+000—K1489+300路段为连续反向平曲线，曲率半径为2800m，右转角为19°50′34.3″，与后曲线段左转角12°43′31.2″相连，且途经隧道，转向角度较大。

（3）K1492+300—K1493+500路段曲率半径为2211.338m，右转角为34°07′12.7″，属于下坡路段，转向角度较大。

（4）K1498 +000—K1500 +000 路段，其中 K1498 +553.522 为连续反向曲线段中前一个曲线段（右转角 34°28′13.9″）的第二缓和曲线的终点，同时是后一个曲线段（左转角 21°16′28″）的第一缓和曲线的起点，车辆在此处的转向角度较大。

（5）K1509 + 350—K1510 + 000 路段曲率半径为 2500m，右转角为 42°16′32″，是坡度为 3% 的下坡路段，转向角度较大。

（6）K1531 +100—K1532 +000 路段曲率半径为 2644.939m，左转角为 54°52′51.5″，是坡度为 1.8% 的上坡路段，转向角度较大。

2. 终点—起点（K1536—K1480）方向

图 4 -48 所示为终点—起点（K1536—K1480）方向小型客车转向角速度分布图。

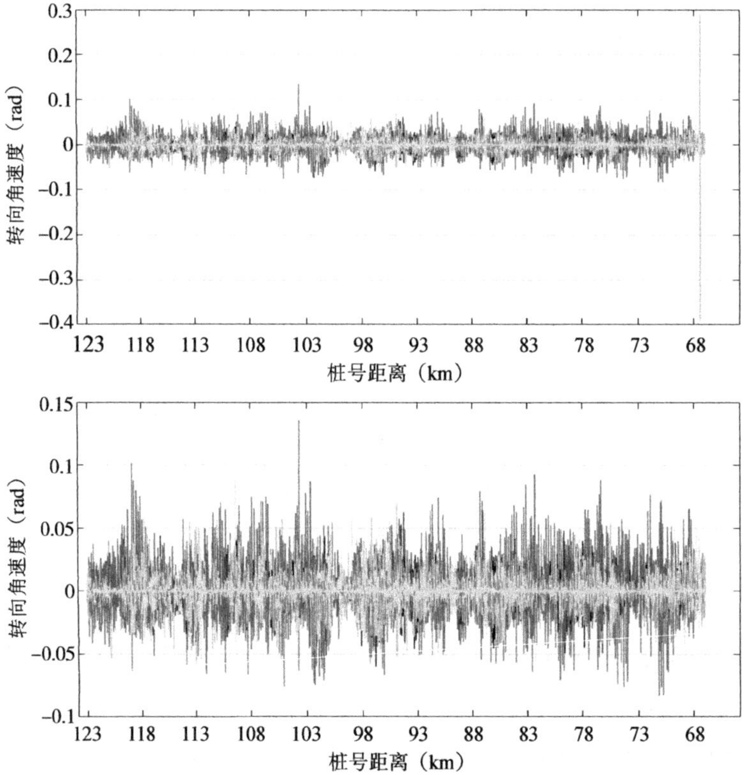

图 4 -48　终点—起点（K1536—K1480）方向小型客车转向角速度分布图

由图 4 -48 可以看出，所有被试者所驾驶车辆的转向角速度值较为相近和集中，且其转角较为缓和，只存在少量被试者所驾驶车辆的转向角速度值在某些路段出现不稳定情况，所有被试者所驾驶车辆的转角值主要集中在 -0.05—0.05rad。转向角速度值较大的路段主要集中在 K1531 +700—K1530 +900 与 K1515 +900—K1514 +000，产生不稳定的原因主要是由于道路的曲率半径发生改变、道路的坡度发生较大改变，驾驶员对车辆采取转向、制动等操作，从而导致转角发生较大的改变。具体分析如下：

（1）K1531 +700— K1530 +900 路段曲率半径为 2644.939m，右转角为 54°52′51.5″，属于长下坡路段，转向角度较大。

（2）K1515 +900—K1514 +000 路段，其中 K1515 +624.940 为连续反向曲线段中前一个曲线段（右转角 33°09′33″）的第二缓和曲线的终点，同时是后一个曲线段（左转角 36°30′01.4″）的第一缓和曲线的起点，车辆在此处的转向角度较大。

4.5 大型客车驾驶安全性分析

4.5.1 大型客车区间加速度分析

本节分别被试者驾驶大型客车在起点—终点（K1480—K1536）方向和终点—起点（K1536—K1480）方向上的驾驶行为一致性进行分析（见图 4 -49、图 4 -50）。如果多个被试者所驾驶的车辆加速度都在某些路段出现一致性不佳的情况，说明该路段对于驾驶人而言存在认知一致性不良的现象，即驾驶人对该路段的感知与真实情况可能存在一定差异。

通过被试者在不同速度区间对应的加速度结果可以看出：起点—终点（K1480—K1536）方向和终点—起点（K1536—K1480）方向上不同速度区间对应的加速度略有不同，但是总体趋于稳定，具有一致性。在车速较低时加速度比较大，随车速的增大加速度总体上呈现逐渐减小的趋势，当车速达到 50km/h 后，加速度的变化基本趋于稳定。在车速较低如 20km/h 时，驾驶员受个人驾驶习惯影响，从而导致低速状态下加速度大小出现较大差异。

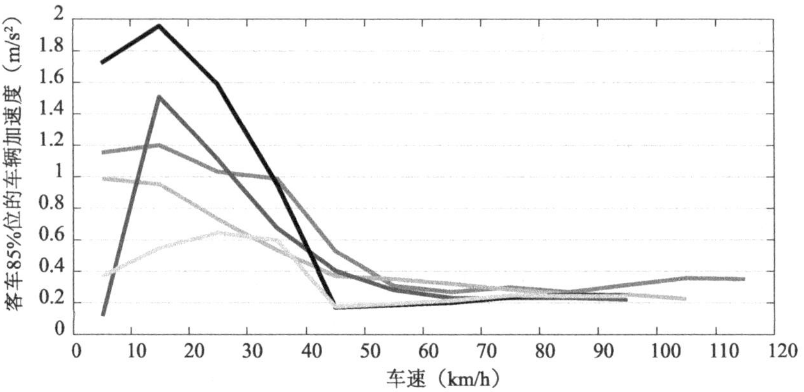

图 4-49　起点—终点（K1480—K1536）方向大型客车不同速度区间对应加速度

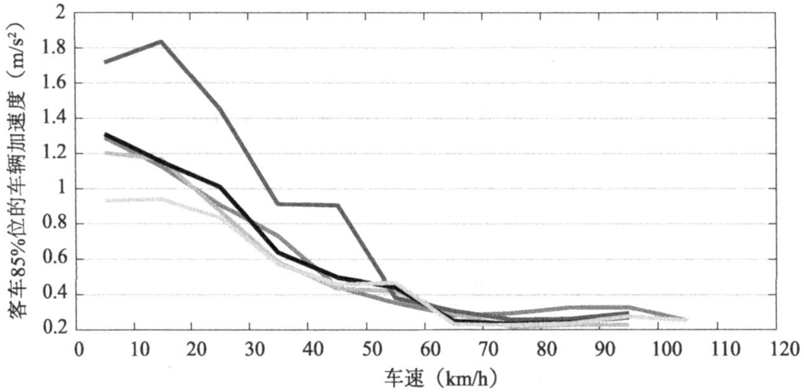

图 4-50　终点—起点（K1536—K1480）方向大型客车不同速度区间对应加速度

4.5.2　大型客车较大加速度分析

为了进一步对华东某高速路段的安全性进行分析，选取被试者在行车过程中车辆的较大加速度（即大于 85% 位的车辆加速度）变化情况来寻找被试者在自由流状态下驾驶车辆行驶到某些道路断面进行紧急加速的原因，从而间接反映出道路存在的安全隐患问题。

1. 起点—终点（K1480—K1536）方向

图 4-51 所示为起点—终点（K1480—K1536）方向大型客车较大加速度的分布情况。

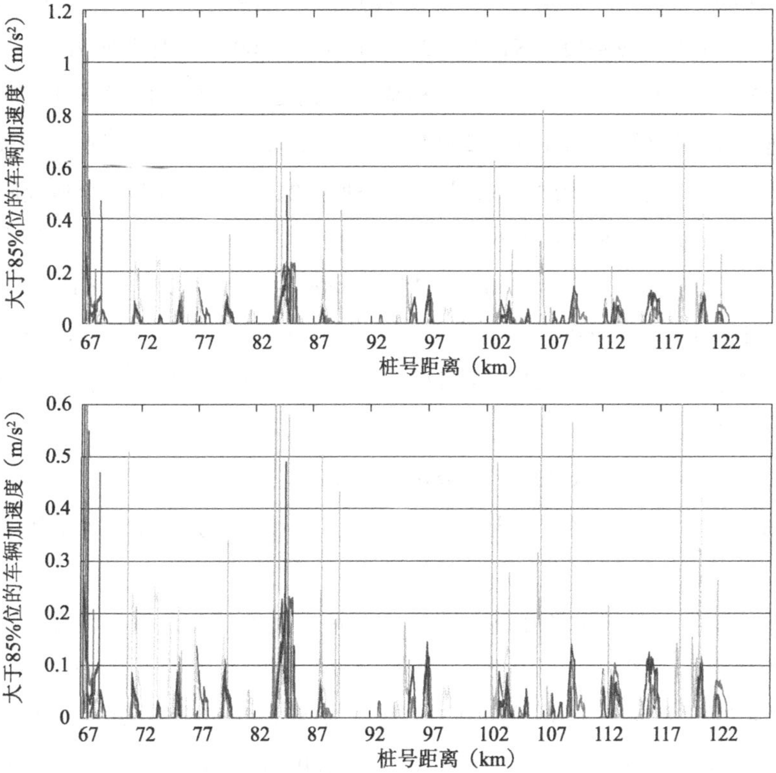

图 4-51　起点—终点（K1480—K1536）方向大型客车较大加速度分布

整体来看，各被试者在整个路段的大于 85% 位的车辆加速度分布较为分散，但是在某些路段较为集中。对于个别被试者在某些路段出现较大加速度的现象，我们默认为是由于被试者自身原因产生的，在本节将不对其作重点分析，而对于绝大多数被试者在某一路段区域发生较大加速度的现象，本节将着重分析。由图 4-51 可知，车辆加速度过大的路段主要是 K1480+000—K1481+500、K1496+600—K1498+500、K1525+000—K1526+000、K1529+300—K1530+300。车辆加速度过大的主要原因是由于道路坡度过大和道路曲率半径以及道路特性（如隧道、桥梁、互通立交等）等原因导致。

（1）K1480 + 000—K1481 + 500 是纵坡为 1.4% 的上坡路段，其处于起始位置，车速尚未达到行驶要求速度，所以车辆的加速度较大。

（2）K1496 + 600—K1498 + 500 由纵坡为 3% 的上坡路段（K1496 + 600—K1496 + 760）、纵坡为 2% 的上坡路段（K1496 + 760—K1497 + 260）、纵坡为 2.5% 的下坡路段（K1497 + 260—K1498 + 100）以及纵坡为 3% 的下坡路段（K1498 + 100—K1498 + 500）构成。车辆处于上坡路段时车速较低，车辆加速行驶，但行驶至 K1497 + 260 时车辆速度尚未达到预期车速，驾驶员继续加速行驶，车速迅速增加，极易产生超速现象，给道路行车安全造成隐患。

（3）K1525 + 000—K1526 + 000 由纵坡为 0.417% 的上坡路段和纵坡为 3% 的长下坡路段（K1524 + 600—K1526 + 000）构成，车辆在 K1525 处时的速度低于 80km/h，所以车辆加速行驶，再加上受前方长下坡路段影响，易导致车辆加速行驶。长下坡加速行驶会给道路交通安全造成隐患，应增设交通警示标志。

2. 终点—起点（K1536—K1480）方向

图 4 - 52 所示为终点—起点（K1536—K1480）方向大型客车较大加速度的分布情况。

整体来看，各被试者在整个路段的车辆加速度较为分散，但是在某些路段较为集中。由图 4 - 52 可知，车辆加速度过大的路段主要是 K1529 + 600—K1527 + 500、K1526 + 200—K1525 + 200、K1521 + 600—K1520 + 300、K1497 + 000—K1496 + 000、K1487 + 800—K1486 + 100、K1484 + 000—K1482 + 100。

（1）K1529 + 600—K1527 + 500 由纵坡为 2% 的上坡路段（K1529 + 600—K1528 + 960）、纵坡为 1.5% 的下坡路段（K1528 + 960—K1528 + 160）和纵坡为 3% 的下坡路段（K1528 + 160—K1527 + 500）构成长下坡路段，车辆在该路段起始位置时速度远低于其期望速度，车辆加速行驶，但是在长下坡路段车辆加速行驶不利于道路交通安全，易诱发交通事故。

（2）K1526 + 200—K1525 + 200 由纵坡为 3% 的上坡路段（K1526 + 200—K1524 + 860）和纵坡为 0.417% 的下坡路段（K1525 + 860—K1525 + 200）构成，但平曲线中 K1525 + 521.184—K1525 + 200 为直线路段。

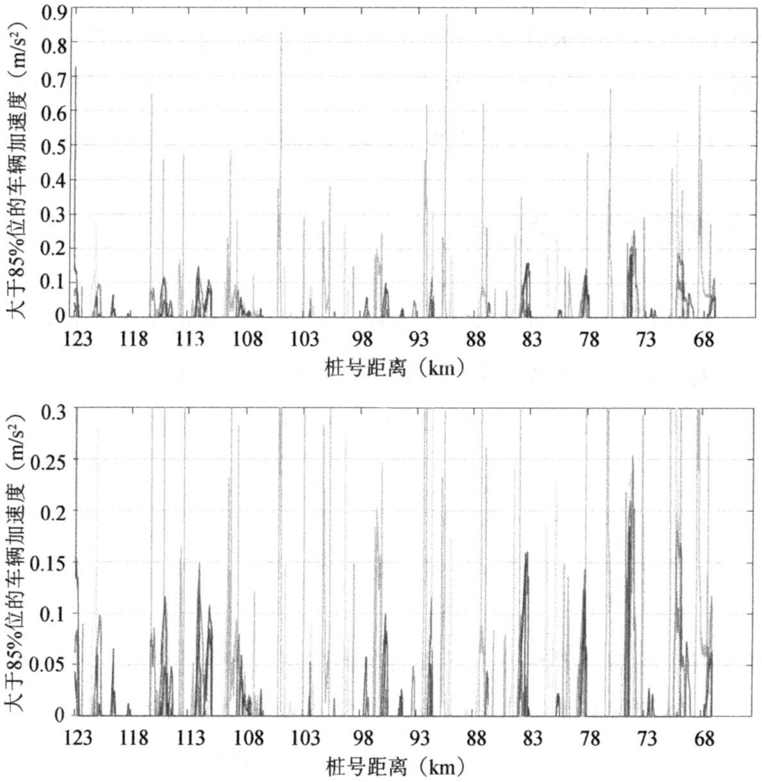

图 4－52　终点—起点（K1536—K1480）方向大型客车较大加速度分布

（3）K1521＋600—K1520＋300 由纵坡为 0.3% 的下坡路段（K1521＋600—K1521＋200）和纵坡为 1.13% 的下坡路段（K1521＋200—K1520＋300）构成。车辆处于下坡路段加速行驶，该路段车速在 80km/h—100km/h，下坡路段加速行驶存在道路安全隐患。

（4）K1497＋000—K1496＋000 由纵坡为 2% 的下坡路段（K1497＋000—K1496＋760）和纵坡为 3% 的下坡路段（K1496＋760—K1496＋000）构成，该路段车速在 80km/h—100km/h，下坡路段加速行驶存在道路安全隐患。

（5）K1487＋800—K1486＋100 由纵坡为 1.9% 的下坡路段（K1487＋800—K1486＋950）和纵坡为 0.8% 的上坡路段（K1486＋950—K1486＋100）构成，且位于隧道的出口附近，平曲线中 K1487＋720.614—K1487＋360 为

直线路段，该路段车速在60km/h—90km/h，车辆加速行驶。

（6）K1484＋000—K1482＋100由纵坡为1.8%的下坡路段（K1484＋000—K1492＋200）和纵坡为0.8%的上坡路段（K1482＋200—K1482＋100）构成，该路段车速在60km/h—90km/h，途经隧道。

4.5.3 大型客车较大减速度分析

为进一步对华东某高速路段的安全性进行分析，选取被试者在行车过程中车辆的较大减速度变化情况来寻找被试者在自由流状态下驾驶车辆行驶到某些道路断面进行紧急刹车的原因，从而间接反映出道路存在的安全隐患问题。

1. 起点—终点（K1480—K1536）方向

图4－53所示为起点—终点（K1480—K1536）方向大型客车减速度的分布情况。

整体来看，各被试者在整个路段的车辆减速度较为分散，但是在某些路段较为集中。本节仅对于绝大多数被试者所驾驶车辆在某些路段均发生较大减速度的区域进行分析。由图4－53可知，车辆减速度过大的路段主要是K1485＋000—K1485＋800、K1495＋500—K1496＋300、K1524＋100—K1524＋900、K1527＋000—K1527＋800。车辆减速度过大的路段主要是道路曲率比较小、长下坡、坡度较大等路段，驾驶员为保证道路行车安全，从而采取制动措施。具体分析如下：

（1）K1485＋000—K1485＋800由纵坡为0.96%的下坡路段（K1485＋000—K1485＋250）和纵坡为1.6%的上坡路段（K1485＋250—K1485＋800）构成，其速度跨度在90km/h—55km/h，途径隧道，故产生减速行为。

（2）K1495＋500—K1496＋300由纵坡0.617%的上坡路段（K1495＋500—K1495＋760）和纵坡为3%的上坡路段（K1495＋760—K1496＋300）构成，其速度跨度为90km/h—50km/h，受上坡路段影响，车辆减速明显。

（3）K1524＋100—K1524＋900是纵坡为3%的下坡路段，其速度跨度为95km/h—70km/h，且平曲线半径由2760.575m变为3142.814m，车辆减

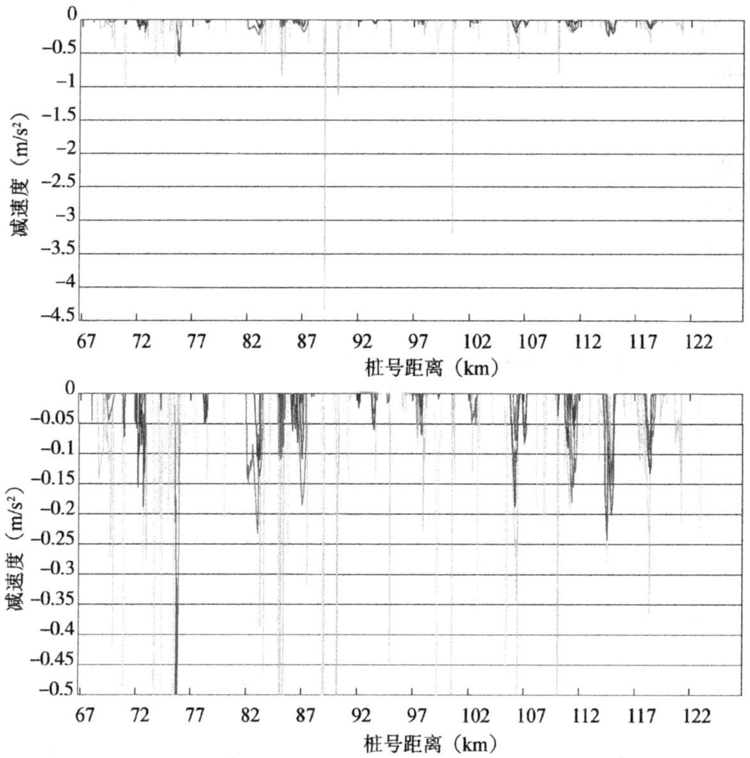

图 4-53　起点—终点方向各被试者驾驶大型客车减速度分布

速度增大。

（4）K1527+000—K1527+800 由纵坡为 2.2% 的下坡路段（K1527+000—K1527+460）和纵坡为 3% 的上坡路段（K1527+460—K1527+800）构成，在上坡路段减速行驶所致。

2. 终点—起点（K1536—K1480）方向

图 4-54 所示为终点—起点（K1536—K1480）方向大型客车减速度的分布情况。

整体来看，各被试者在整个路段的车辆减速度较为分散，但是在某些路段较为集中。由图 4-54 可知，车辆减速度过大的路段主要是 K1527+000—K1526+200、K1524+900—K1523+900、K1490+100—K1489+000、K1484+500—K1483+500。具体分析如下：

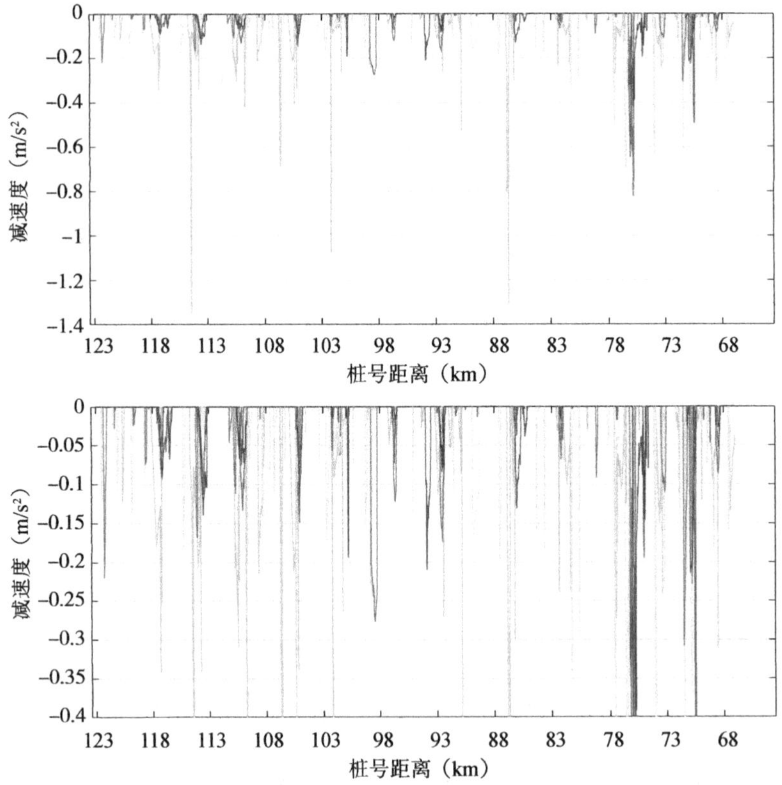

图 4－54　终点—起点（K1536—K1480）方向各被试者驾驶大型客车减速度分布

（1）K1527＋000—K1526＋200 由纵坡为 2.2% 的上坡路段（K1527＋000—K1526＋750）和纵坡为 3% 的上坡路段（K1526＋750—K1526＋200）构成，其速度跨度为 95km/h—70km/h，平面曲率半径由 3505m 变为 2200m，曲率变小，为控制车辆平稳运行，车辆减速度增大。

（2）K1524＋900—K1523＋900 是纵坡为 3% 的下坡路段，平面曲率半径为 2200m，其速度跨度为 95km/h—70km/h，车辆减速度增大。

（3）K1490＋100—K1489＋000 由纵坡为 1.674% 的上坡路段（K1490＋100—K1489＋640）和纵坡为 0.5% 的下坡路段（K1489＋640—K1489＋000）构成，其速度跨度为 100km/h—75km/h，途径隧道（K1489＋370—K1488＋620），车辆减速行驶。

（4）K1484 + 500—K1483 + 500 由纵坡为 0.96% 的上坡路段（K1484 + 500—K1484 + 000）和纵坡为 1.8% 的下坡路段（K1484 + 000—K1483 + 500）构成，其速度跨度为 90km/h—50km/h，途经隧道（K1484 + 050—K1483 + 940），车辆减速行驶。

4.5.4 大型客车转向角速度分析

为进一步对华东某高速路段的安全性进行分析，选取车辆转向角速度的变化情况来寻找其在自由流状态下驾驶员紧急转动方向盘的原因，从而间接反映出道路存在的安全隐患问题。

图 4 - 55 所示为起点—终点（K1480—K1536）方向大型客车转向角速度分布图。

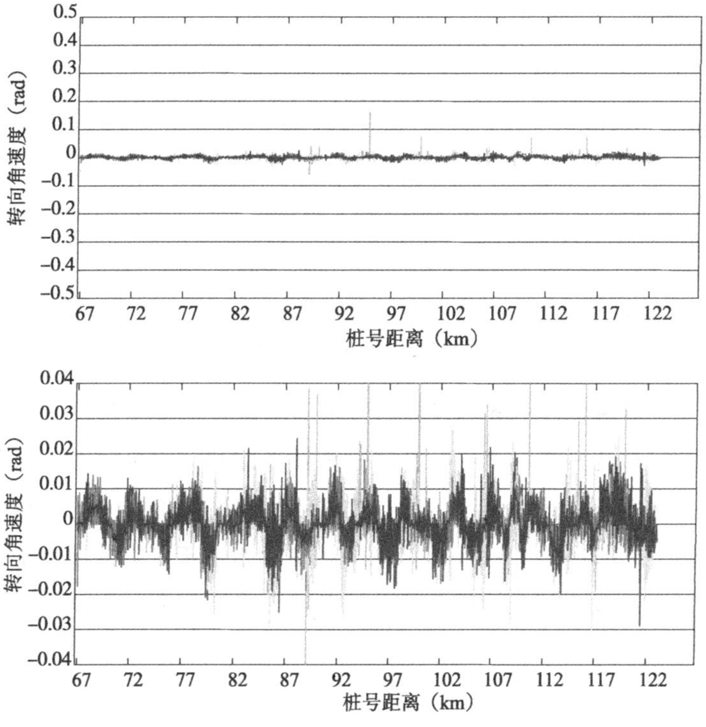

图 4 - 55 起点—终点（K1480—K1536）方向大型客车转向角速度分布图

图 4－56 所示为终点—起点（K1536—K1480）方向大型客车转向角速度分布图。

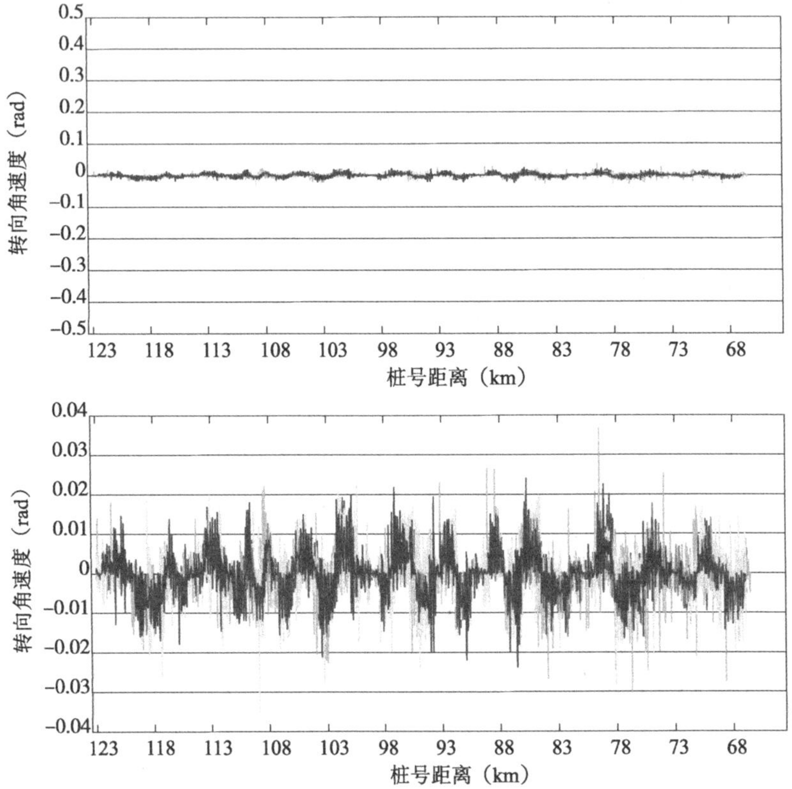

图 4－56　终点—起点（K1536—K1480）方向大型客车转向角速度分布图

由图 4－55 和图 4－56 可以看出，全部被试者在整个路段驾驶大型客车的转向角速度较为平稳和集中，且其转角较为缓和，很少存在转向角速度值在某些路段出现不稳定的情况。所有被试者所驾驶大型客车的转角值主要集中在－0. 02—0. 02rad。产生不稳定的原因主要是由于道路的曲率半径发生改变、道路的坡度发生改变，致使驾驶员对车辆采取转向、制动等操作，从而导致转角发生改变。

4.6 大型货车驾驶安全性分析

4.6.1 大型货车区间加速度分析

本节分别对被试者驾驶大型货车在起点—终点（K1480—K1536）方向和终点—起点（K1536—K1480）方向上的驾驶行为一致性进行分析（见图 4-57、图 4-58）。如果多个被试者所驾驶的大型货车的加速度在某些路段出现一致性不佳的情况，说明该路段对驾驶人而言存在认知一致性不良的现象，即驾驶人对该路段的感知与真实情况可能存在一定差异。

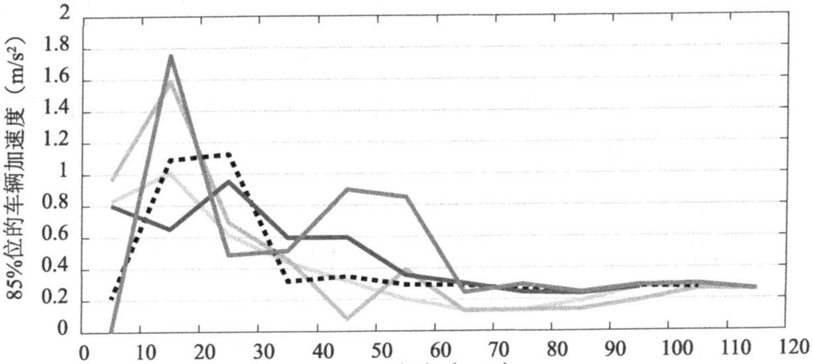

图 4-57 起点—终点（K1480—K1536）方向大型货车不同速度区间对应加速度

通过大型货车在不同速度区间对应的加速度结果可以看出：起点—终点（K1480—K1536）方向和终点—起点（K1536—K1480）方向上不同速度区间大型货车的加速度略有不同，但是总体趋势趋于稳定，具有一致性。在车速较低时加速度比较大，随车速的增大加速度总体上呈现逐渐减小的趋势，当车速达到 60km/h 后，加速度的变化基本趋于稳定。在车速较低如 20km/h 时，驾驶员受个人驾驶习惯影响，采取制动的强度不同，从而导致低速状态下加速度出现较大差异。

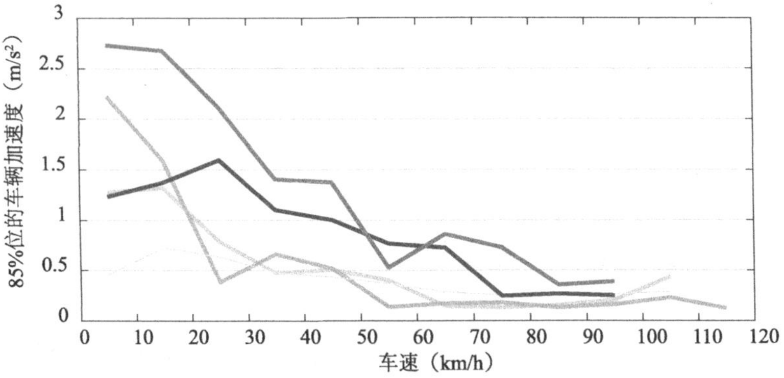

图 4-58　终点—起点（K1536—K1480）方向大型货车不同速度区间对应加速度

4.6.2　大型货车较大加速度分析

为了进一步对华东某高速路段的安全性进行分析，选取被试者驾驶大型货车在行驶过程中的较大加速度（即大于 85% 位的车辆加速度）变化情况来寻找在被试者自由流状态下驾驶大型货车在行驶到某些道路断面进行紧急加速的原因，从而间接反映出道路存在的安全隐患问题。

1. 起点—终点（K1480—K1536）方向

图 4-59 所示为起点—终点（K1480—K1536）方向大型货车较大加速度的分布情况。

整体来看，各被试者所驾驶的大型货车在整个路段的大于 85% 位的车辆加速度呈现整体较为分散，部分区域又较为集中的现状。对于个别被试者自身原因产生的，在某些路段出现明显的较大加速现象，本节不作分析，而对于绝大多数被试者所驾驶的大型货车在某一路段区域发生较大加速度的现象，本节将着重分析。由图 4-59 可知，大型货车加速度过大的路段主要是 K1480+000—K1481+650、K1484+000—K1485+000、K1489+200—K1490+100、K1496+600—K1498+500、K1528+600—K1530+000。这些路段大型货车加速度过大的主要原因是由于道路坡度过大和道路曲率半径以及道路特性（如隧道、桥梁、互通立交等）等所导致的。

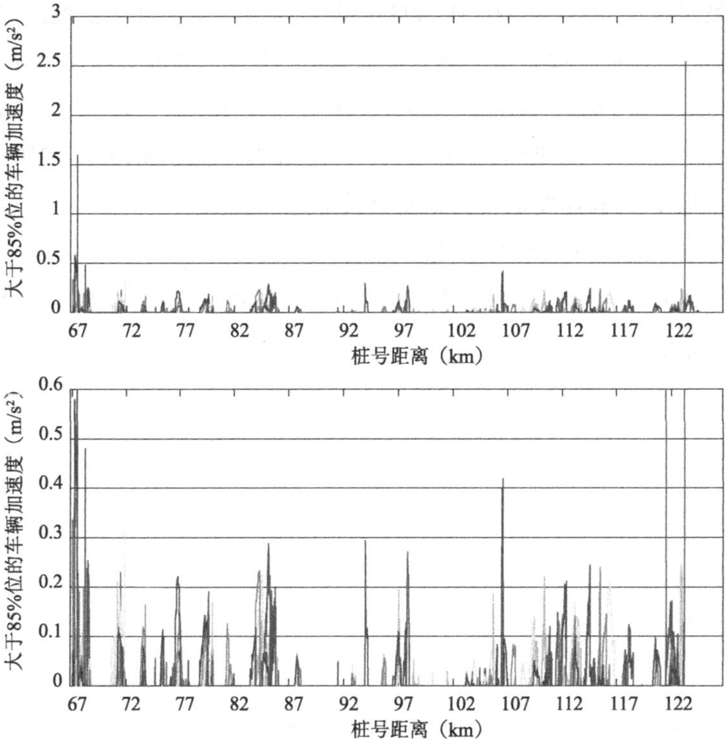

图 4－59　起点—终点（K1480—K1536）方向大型货车较大加速度分布

（1）K1480＋000—K1481＋650 是纵坡为 1.4% 的上坡路段，其处于起始位置，车速尚未达到行驶要求速度，所以车辆的加速度值较大，甚至部分车辆出现超速现象。

（2）K1484＋000—K1485＋000 是纵坡为 0.96 的下坡路段。K1484＋000—K1484＋050 是隧道路段（K1484＋050 为隧道出口）。受隧道影响，车辆在入隧道前和进入隧道后适当减速，而出隧道出口（即 K1484＋050 位置）后车辆加速行驶。

（3）K1489＋200—K1490＋100 是纵坡为 1.674% 的下坡路段。K1489＋200—K1489＋490 是隧道路段（K1489＋390 为隧道出口），K1489＋490—K1490＋100 是平直路段。

（4）K1496＋600—K1498＋500 由纵坡为 3% 的上坡路段（K1496＋600—K1496＋760）、纵坡为 2% 的上坡路段（K1496＋760—K1497＋260）和纵坡为

2.5%下坡路段（K1497+260—K1498+100）构成。车辆处于上坡路段加速行驶，但行驶至K1497+260时车辆速度尚未达到预期车速故继续加速行驶。

（5）K1528+600—K1530+000由纵坡为1.5%的上坡路段（K1528+600—K1528+960）和纵坡为2%及2.5%的下坡路段（K1528+960—K1530+000）构成，且其速度值较低，使得其加速行驶。

2. 终点—起点（K1536—K1480）方向

图4-60所示为终点—起点（K1536—K1480）方向大型货车较大加速度的分布情况。

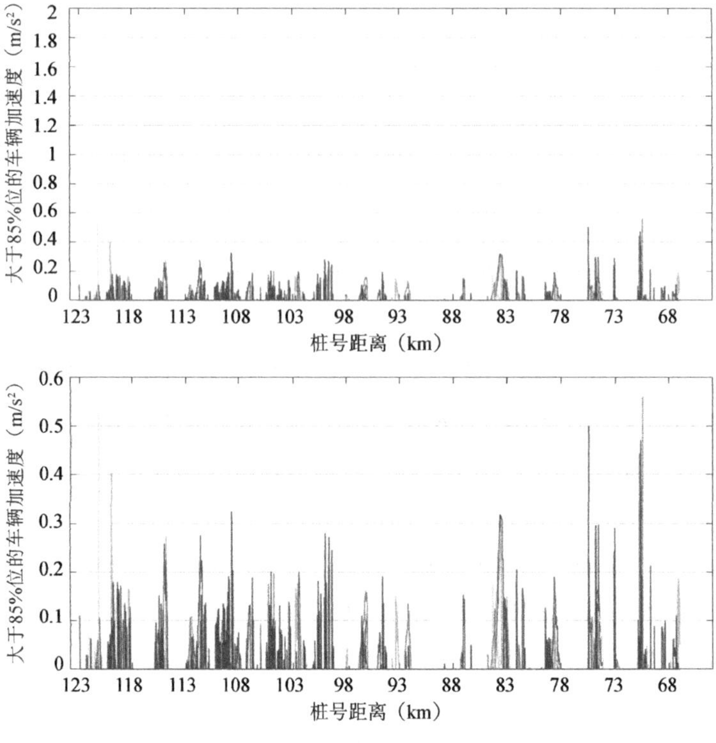

图4-60　终点—起点（K1536—K1480）方向大型货车较大加速度分布

整体来看，各被试者所驾驶的大型货车在整个路段的较大加速度较为分散，但是在某些路段较为集中。由图4-60可知，大型货车加速度过大的路段主要是K1533+000—K1531+100、K1522+500—K1521+500、K1497+

000—K1496 +000、K1488 +600—K1487 +500、K1484 +200—K1483 +300。具体分析如下：

（1）K1533 +000—K1531 +100 由纵坡为 1.8% 的下坡路段（K1533 +000—K1531 +900）和纵坡为 2.6% 的下坡路段（K1531 +900—K1531 +100）构成，长下坡路段车辆加速行驶，易造成严重的道路交通安全隐患，应适当增加相应的减速装置或者提示标志。

（2）K1522 +500—K1521 +500 由纵坡为 2.5% 的上坡路段（K1522 +500—K1522 +100）和纵坡为 0.3% 的下坡路段（K1522 +100—K1521 +500）构成，车辆处于上坡路段加速行驶，但行驶至 K1522 +100 时车辆速度尚未达到预期车速故继续加速行驶。

（3）K1497 +000—K1496 +000 由纵坡为 2% 的下坡路段（K1497 +000—K1496 +760）和纵坡为 3% 的下坡路段（K1496 +760—K1496 +000）构成，此时车辆加速行驶易造成道路交通安全隐患。

（4）K1488 +600—K1487 +500 由纵坡为 0.379% 的下坡路段和纵坡为 1.9% 的上坡路段构成，但平曲线中 K1487 +720.614—K1487 +500 为直线路段，车辆处于加速行驶状态。

（5）K1484 +200—K1483 +300 由纵坡为 0.96% 的上坡路段（K1484 +200—K1484 +000）和纵坡为 1.8% 的下坡路段（K1484 +000—K1483 +300）构成，途经隧道。

4.6.3 大型货车较大减速度分析

为进一步对华东某高速路段的安全性进行分析，选取被试者驾驶大型货车在行驶过程中的较大减速度（即大于 85% 位的车辆减速度）变化情况来寻找被试者在自由流状态下驾驶大型货车在行驶到某些道路断面进行紧急刹车的原因，从而间接反映出道路存在的安全隐患问题。

1. 起点—终点（K1480—K1536）方向

图 4 -61 所示为起点—终点（K1480—K1536）方向大型货车减速度的分布情况。

整体来看，各被试者所驾驶的大型货车在整个路段的较大减速度较为分散，但是在某些路段较为集中。本节仅对绝大多数被试者所驾驶的大型货车在某些路段均发生较大减速度的区域进行分析。由图 4－61 可知，大型货车减速度较大的路段主要是 K1488＋000—K1489＋000 和 K1524＋000—K1524＋900。这些路段多为道路曲率比较小、长下坡、坡度较大等路段，驾驶员为保证道路行车安全，从而采取制动措施。具体分析如下：

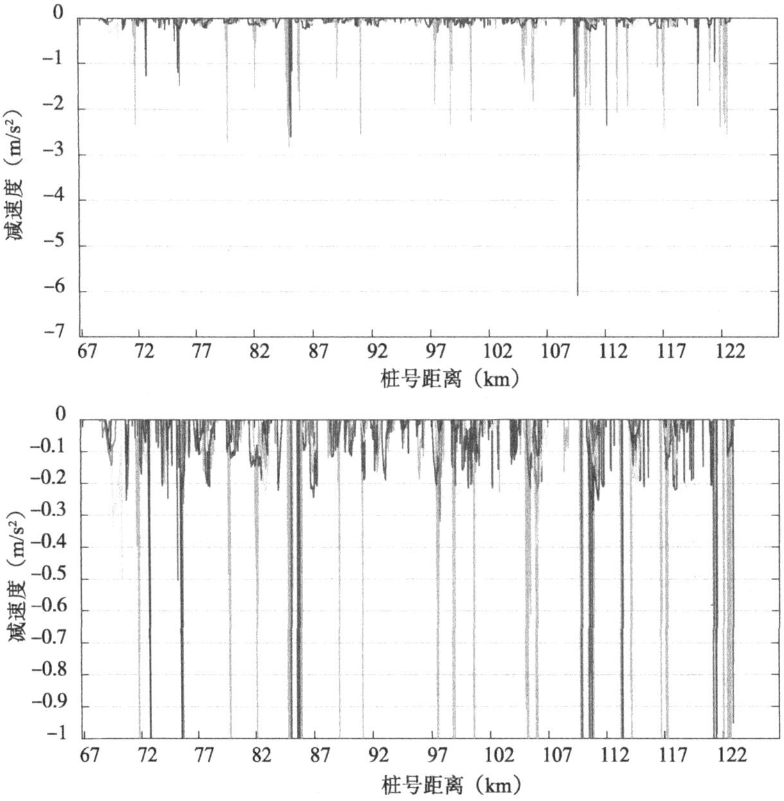

图 4－61　起点—终点（K1480—K1536）方向大型货车减速度分布

（1）K1488＋000—K1489＋000 由纵坡为 1.9% 的下坡路段（K1488＋000—K1488＋540）和纵坡为 0.379% 的上坡路段（K1488＋540—K1488＋990）构成，平曲线半径为 2800m，途径隧道（K1488＋615—K1487＋515）。

（2）K1524＋000—K1524＋900 是纵坡为 3% 的下坡路段，车辆速度相对较高，所以车辆减速度增大。

2. 终点—起点（K1536—K1480）方向

图 4－62 所示为终点—起点（K1536—K1480）方向大型货车减速度的分布情况。

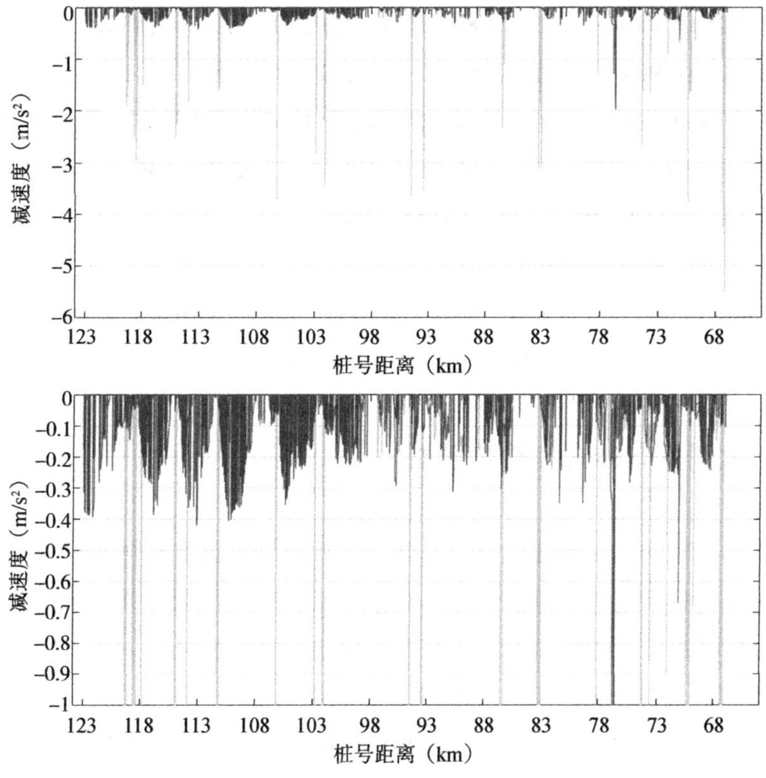

图 4－62　终点—起点（K1536—K1480）方向大型货车减速度分布

由图 4－62 可知，大型货车减速度较大的路段主要是 K1530＋500—K1529＋800、K1526＋700—K1526＋000、K1524＋900—K1523＋900、K1519＋800—K1518＋800、K1490＋100—K1489＋000、K1485＋500—K1484＋000。具体分析如下：

（1）K1530＋500—K1529＋800 是纵坡为 2.5% 的上坡路段，此时车辆速度过大，故减速度增大。

（2）K1526 +700—K1526 +000 是纵坡为 3% 的上坡路段，且速度相对较高约 90—100km/h，平面曲率半径由 3505m 变为 2200m，曲率变小，为控制车辆平稳运行，车辆的减速度增大。

（3）K1524 +900—K1523 +900 是纵坡为 3% 的下坡路段，为维持车辆的稳定，车辆的减速度增大。

（4）K1519 +800—K1518 +800 是纵坡为 2.06% 的下坡路段，此时车辆行驶速度均大于 90km/h，途径大桥，车辆的减速度增大。

（5）K1490 +100—K1489 +000 由纵坡为 1.674% 的上坡路段（K1490 +100—K1489 +640）和纵坡为 0.5% 的下坡路段（K1489 +640—K1489 +000）构成，途径隧道（K1489 +370—K1488 +620）。

（6）K1485 +500—K1484 +000 由纵坡为 1.6% 的下坡路段（K1485 +500—K1485 +250）和纵坡为 0.96% 的上坡路段（K1485 +250—K1484 +000）构成，途径隧道（K1484 +050—K1483 +940）。

4.6.4 大型货车转向角速度分析

为进一步对华东某高速路段的安全性进行分析，选取车辆转向角速度的变化情况来寻找被试者驾驶大型货车在自由流状态下行驶到某些道路断面转动方向盘的情况，从而间接反映出道路存在的安全隐患问题。

1. 起点—终点（K1480—K1536）方向

图 4 -63 所示为起点—终点（K1480—K1536）方向大型货车转向角速度分布图。

由图 4 -63 可以看出，全部被试者所驾驶的大型货车在整个路段的转向角速度相对较为平稳和集中，且其转角较为缓和，只存在少量的被试者所驾驶的大型货车的转向角速度在某些路段出现不稳定的情况。所有被试者所驾驶的大型货车的转角值主要集中在 -0.05—0.05rad。大型货车转向角速度值较大的路段主要集中在 K1488 +000—K1489 +500、K1498 +000—K1499 +600、K1533 +500—K1534 +500。产生不稳定的原因主要是由于道路的曲率半径发生改变、道路的坡度发生较大改变，驾驶员对车辆采取转向、制动等

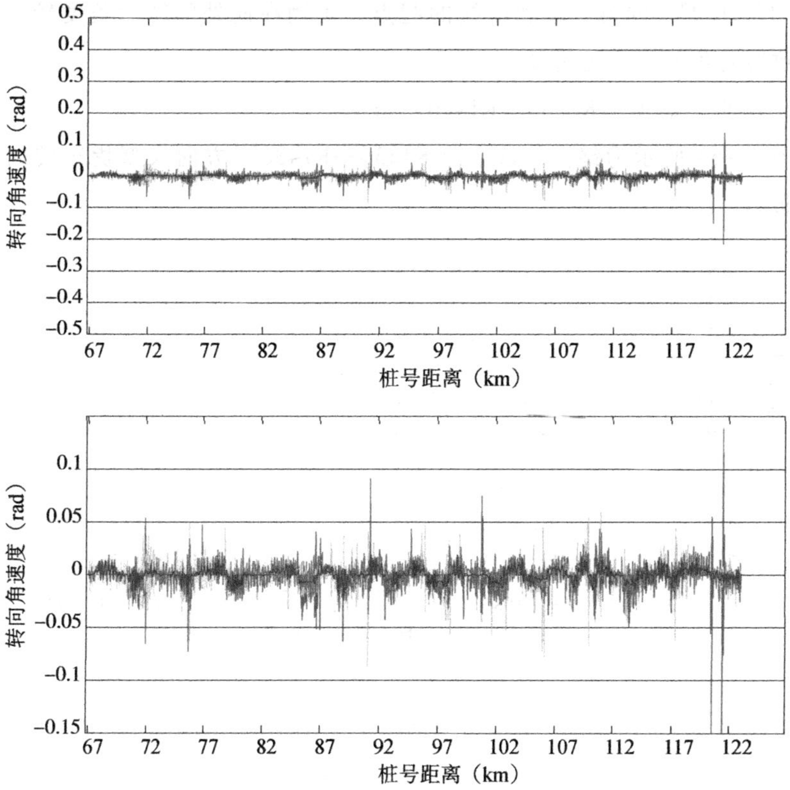

图 4－63　起点—终点（K1480—K1536）方向大型货车转向角速度分布图

操作，从而导致转角发生较大的改变。具体分析如下：

（1）K1488＋000—K1489＋500 路段为连续反向平曲线，曲率半径为 2800m，右转角为 19°50′34.3″，与后曲线段左转角 12°43′31.2″相连，且途经隧道，车辆的转向角度较大。

（2）K1498＋000—K1499＋600 路段。其中 K1499＋553.522 为连续反向曲线段中前一个曲线段（右转角 34°28′13.9″）的第二缓和曲线的终点，同时是后一个曲线段（左转角 21°16′28″）的第一缓和曲线的起点，车辆在此处的转向角度较大。

（3）K1533＋500—K1534＋500 路段为连续反向曲线段中前一个曲线段（左转角 54°52′51.1″）的第二缓和曲线的终点，同时是后一个曲线段（右转角 19°11′21.2″）的第一缓和曲线的起点，车辆在此处的转向角度较大，因此导致转向角速度变化明显。

2. 终点—起点（K1536—K1480）方向

图 4 -64 所示为终点—起点（K1536—K1480）方向大型货车转向角速度分布图。

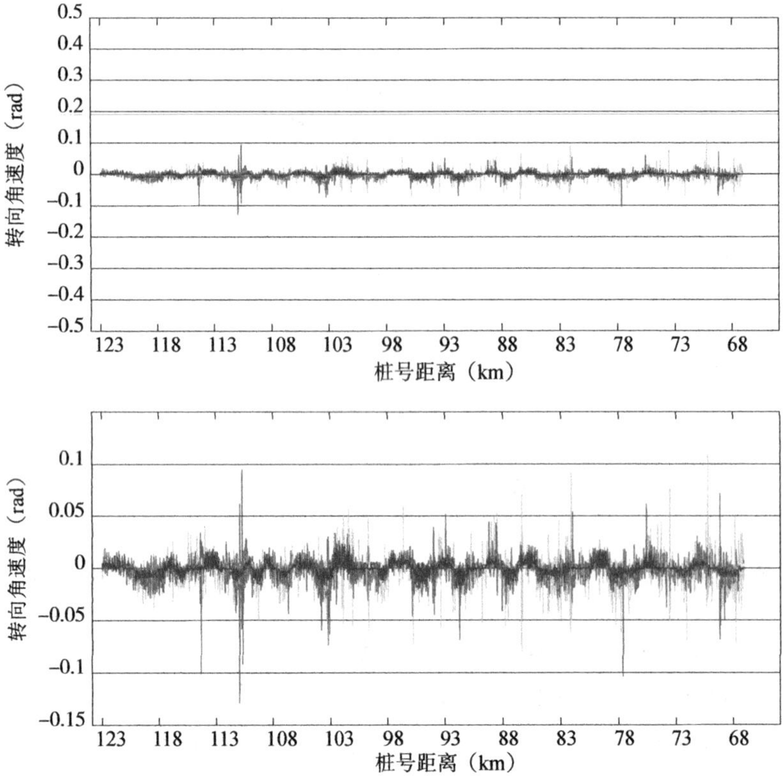

图 4 -64　终点—起点（K1536—K1480）方向大型货车转向角速度分布图

由图 4 -64 可以看出，所有被试者所驾驶的大型货车的转向角速度相对较为相近和集中，且其转角较为缓和，只存在少量的被试者所驾驶的大型货车的转向角速度在某些路段出现不稳定的情况。所有被试者所驾驶的大型货车的转角值主要集中在 -0.05—0.05rad。大型货车转向角速度值较大的路段主要集中在 K1522 +500—K1521 +500、K1515 +900—K1515 +000，产生不稳定的原因主要是由于道路的曲率半径发生改变、道路的坡度发生较大改变，驾驶员对车辆采取转向、制动等操作，从而导致转角发生较大的改变。具体分析如下：

（1）K1522 +500—K1521 +500 路段位于连续反向曲线段，曲率半径为2200m，前一个曲线段右转角 19°36′38.5″，后一个曲线段左转角 11°42′31.8″，车辆在此处的转向角度较大。

（2）K1515 +900—K1515 +000 路段，其中 K1515 +624.940 为连续反向曲线段中前一个曲线段（右转角 33°09′33″）的第二缓和曲线的终点，同时是后一个曲线段（左转角 36°30′01.4″）的第一缓和曲线的起点，车辆在此处的转向角度较大。

4.7 驾驶人心理和生理安全分析

4.7.1 心理和生理指标原理研究

目前驾驶人的心理和生理信息正逐步应用于交通安全的研究中，如驾驶疲劳、驾驶分心等。本项目在驾驶模拟测试中同步采集了驾驶人的心电、皮电、肌电、眼动等信息，并根据道路环境信息分析驾驶人心理和生理指标的变化规律，进而评估驾驶人的驾驶状态安全水平。

1. 心电及其评价指标

心脏类似于人体的电源，其活动受交感神经和副交感神经的调节。心脏在每个心动周期中，由起搏点、心房、心室相继兴奋，伴随着心肌细胞动作电位的变化，这些生物电可以传导并反映到体表的特定区域，称为心电（ECG）。

从原始的心电信号中可以计算心率（Heart Rate，HR）和心率变异性（HeartRate Variability，HRV）参数，这两类参数是进行驾驶人精神负荷研究的常用指标。其中，心率定位为某个时间间隔内的心跳次数，具有易于获取和抗干扰能力强的特点。精神负荷的增加会使心血管活动增强，使大脑皮质能量转换以及相应的代谢活动增强，相应地会引起心率的增加，因此，心率参数是评价各种不同环境下精神负荷或疲劳程度的最常用的参数。

2. 皮电及其评价指标

皮电反应（Skin Conductance，SC 或 Electrodermal Activity，EDA）是在中枢神经系统参与下的精神性出汗，其不同于热出汗，而是受脑高级皮层的调节，属于信息加工的一个过程，是心理和生理测试技术中最常用的关键生理信号之一。当人处在精神高度集中或紧张状态时，由于交感神经兴奋导致汗腺活动加强，分泌汗液较多。由于汗液内盐的成分较多使皮肤导电能力增高，在皮肤表面会形成大的皮肤电反应，此时可以将汗腺看作是串联的电阻，而其中的汗液可以改变电阻的阻值。

3. 肌电及其评价指标

肌电信号的产生是由于肌肉出现兴奋时，随着肌纤维动作电位的传导和散布而发生的电位变化，肌电图是通过特定的方法记录这一电位变化的波形图。由于面部肌肉的活动情况与情感表达密切相关，并且受到血液流动和体温调节的影响，因此，面部肌肉的 EMG 可以作为精神负荷评价的指标之一。

4. 眼动

人类最重要的认知模式是人类的感知觉，而在感知觉中视觉系统是最直接获得外界信息的系统，人眼是人与外界进行信息交互最重要的器官之一。眼动跟踪技术基于眼球的生理学模型，通过获取眼睛对应的图像学参数来推测眼动轨迹的一门技术，同时包含许多图形学的研究范畴。

4.7.2 道路线元属性研究

为了研究不同公路线形、景观及交通设施对驾驶员心理和生理行为的影响，依据前文线元划分的结果，将具有相似道路属性的线元进行归类，共包含 5 大类：隧道、平直路段 10 个（1 个基本路段和 9 个一般平直路段）、纵坡路段 6 个、互通立交 3 个、短平路段 2 个，见表 4 - 6。

表 4-6　　线元属性分类

起点—终点		属性类别	终点—起点		属性类别
编号	起止桩号		编号	起止桩号	
1	K1480 +000—K1488 +415	/	1	K1536 +000—K1529 +254	/
2	K1488 +415—K1489 +490	隧道	2	K1529 +254（互通渐变终点）—K1528 +037（互通渐变起点）	隧道
3	K1489 +490—K1495 +860	平直路段 1	3	K1528 +037—K1527 +460	平直路段 1
4	K1495 +860—K1496 +760	纵坡路段 1	4	K1527 +460—K1526 +750	纵坡路段 1
5	K1496 +760—K1498 +100	平直路段 2	5	K1526 +750—K1525 +860	平直路段 2
6	K1498 +100—K1499 +000	纵坡路段 2	6	K1525 +860—K1524 +900	纵坡路段 2
7	K1499 +000—K1501 +250	平直路段 3	7	K1524 +900—K1523 +100	平直路段 3
8	K1501 +250（互通渐变起点）—K1503 +190（互通渐变终点）	互通立交 1	8	K1523 +100—K1522 +711	互通立交 1
9	K1503 +190—K1506 +921	平直路段（标准）	9	K1522 +711—K1521 +708	平直路段（标准）
10	K1506 +921（互通渐变起点）—K1507 +879（互通渐变终点）	互通立交 2	10	K1521 +708—K1521 +008	互通立交 2
11	K1507 +879—K1509 +540	平直路段 4	11	K1521 +008—K1510 +440	平直路段 4
12	K1509 +540—K1510 +440	纵坡路段 3	12	K1510 +440—K1509 +540	纵坡路段 3
13	K1510 +440—K1521 +008	平直路段 5	13	K1509 +540—K1508 +075	平直路段 5
14	K1521 +008—K1521 +708	短平路段 1	14	K1508 +075（互通渐变终点）—K1507 +220（互通渐变起点）	短平路段 1
15	K1521 +708—K1522 +711	平直路段 6	15	K1507 +220—K1503 +190	平直路段 6
16	K1522 +711—K1523 +100	短平路段	16	K1503 +190（互通渐变终点）—K1501 +250（互通渐变起点）	短平路段
17	K1523 +100—K1524 +900	纵坡路段 4	17	K1501 +250—K1499 +000	纵坡路段 4
18	K1524 +900—K1525 +860	平直路段 7	18	K1499 +000—K1498 +100	平直路段 7
19	K1525 +860—K1526 +750	纵坡路段 5	19	K1498 +100—K1496 +760	纵坡路段 5
20	K1526 +750—K1527 +460	平直路段 8	20	K1496 +760—K1495 +860	平直路段 8
21	K1527 +460—K1528 +029	纵坡路段 6	21	K1495 +860—K1489 +570	纵坡路段 6

续表

起点—终点		属性类别	终点—起点		属性类别
编号	起止桩号		编号	起止桩号	
22	K1528 +029（互通渐变起点）—K1529 +110（互通渐变终点）	互通立交 3	22	K1489 +570—K1488 +520	互通立交 3
23	K1529 +089—K1536 +000	平直路段 9	23	K1488 +520—K1480 +000	平直路段 9

4.7.3 数据分析

1. 心电数据分析

由于篇幅所限仅以 1 位被试者的数据为例，其在各个线元的属性类别的心电信息见图 4 – 65 至图 4 – 69。由图 4 – 65 至图 4 – 69 可知，基本心电信息难以反映出不同道路环境的差异性，因此需进一步深入分析。

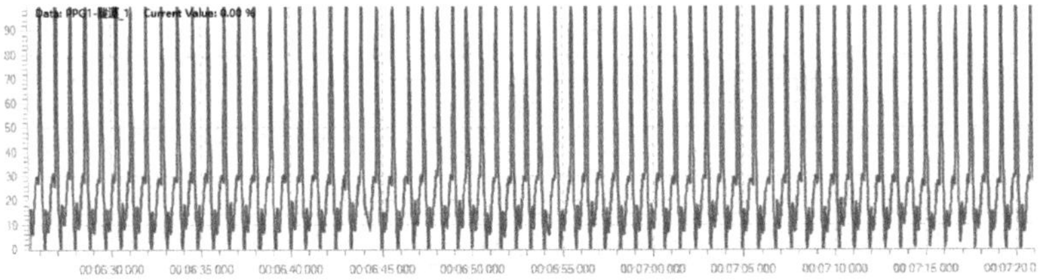

图 4 – 65 隧道

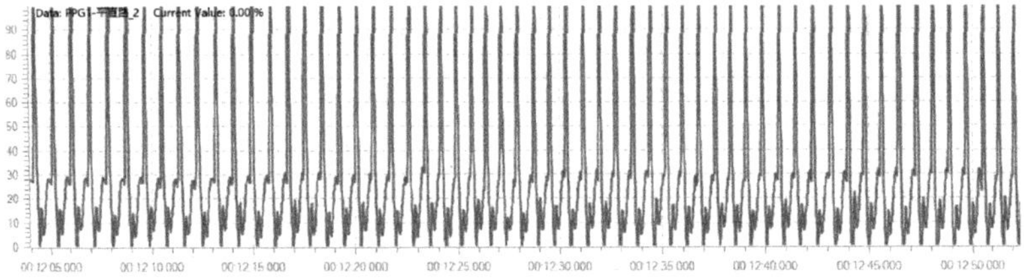

图 4 – 66 平直路段 2

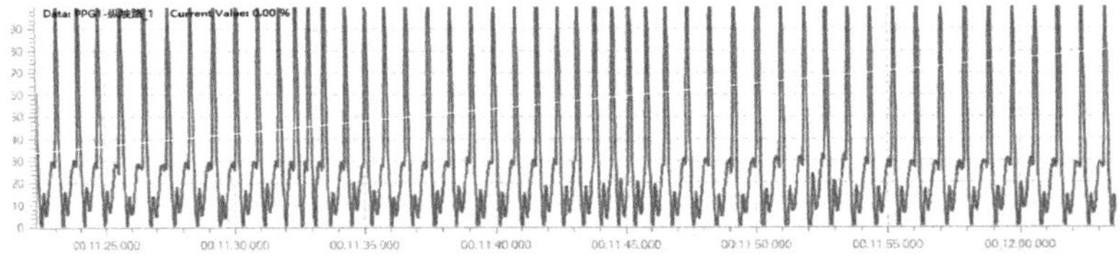

图 4 – 67 纵坡路段 1

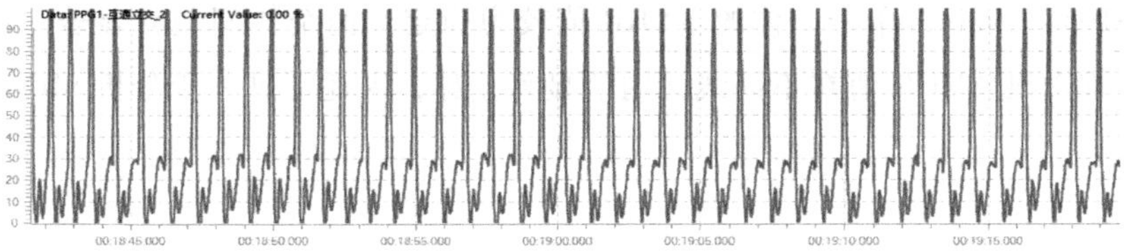

图 4-68　互通立交 2

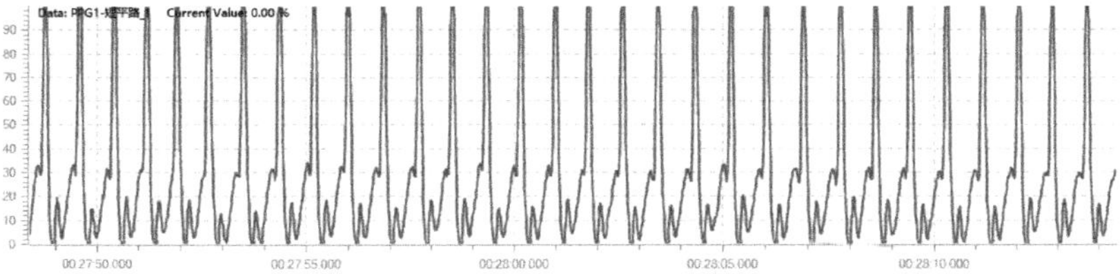

图 4-69　短平路段 1

根据生物医学原理及相关研究成果，由测试得到的心电信息可计算得到心率变异性指标 AVHR 和 SDNN，具体计算方法如下：

（1）AVHR（次/min）：心电信号的平均心率值。

AVHR =（60 × f）× R 波个数/（最后一个 R 波的位置 - 第一个 R 波的位置）

其中，f：每秒采用 f 个数据。

（2）SDNN（ms）：选定时间内所有 RR 间期的标准差，正常值为 SDNN≥100ms（141 ± 39ms），若 SDNN < 50ms，则说明心率变异性明显减小，其反映了一段时间内心率变异的总和，包含了变异的各种频率成分。SDNN 与迷走神经张力有关，SDNN 在交感神经张力降低时升高，若 SDNN < 50ms，则认为心率变异程度低；若 SDNN≥100ms，则心率变异程度高。

$$SDNN = \sqrt{\frac{1}{N} \cdot \sum_{i=1}^{N} (RR_i - \overline{RR})^2}$$

其中，N 为指定时间内心搏总数；RR_i 为第 i 个 RR 间期；$\overline{RR}$为指定时间内正常 RR 间期的平均值。标准差越大，则心率变异性越高；反之相反。

各被试者在不同线元属性的 AVHR 特征见图 4-70、图 4-71。由往返行程中不同线元的 AVHR 值可以看出，不同被试者个体的 AVHR 值介于

65—105 次/min，单个个体的 AVHR 值较为稳定，而个体间差异显著。由此仍较难看出 AVHR 值在不同线元内的显著差异，因此需进一步分析 SDNN。

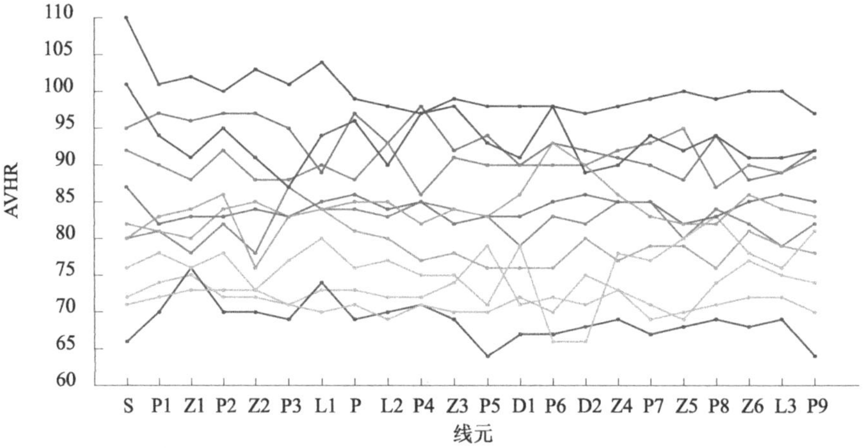

图 4－70　起点—终点（K1480—K1536）方向各被试者在不同线元属性的 AVHR 特征

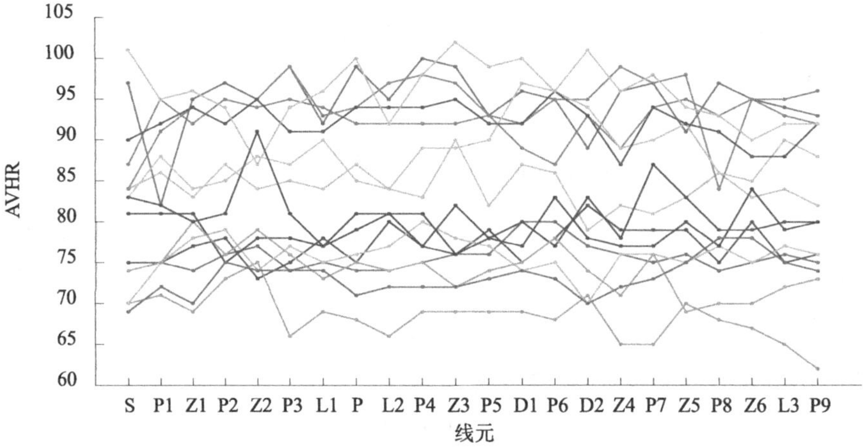

图 4－71　终点—起点（K1536—K1480）方向各被试者在不同线元属性的 AVHR 特征

各被试者在不同线元属性的 SDNN 特征见图 4－72、图 4－73。由往返行程中不同线元的 SDNN 值可以看出，个别被试者出现了较大的峰值，参考文献中 SDNN 正常值的范围，筛选出 SDNN 值大于个体 95% 分位数的线元，见表 4－7。由表 4－7 可知，在平直路段 5（4 次）、平直路段 8（3 次）、纵坡路 5（3 次）线元中，SDNN 值出现了较多峰值，驾驶人心率变异性较大。

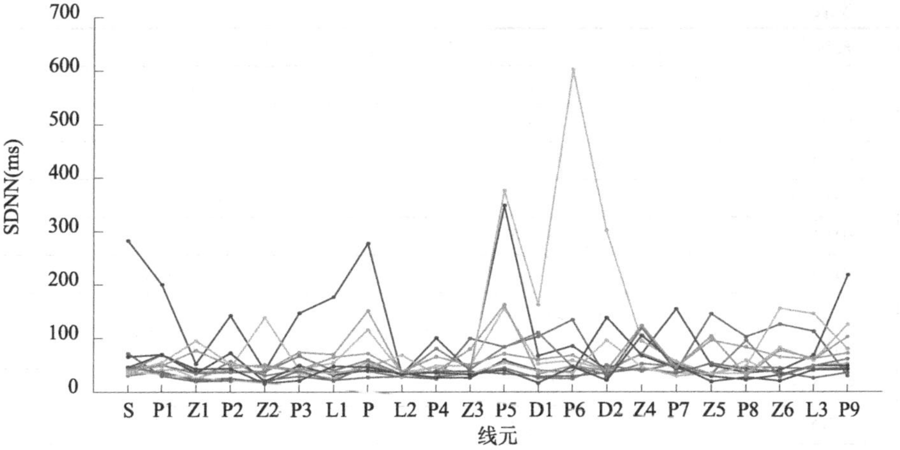

图 4-72　起点—终点各被试者在不同线元属性的 SDNN 特征

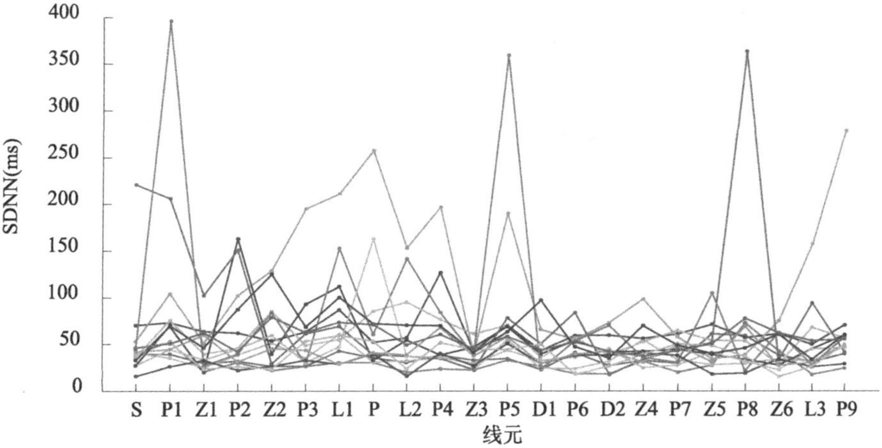

图 4-73　终点—起点各被试者在不同线元属性的 SDNN 特征

表 4-7　不同线元属性的 SDNN 的峰值分布情况

被试者	峰值所在线元（起点—终点）	峰值所在线元（终点—起点）
SDNN1	纵坡路段 5	纵坡路段 5
SDNN2	平直路段 2	平直路段 8
SDNN3	/	互通立交 1
SDNN4	/	平直路段 4
SDNN5	平直路段 5	/
SDNN7	平直路段 5	平直路段 9

续表

被试者	峰值所在线元（起点—终点）	峰值所在线元（终点—起点）
SDNN8	平直路段 5	互通立交 2
SDNN9	平直路段 6	平直路段 2
SDNN10	短平路段 2	平直路段 8
SDNN11	/	平直路段 1
SDNN12	纵坡路段 5	/
SDNN15	/	平直路段
SDNN16	短平路段 1	/
SDNN17	/	平直路段 5
SDNN18	平直路段 9	平直路段 8
SDNN19	纵坡路段 4	互通立交 1
SDNN20	纵坡路段 4	纵坡路段 2
SDNN21	/	纵坡路段 2

2. 肌电数据分析

由于篇幅所限仅以部分数据为例，被试者在各个线元的属性类别的肌电信息见图 4－74、图 4－75。由基本肌电信息难以反映出不同道路环境的差异性，因此需进一步统计分析。

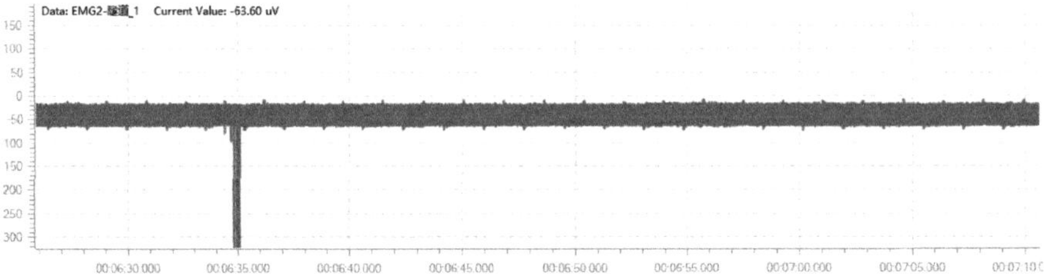

图 4－74　隧道

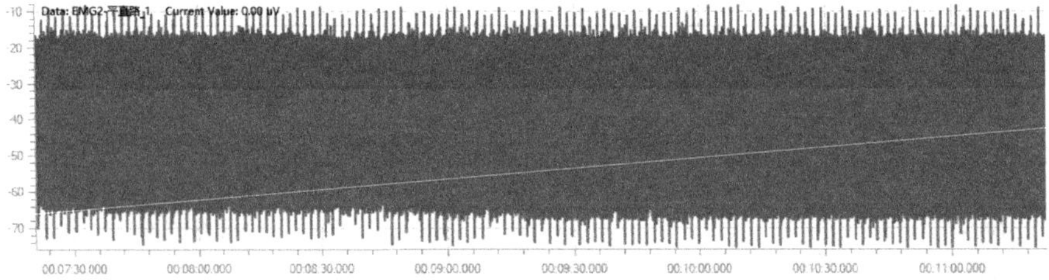

图 4－75　平直路段 1

根据线元划分类别，分别计算各个类别肌电的平均水平，见图 4－76、图 4－77。由于个体差异性较大，因此进一步对个体进行分析，筛选出肌电值大于个体 95% 分位数的线元，见表 4－8。

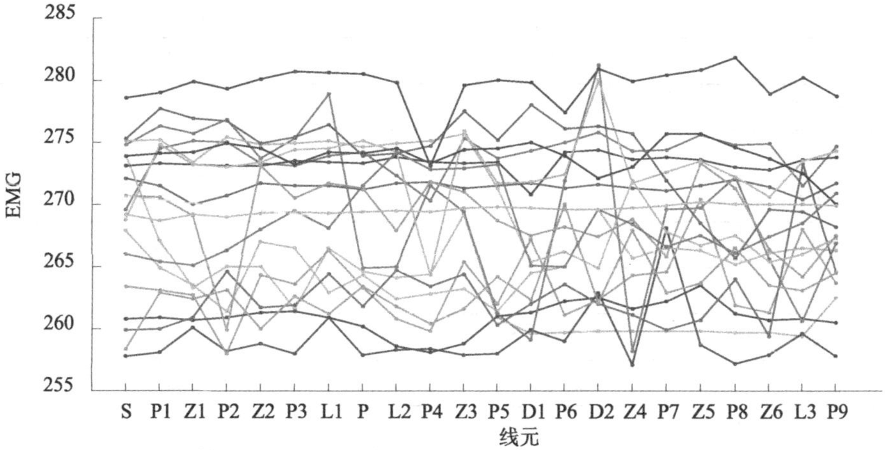

图 4－76　起点—终点各被试者在不同线元属性的 EMG 特征

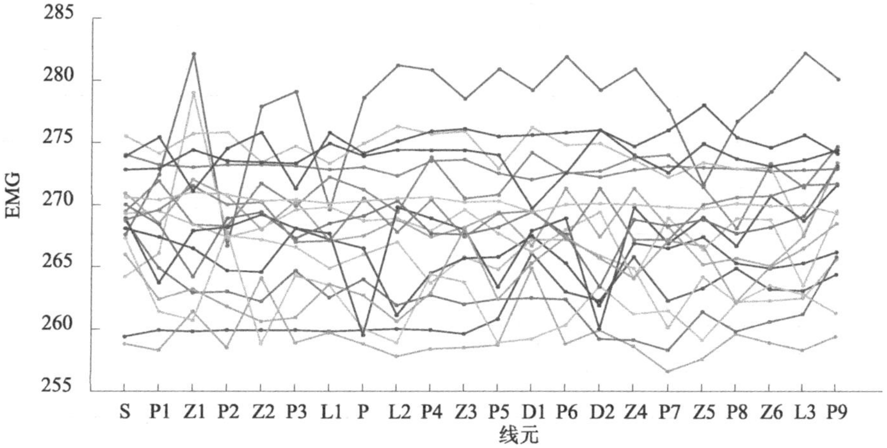

图 4－77　终点—起点各被试者在不同线元属性的 EMG 特征

由表 4－8 可以看出，不同被试者肌电峰值出现的线元差异较大，其中，短平路段 1（6 次）、平直路段 9（6 次）、隧道（4 次）、短平路段 1（3 次）出现肌电峰值频率较高。值得注意的是，不同于心电信息，EMG 出现峰值的线元覆盖距离大多较短，这也是导致峰值出现的原因之一。

表 4-8　　不同线元属性的 EMG 的峰值分布情况

被试者	峰值所在线元（起点—终点）	峰值所在线元（终点—起点）
肌电 1	隧道	互通立交 3
肌电 2	短平路段 2	隧道
肌电 3	/	互通立交 2
肌电 4	隧道	短平路段 1
肌电 5	平直路段 7	短平路段 1
肌电 6	纵坡路段 5	纵坡路段 1
肌电 7	短平路段 2	平直路段 3/隧道
肌电 8	纵坡路段 5	/
肌电 9	互通立交 3	隧道
肌电 10	短平路段 2	平直路段 9
肌电 11	纵坡路段 3	平直路段 2
肌电 12	短平路段 2	短平路段 2
肌电 13	纵坡路段 5	平直路段 9
肌电 14	短平路段 2	互通立交 1
肌电 15	平直路段 7	平直路段 9
肌电 16	短平路段 1	平直路段 9
肌电 17	互通立交 2	平直路段 9
肌电 18	纵坡路段 5	纵坡路段 1
肌电 19	平直路段 8	纵坡路段 5
肌电 20	平直路段 6	平直路段 9
肌电 21	/	互通立交 3

3. 皮电数据分析

由于篇幅所限仅以部分数据为例，被试者在各个线元的属性类别的皮电信息见图 4-78 和图 4-79。由基本皮电信息难以反映出不同道路环境的差异性，因此需进一步统计分析。

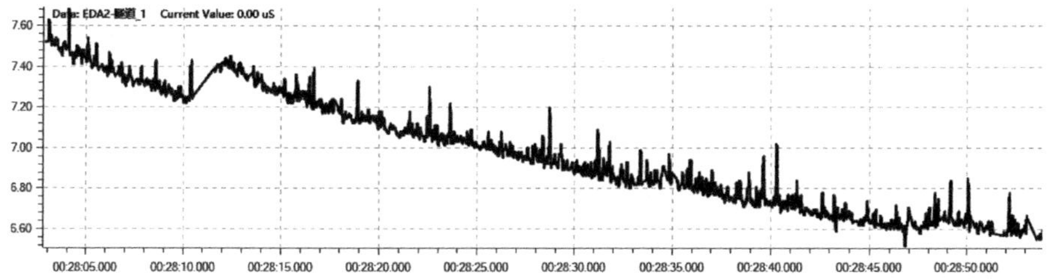

图 4－78　隧道

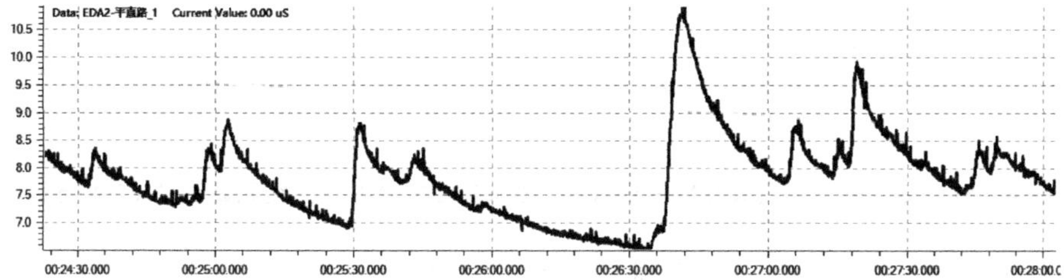

图 4－79　平直路段 1

根据线元划分类别，分别计算各个类别皮电的平均水平，见图 4－80、图 4－81。由于个体差异性较大，因此进一步对个体进行分析，筛选出皮电值大于个体 95% 分位数的线元，见表 4－9。

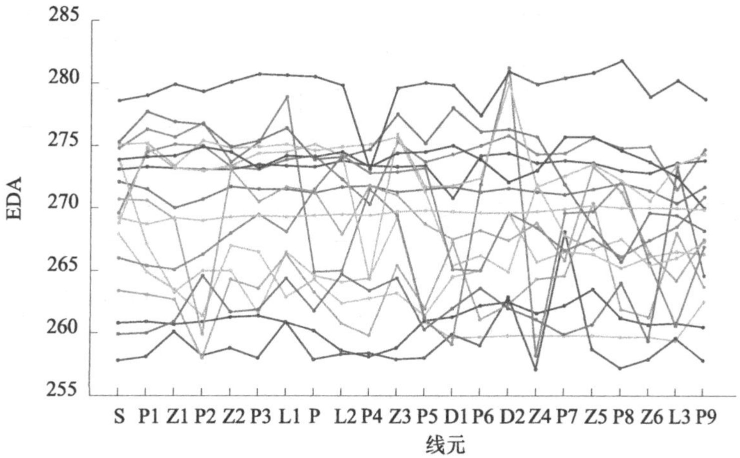

图 4－80　起点—终点（K1480—K1536）方向各被试者在不同线元属性的 EDA 特征

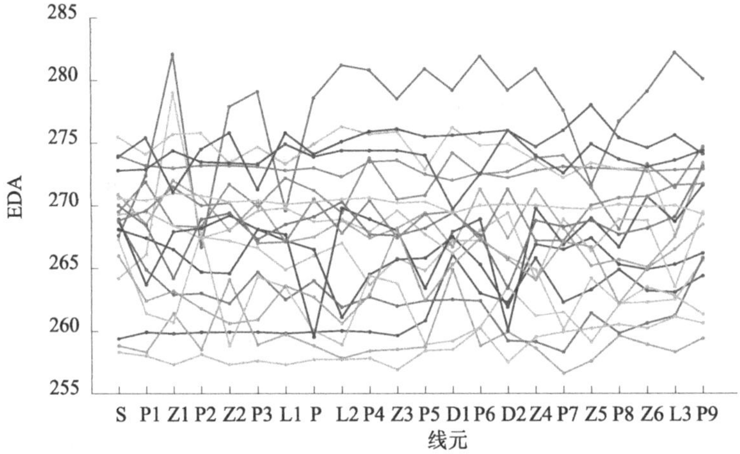

图 4-81 终点—起点（K1536—K1480）方向各被试者在不同线元属性的 EDA 特征

由表 4-9 可以看出，不同被试者 EDA 峰值出现的线元差异较大，其中，平直路段 9（7 次）、纵坡路段 2（3 次）、纵坡路段 1（3 次）。值得注意的是，EDA 的峰值出现在纵坡路段的频率较高。

表 4-9 不同线元属性的 EDA 的峰值分布情况

被试者	峰值所在线元（起点—终点）	峰值所在线元（终点—起点）
EDA1	短平路段 1	隧道
EDA2	/	平直路段 2
EDA4	平直路段 9	互通立交 2
EDA5	平直路段 9	平直路段 2
EDA6	纵坡路段 5	平直路段 3
EDA7	短平路段 2	平直路段 6
EDA8	纵坡路段 2	平直路段 9
EDA9	纵坡路段 2	互通立交 3
EDA10	纵坡路段 6	纵坡路段 1
EDA11	纵坡路段 2	平直路段 1
EDA12	纵坡路段 5	隧道
EDA13	纵坡路段 3	平直路段 9
EDA14	短平路段 1	平直路段 4
EDA15	平直路段 9	平直路段 7
EDA16	平直路段 6	隧道

续表

被试者	峰值所在线元（起点—终点）	峰值所在线元（终点—起点）
EDA17	平直路段 9	纵坡路段 1
EDA18	纵坡路段 6	纵坡路段 1
EDA19	平直路段 9	纵坡路段 3
EDA001	隧道	标准（平直路段）
EDA002	/	平直路段 1

4. 眼动信息分析

驾驶人注视行为一般包括注视时长分布特征、注视点分布。通常注视时长越长，表明注视的信息较为重要，目标较为吸引人，但由于本次测试时间较长，注视时间长也可能是由于驾驶员出现了疲劳分心的情况。

首先对注视时长进行基本统计分析，见图 4－82 和图 4－83，仅以被试者 1/5/10/15 为例。由图 4－82 可知，注视时长大多小于 5 秒，个体注视时长区间存在一定差异。

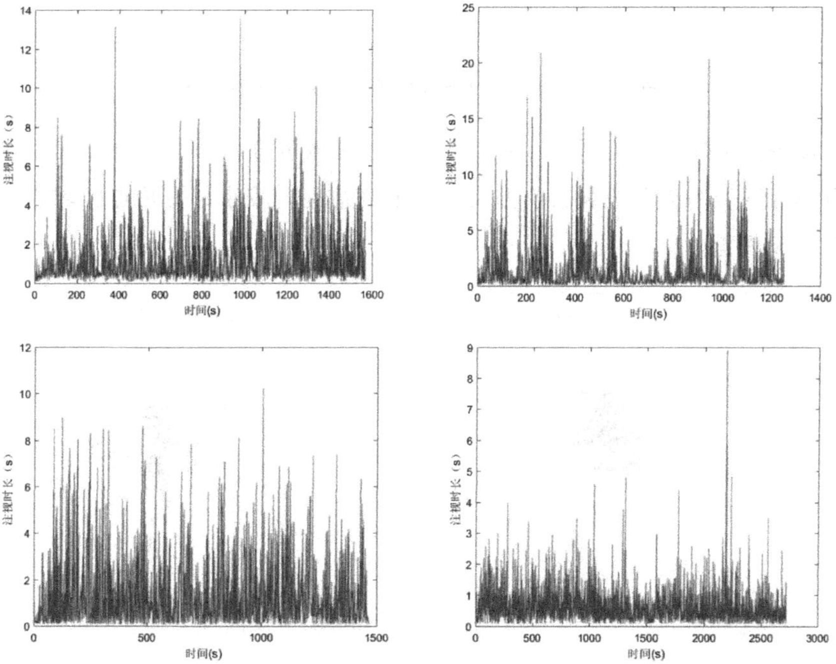

图 4－82　被试者 1/5/10/15 的注视时长随测试时长的变化

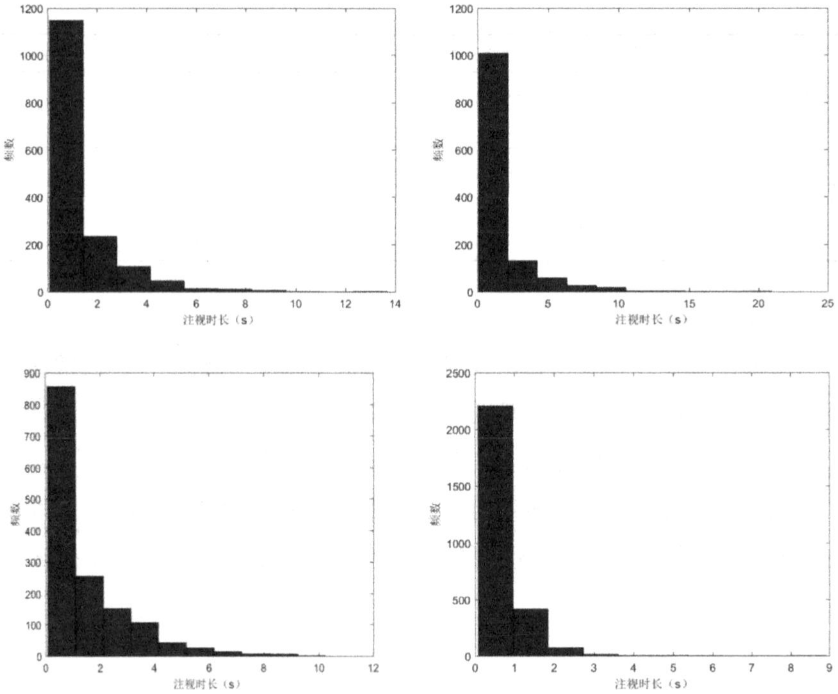

图 4－83　被试者 1/5/10/15 的注视时长直方图

注视点分布情况见图 4－84，注视热点区域可分为两个部分，其中较大部分热点区域为驾驶员观察前方及两侧道路情况，较小部分热点区域为驾驶员关注仪表盘。

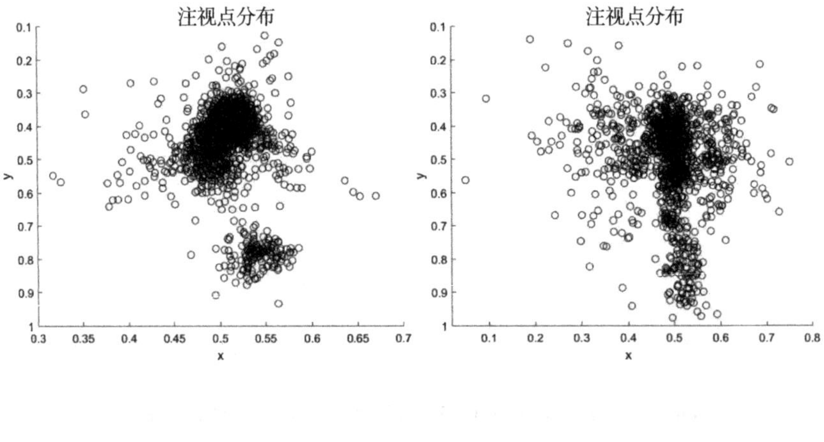

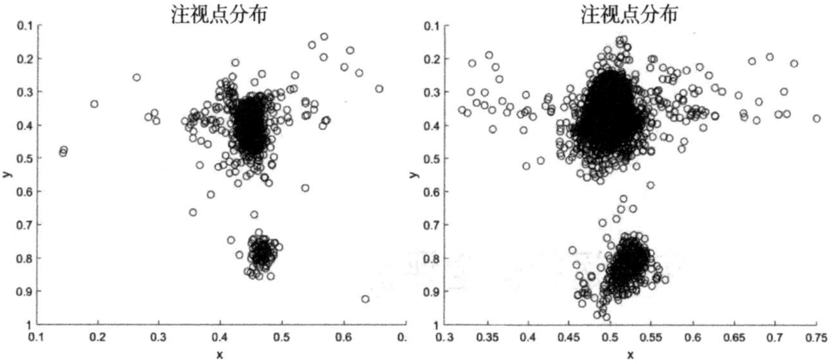

图 4-84　被试者 1/5/10/15 的注视点分布

我们主要关注不同道路环境下驾驶员的注视行为，因此，根据注视点分布情况提取出较大部分热点区域，见图 4-85，并结合道路环境进一步分析。

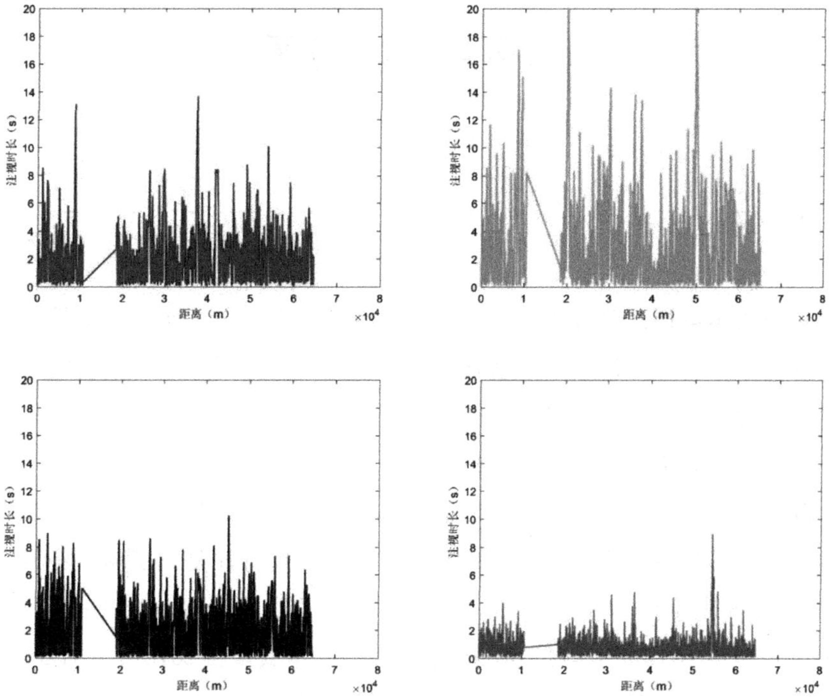

图 4-85　被试者 1/5/10/15 的道路环境热点区注视时长随距离的变化

第5章 实车运行安全评价

5.1 试验方案

5.1.1 研究方法

利用实车运行试验对华东某高速公路运行安全性进行研究，定量分析公路线形、景观及交通设施等信息对驾驶人驾驶行为的影响规律，确定公路可能存在危险或安全隐患的路段。

试验路段为华东某高速路段起点收费站至终点收费站。

利用小型客车、大型客车和大型货车三种车型在试验路段进行实车驾驶试验。每种车型各选取了2位驾驶人在指定路段进行往复式试验。小型客车试验在2018年4月17日—21日进行，每日1位驾驶人参与试验；2位驾驶人的平均年龄为32岁，驾龄5—10年。大型客车试验在2018年5月5日—9日进行，每日1位驾驶人参与试验；5位驾驶人的平均年龄为45岁，驾龄10—20年。大型货车试验在2018年4月20日和5月8日进行，每日1位驾驶人参与试验。

试验过程中，利用Racelogic公司生产的VBOX、VideoVBOX、陀螺仪等采集车辆运行轨迹、速度、加速度、驾驶人姿态以及车辆四周的交通场景信息。VBOX设备是基于GPS信号的测量设备，通过布置在车顶的两个GPS天线（见图5-1），设备可以获得车辆的运行轨迹、运行速度、运行方位、行驶里程等信息。

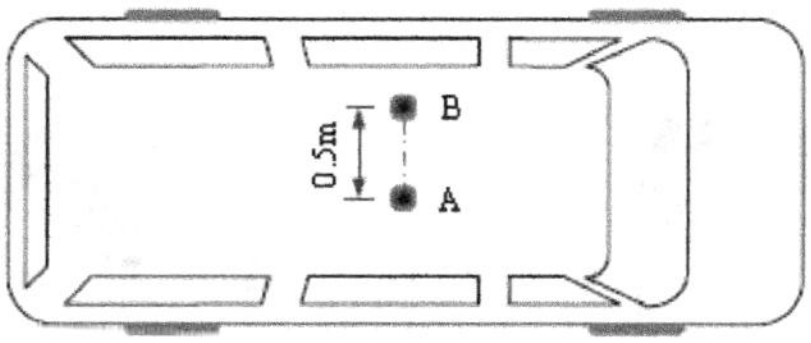

图5-1　VBOX设备天线在试验车辆上的安装

VideoVBOX在GPS信号的基础上，添加了广角摄像头，可以同时记录车辆位置和四周环境信息。图5-2显示了车辆进入起点收费站时、接近隧道入口时设备所记录的信息。通过VideoVBOX可以获知车辆运行速度、状态等发生变化的原因，见图5-2。

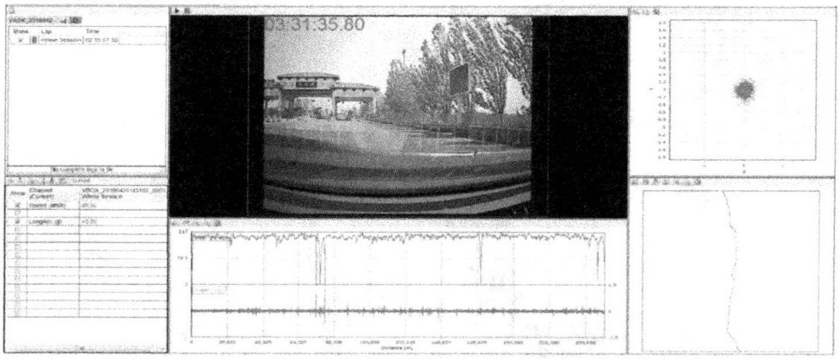

(a) 试验车辆从起点收费口出发

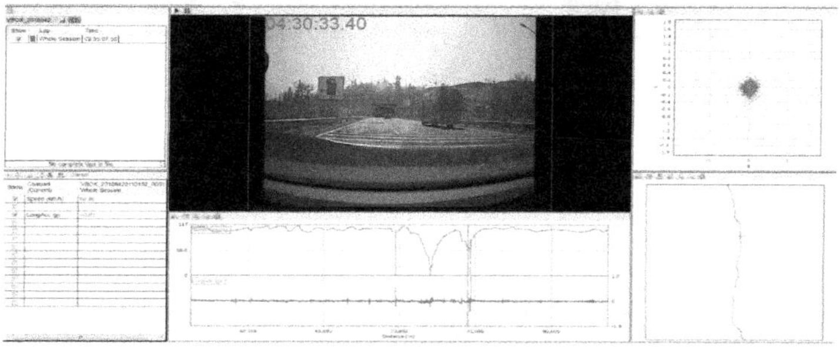

(b) 试验车辆接近隧道入口

图5-2　VideoVBOX采集数据的显示界面

试验过程中利用 Ergolab 人机环境一体化平台及 Tobii 眼动仪采集驾驶人心率信号（PPG）、皮电信号（EDA）、肌电信号（EMG）、呼吸信号（Resp）、皮温信号（SKT）以及眼动数据。通过眼动数据可以获知驾驶人在行车过程中的关注目标、关注方位、注视区域；心率、皮电、皮温和肌电信号可以反映驾驶人情绪、心理负荷的变化。试验过程中生理传感器的布置见图 5 - 3、图 5 - 4。

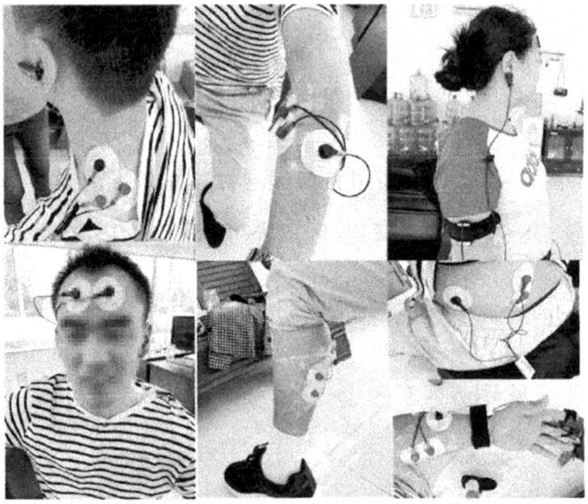

图 5 - 3　生理传感器在被试者身上的布置

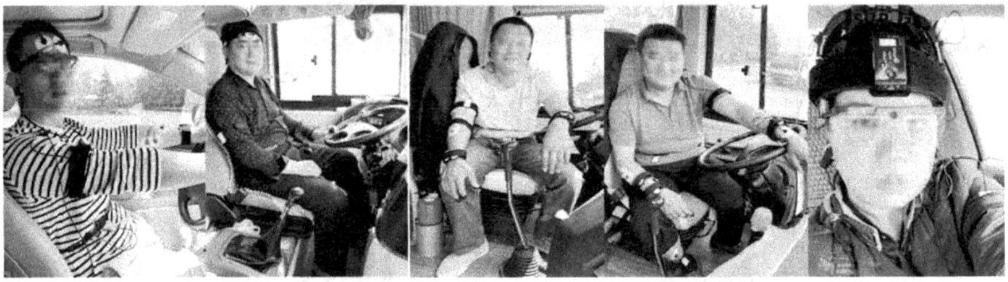

图 5 - 4　被试者的试验状态

5.1.2　研究内容概述

通过试验过程中所采集的车辆运行数据和驾驶人视觉、生理数据，主要分析内容如下：

1. 全程运行速度、加速度分析

绘制小型客车和大型客车在试验路段（起点—终点方向和终点—起点方向）上的运行速度和加速度分布曲线，分析驾驶人行车过程中是否超速、不满足最低速度限制的情况，判定车辆的侧向和纵向行驶稳定性。

2. 运行速度协调性分析

运行速度协调性分析是对相邻路段的运行速度的差值进行分析评价。相邻路段是指平面、纵断面、横断面指标或设计速度不同的相接路段，一般是指平曲线的起点、曲中点、终点，纵断面变坡点及横断面宽度变化的前后路段。

《公路项目安全性评价规范》（JTG B05—2015）规定，相邻路段运行速度协调性采用相邻路段运行速度差值的绝对值 $|\Delta V85|$ 以及运行速度梯度的绝对值 $|I\Delta_V|$ 进行评价。速度梯度即为速度的变化率，表示单位距离内速度的变化程度。相邻路段运行速度协调性评价标准见表 5－1。

表 5－1　　相邻路段运行速度协调性评价标准

相邻路段运行速度协调性	评价标准	对策与建议
高速公路、一级公路		
好	$|\Delta V85|<10$km/h 且 $|I\Delta_V|<=10$km/h·m	
较好	10km/h $<=|\Delta V85|<20$km/h 且 $|I\Delta_V|<=$ 10km/h·m	相邻路段为减速时，宜对相邻路段平纵面设计进行优化，或采取安全改善措施
不良	$|\Delta V85|>=20$km/h 或 $|I\Delta_V|>10$km/h·m	相邻路段为减速时，应调整相邻路段平纵面设计；当调整困难时，应采取安全改善措施

通过对相邻路段的运行速度进行协调性分析，可以发现疑似危险路段，分析路段线形特征。

3. 隧道安全性分析

由于试验路段中存在隧道，且该隧道长度较大，对驾驶人行车安全性具有一定影响。因此，应对驾驶人临近隧道入口时的行车速度变化特征、明暗适应时长特征等进行分析，并根据分析结果提出建议。

4. 标志标线关注性分析

试验路段存在较多连续弯道路段、弯坡组合路段。为提醒驾驶人注意道路线形变化，路侧设置有限速标志和危险路段警示标志。借助驾驶人注视点分布分析车辆行驶过程中驾驶人是否关注到路侧限速/警示标志，以及其是否根据提示信息作出相关车辆操纵。

5. 驾驶人事件响应及疲劳程度分析

利用皮电、肌电和心率信号分析行车过程中的行为（超车、换道、经过大车）对驾驶人生理反应的影响，以及随着驾驶时间的延长驾驶人疲劳程度的变化。

5.2 试验数据预处理

5.2.1 数据滤波

1. 车辆数据滤波

VBOX 设备的采样精度为 20Hz。除车辆位置外，其他所采集的参数（包括速度、加速度等）均是在位置数据（经纬度信息）的基础上进行二次计算所获得的，因此，所得数据具有较大噪声，无法直接用于车辆运行状态分析。

使用小波滤波和平滑处理对车辆前进速度、侧向速度、质心侧偏角和高程数据进行滤波处理。滤波前和滤波后的数据对比见图 5－5。

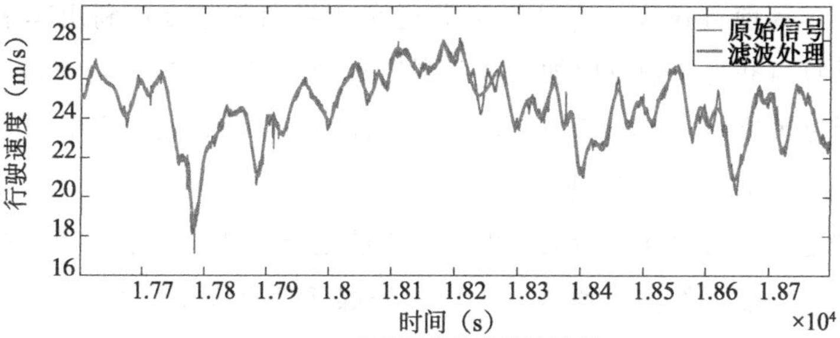

(1) 车辆前进速度滤波处理

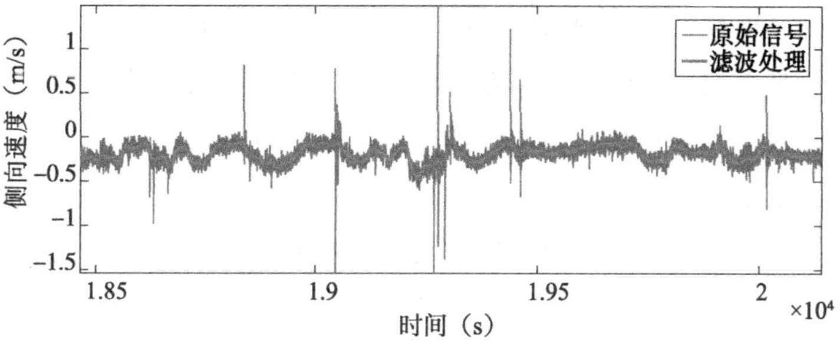

（2）车辆侧向速度滤波处理

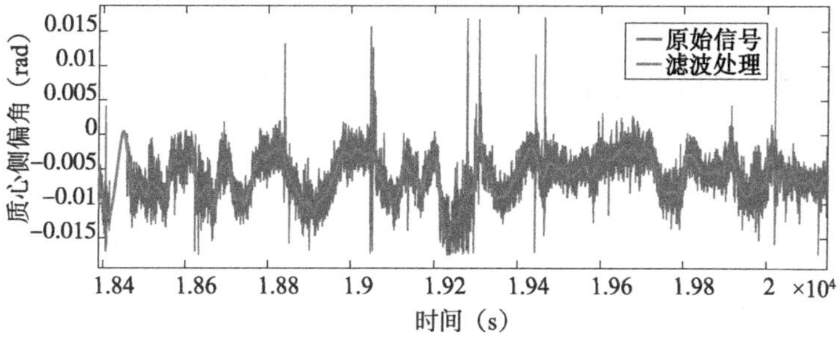

（3）车辆质心侧偏角滤波处理

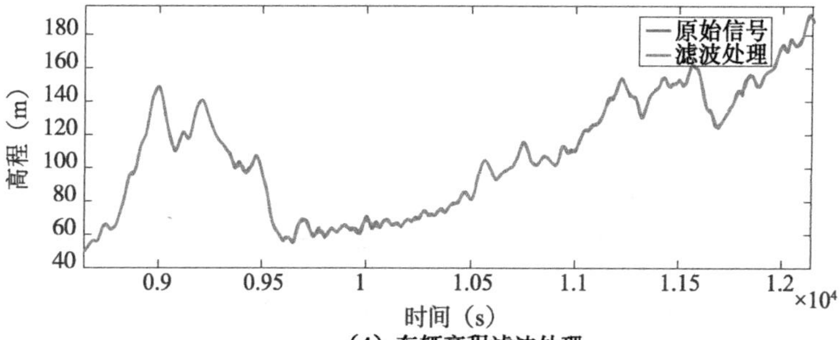

（4）车辆高程滤波处理

图 5－5　车辆数据滤波处理

利用车辆前进速度，经计算可获得车辆纵向加速度；利用车辆侧向速度，经计算可获得车辆侧向加速度；利用车辆高程和车辆运行轨迹，经计算可获得道路坡度；利用车辆运行轨迹，经计算可获得道路曲率半径分布。

2. 驾驶人皮电信号处理

皮肤电测量是由汗腺活动所引起的皮肤电导变化。由于汗液中的盐分是改变皮肤导电能力的主要原因，因此，汗腺活动决定了皮肤电的变化方式，汗腺分泌增强则皮肤电导升高，汗腺分泌减弱则皮肤电导降低。汗腺活动主要受体内外湿度和人的生理活动影响，尤其是人的生理活动。由于人体生理反应性泌汗是由交感神经作用引起的，因此，皮肤电可作为交感神经活动的间接指标，也可以用作评价情绪唤醒度和某些生理活动的指标。

原始皮电信号见图 5 - 6（第一条自上而下曲线）。该条曲线既包含外界激励的大小，又包括被试者对激励的皮电响应幅度，因而并不能直接用于分析。借助反卷积方法，将原始皮电信号分解为 Tonic 信号（皮肤电导水平的基线值，图 5 - 6 中第二条曲线）、Phasic 信号（瞬时皮电响应幅度，也就是被试者对外界激励的皮电响应幅度，图 5 - 6 中第三条曲线）以及外界激励信号（反应外界激励出现的时刻、大小，图 5 - 6 中第四条曲线）。

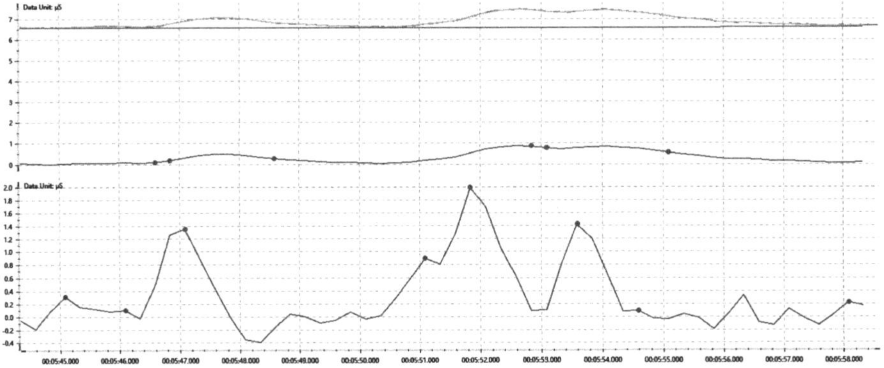

图 5 - 6　原始皮电信号及其分析信号

通过皮电信号分析，可以获知驾驶人对外界激励是否有皮电响应出现，以及外界激励对驾驶人皮电特征的影响。

关于皮肤电响应（SCR）还需要有一个区分，即是否存在刺激。在 EDA

信号中，并未追踪到任何刺激，此时所产生的 SCR 称之为自发性或非指定性的 SCR，简称为 NS - SCRs。而由事件或刺激所产生的皮肤电响应（SCR）称之为特异性或事件相关的 SCR，简称为 ER - SCR。

3. 驾驶人肌电信号处理

表面肌电信号（EMG）是将神经肌肉活动时的生物电变化在皮肤表面加以引导、放大、显示和记录所获得的一维时间序列信号。

对采集得到的原始肌电信号进行时域和频域处理。

在时域上求解肌电信号的均方根值（RMS），用以在时间维度上反映肌电信号振幅的变化特征。肌电信号的振幅变化可以反映肌肉负荷性因素和肌肉本身的生理、生化过程之间的内在联系。因此，通过时域分析可以实时地、无损伤地反映肌肉的活动状态。

在频域上对肌电信号进行快速傅里叶变换，获得肌电信号的功率谱。在此基础上，获得中值频率（MF），用以表征肌肉的疲劳程度。

5.2.2 路段划分

《公路项目安全性评价规范》（JTG B05—2015）中以运行速度作为公路安全评价的一个重要指标，利用预测运行速度对项目的路线、路基路面、桥梁、路线交叉和交通工程及沿线设施进行评价。运行速度是指当交通处于自由流状态，且天气良好时，在路段特征点上测定的第 85 个百分位的车速。

《公路项目安全性评价规范》（JTG B05—2015）规定，应将整条路线划分为平直路段（短平直路段）、纵坡路段、平曲线路段、弯坡组合路段、隧道路段和互通式立体交叉路段等若干个分析单元，每个分析单元的起点、终点为预测运行速度的特征点。其中，①纵坡坡度小于 3% 的直线段和半径大于 1000m 的大半径曲线形成平直路段；②纵坡坡度小于 3% 的直线段和半径不大于 1000m 的小半径曲线形成平曲线路段；③纵坡坡度不小于 3% 的直线段和半径大于 1000m 的大半径曲线形成纵坡路段；④纵坡坡度不小于 3% 的直线段和半径不大于 1000m 的小半径曲线形成弯坡组合路段。

1. 曲线路段划分

试验路段的弯道半径均在1000m以上。如按照《公路项目安全性评价规范》(JTG B05—2015)进行路段划分，则全程没有弯道路段。针对该问题进行了如下处理：

(1) 利用行车轨迹数据计算道路曲率半径。结合VideoVBOX视频影像信息，检查所求解的路段曲率信息的准确性。

(2) 分析试验路段的曲率分布发现，该路段的曲率半径均在1000m以上，绝大多数弯道的曲率半径在2000m以上（见图5-7）。当弯道的曲率半径为5000m时，驾驶人仍能显著地察觉到弯道的存在（见图5-8）。

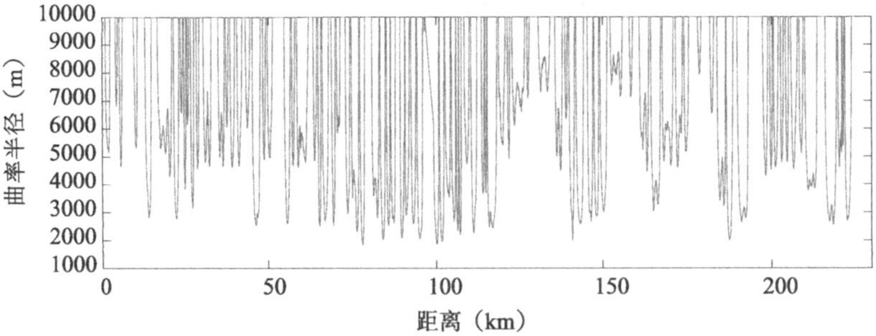

图5-7 利用行车轨迹数据获得的路段曲率半径分布

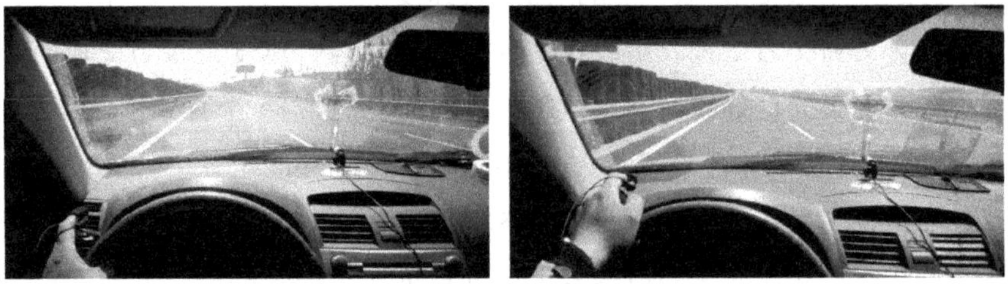

图5-8 半径为5000m的路段在驾驶人视野中的呈现

因此，试验路段的平曲线划分以半径5000m为划分依据。当道路线形的曲率半径小于5000m时，路段为平曲线路段；道路线形的曲率半径大于5000m时，该路段为直线路段。进一步地，对平曲线路段依据曲率半径划分为4档，分别为：①平曲线路段1：曲率半径在1000—2000m；②平曲线路段2：曲率半径在2000—3000m；③平曲线路段3：曲率半径在3000—

4000m；④平曲线路段 4：曲率半径在 4000—5000m。

图 5－9 所示即为根据上述平曲线路段划分依据获得的部分试验路段中的弯道路段。相邻的两个星号所截断的连续曲线部分即为弯道路段。根据弯道路段的距离起点和距离终点就可获得该弯道在试验路段中的具体位置。

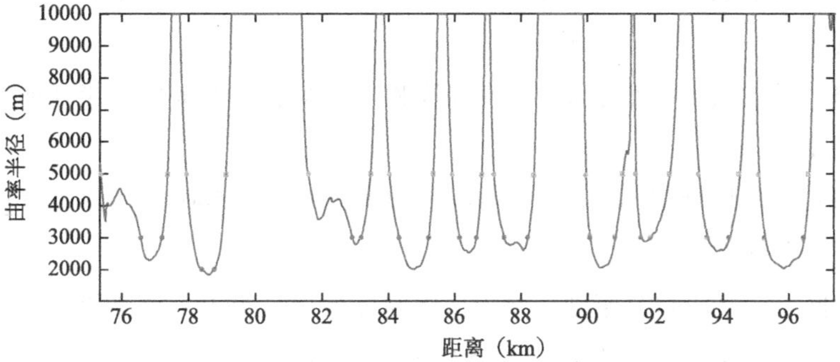

图 5－9　部分试验路段的平曲线路段截取

2. 纵坡路段划分

利用试验路段的高程数据计算可获得试验路段的道路坡度分布，见图 5－10。由图 5－10 可知，试验路段中的道路坡度多在 3% 以下；仅有 2 处路段的道路坡度在 3% 以上，且路段里程很短。如果以《公路项目安全性评价规范》（JTG B05—2015）中的要求进行坡道路段划分，则无法满足试验路段的分析需求。

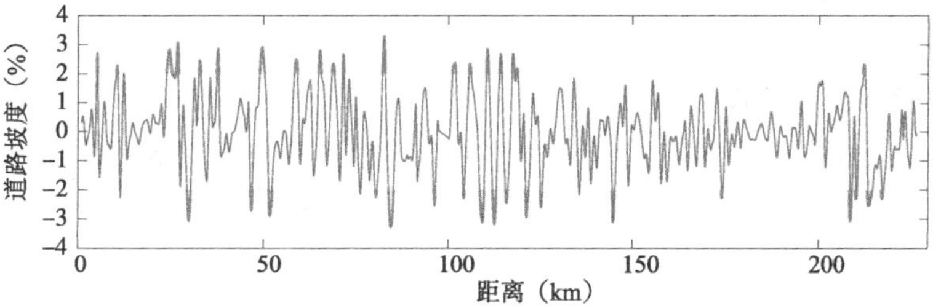

图 5－10　试验路段的道路坡度分布

因此，在试验路段中以道路坡度 2% 作为划分坡道和平面路段的依据。当道路坡度不小于 2% 时，该路段为坡道路段（图 5－10 中曲线深色部分）；

坡度小于2%时，其为平面路段（图5－10中曲线浅色部分所示）。

综上，对华东某高速路段起点—终点进行路段划分的依据为：

（1）纵坡坡度小于2%的直线段和半径大于5000m的大半径曲线形成平直路段。

（2）纵坡坡度小于2%的直线段和半径不大于5000m的小半径曲线形成平曲线路段。

（3）纵坡坡度不小于2%的直线段和半径大于5000m的大半径曲线形成纵坡路段。

（4）纵坡坡度不小于2%的直线段和半径不大于5000m的小半径曲线形成弯坡组合路段。

根据上述路段划分原则，单程试验路段被划分为157个路段单元。车辆的运行速度一致性分析就是在这157个路段单元上进行的。

5.3 小型客车运行安全性分析

共有2位驾驶人驾驶小型客车在华东某高速路段进行了5人次的往返试验。

5.3.1 小型客车起点—终点方向试验

1. 全程运行速度、加速度分析

驾驶人在起点—终点方向上的5次行车速度分布见图5－11。图5－11中横坐标距离是指车辆距离起点收费站的距离。由于路线较长，为了清晰地表示出驾驶人行车速度随距离的变化情况，图中还分别给出了前半段和后半段路线的速度分布。

图5－11（1）中驾驶人5次试验均在位置1和位置2发生了大幅度减速行为，减速后的最低速度接近或小于60km/h。通过查看视频资料，位置1降速是因为车辆驶入长隧道；位置2降速是因为车辆驶入高速服务区。

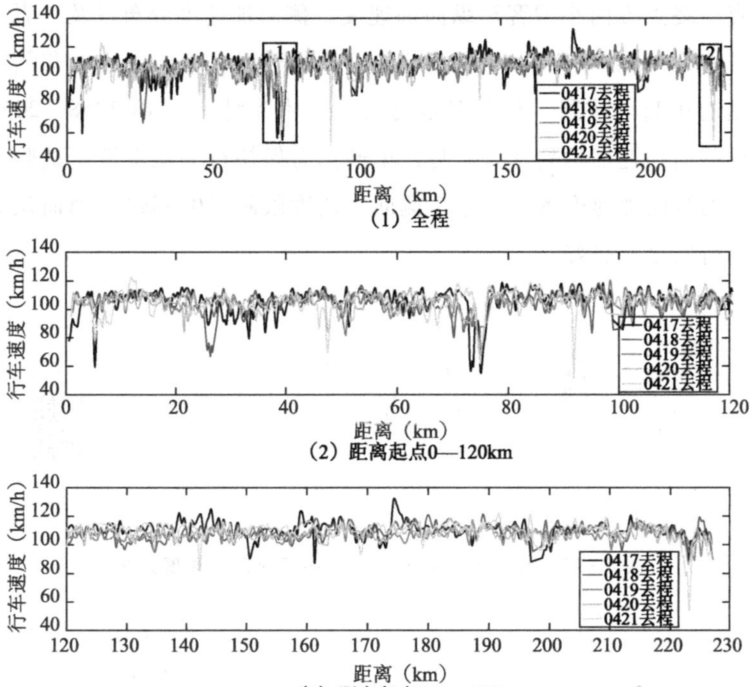

（1）全程
（2）距离起点0—120km
（3）距离起点120—230km

图 5-11　起点—终点方向小型客车行车速度分布

各驾驶人在该路段的最高速度、最低车速、平均车速以及车速分布的标准差见表 5-2。0417 去程试验发生了超速行为（最高速度为 132.5km/h），最低车速小于 60km/h，平均速度和速度标准差在 5 次驾驶试验中均为最大；0421 去程试验的最低车速小于 60km/h，平均车速和速度标准差均较高；其余 3 次试验未发生超速和不满足最低速度要求的情况。

表 5-2　　起点—终点方向小型客车行车速度统计

试验编号	最高速度（km/h）	最低速度（km/h）	平均速度（km/h）	速度标准差（km/h）	起点—终点行驶里程（km）
0417 去程	132.5	55.0	107.5	8.9	227.01
0418 去程	121.4	66.8	105.9	7.0	227.05
0419 去程	120.3	65.9	105.6	5.5	227.03
0420 去程	115.2	65.2	105.7	5.3	227.02
0421 去程	122.4	51.8	106.9	8.5	226.98

起点—终点方向小型客车纵向加速度、侧向加速度分布以及二者相平面图见图 5 - 12 至图 5 - 14。车辆沿试验路段行驶时，纵向加速度和侧向加速度均未超过 0.1g。按照《机动车运行安全技术条件》（GB 7258—2017）规定，车辆侧向加速度达到 0.35g 时，车辆仍需保持行驶稳定性。试验条件下小型客车的侧向加速度远小于稳定侧向加速度限制（0.35g），因而认为试验车辆的运行安全性良好。

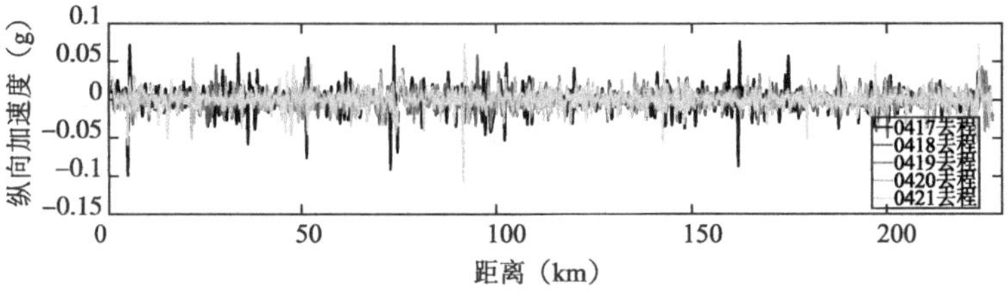

图 5 - 12　起点—终点方向小型客车纵向加速度分布

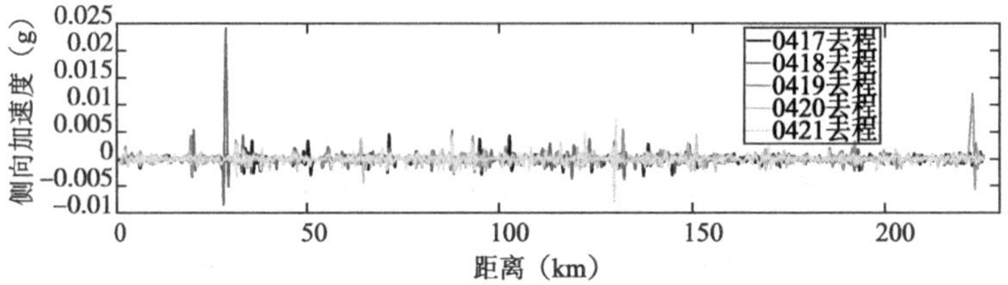

图 5 - 13　起点—终点方向小型客车侧向加速度分布

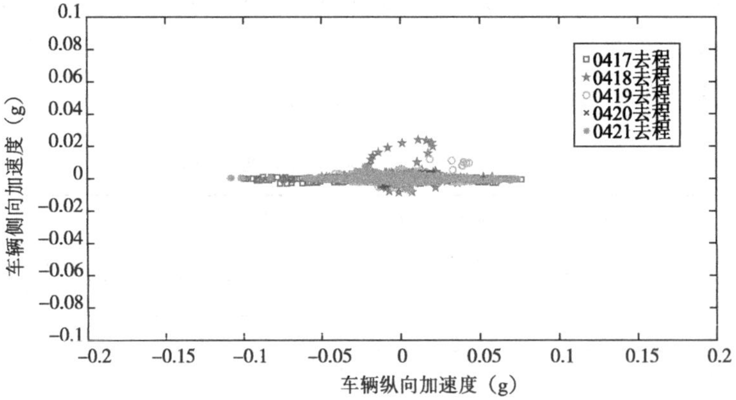

图 5 - 14　起点—终点方向小型客车纵向加速度和侧向加速度相平面图

在起点—终点方向小型客车的纵向加速度和侧向加速度统计结果见表5－3、表5－4。车辆平均纵向加速度（取绝对值后处理）小于0.01g，其平均侧向加速度（取绝对值后处理）小于0.001g，表明车辆运行中的制动、加速行为均较为缓和。转弯行驶时作用于车身上的侧向加速度不大，驾驶人和乘员不会产生明显的离心感。

表5－3　　起点—终点方向小型客车纵向加速度统计

试验编号	最大纵向加速度（g）	平均纵向加速度（g）	纵向加速度标准差（g）
0417 去程	0.100	0.011	0.012
0418 去程	0.059	0.008	0.007
0419 去程	0.044	0.008	0.007
0420 去程	0.054	0.008	0.007
0421 去程	0.109	0.009	0.010

表5－4　　起点—终点方向小型客车去程侧向加速度统计

试验编号	最大侧向加速度（g）	平均侧向加速度（g）	侧向加速度标准差（g）
0417 去程	0.0047	0.0005	0.0006
0418 去程	0.0242	0.0006	0.0012
0419 去程	0.0121	0.0005	0.0007
0420 去程	0.0046	0.0005	0.0005
0421 去程	0.0079	0.0005	0.0006

2. 运行速度协调性分析

根据运行速度协调性分析原则，在起点—终点方向对5次小型客车驾驶试验的车辆运行速度进行一致性分析，所得结果见图5－15。图5－15中圆圈表示路段开始和结束截面的运行速度协调性好；五角星表示路段开始和结束截面的运行速度协调性较好；方框表示路段开始和结束截面的运行速度协调性差。

统计在起点—终点方向5次小型客车驾驶试验的车辆运行速度协调性较好和不良路段的个数及所占全部路段的比重，见表5－5。0417试验的驾驶人因为全程有超速和大幅度降速行为，其在全程试验路段中的运行速度协调性较其他驾驶人明显较差。

表 5-5　　起点—终点方向小型客车运行速度协调性统计

试验编号	运行速度协调性较好		运行速度协调性差	
	路段个数	比例（%）	路段个数	比例（%）
0417 去程	31	19.7	11	7.0
0418 去程	16	10.2	3	1.9
0419 去程	9	5.7	0	0.0
0420 去程	15	9.6	3	1.9
0421 去程	15	9.6	7	4.5

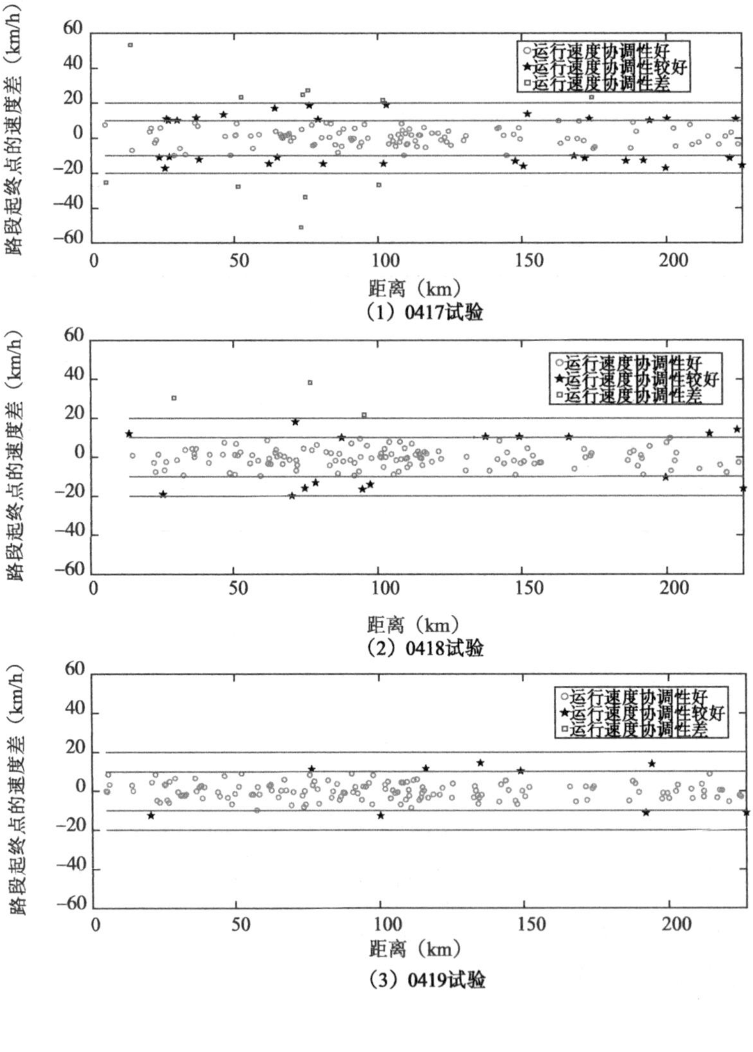

（1）0417试验

（2）0418试验

（3）0419试验

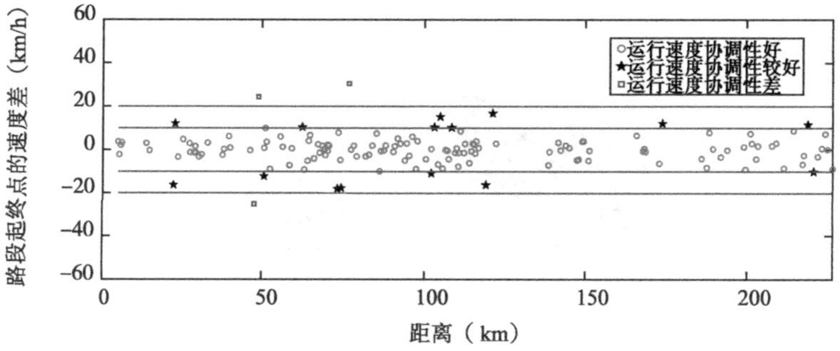

（4）0420试验

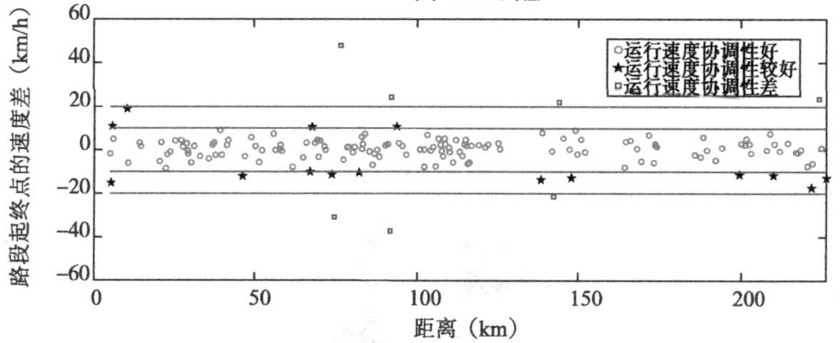

（5）0421试验

图 5－15　起点—终点方向小型客车运行速度协调性

结合试验采集的车辆运行参数、交通场景视频信息以及道路线形参数，我们对部分路段车辆运行速度协调性不好的原因进行了分析，见图 5－16。由图 5－16 可知，导致相邻路段车辆运行速度发生较大变化的主要原因是超车、换道、道路上设置有监控测速装置、连续弯道或弯坡组合路段、跟驰以及道路施工。其中，因为复杂交通流所导致的试验车辆速度变化是最主要的原因，85% 以上的相邻路段试验车辆运行速度较大变化都是由交通流所导致的。

3. 疑似危险路段甄别

经过分析总结，在起点—终点方向 5 次小型客车驾驶试验在 22 个典型路段发生了车辆运行速度协调性不好的现象。在 22 个典型路段小型客车产生较大速度变化的原因如下：

（1）路段 1：起点收费站（K1413＋600）＋5.6—6.5km。驾驶人经过该路段时，交通流大，见图 5－17，存在换道超车行为。该路段有监控测速点，见图 5－18，路段线形为左向弯道（半径约为 4700m）。

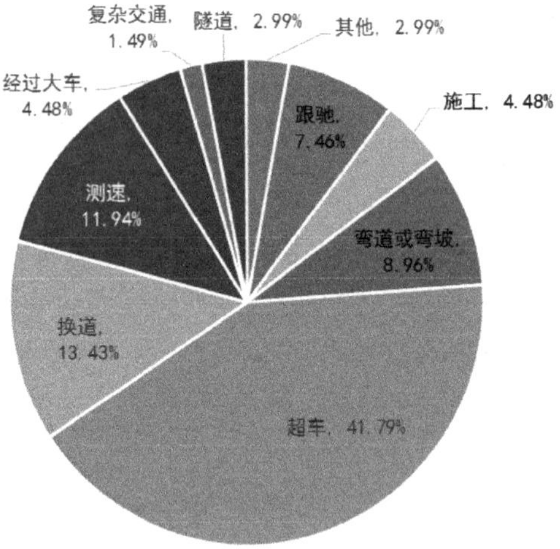

图 5－16　起点—终点方向小型客车相邻路段运行速度大幅度变化原因

图 5－17　拥挤交通流：距离起点约 5.6km

图 5－18　监控测速：距离起点约 6.5km

（2）路段 2：起点收费站（K1413＋600）＋13.5—20.50km。该路段设置有减速带、监控测速点，路段线形为右向弯道（半径约为 2800m），驾驶人经过该路段时，交通流大，存在换道超车行为。见图 5－19、图 5－20、图 5－21、图 5－22。

图 5－19　减速带：距离起点约 13.5km

图 5－20　减速带：距离起点约 14.5km

图 5－21　拥挤交通流：距离起点约 15.2km

图 5－22　监控测速：距离起点约 18.2km

（3）路段 3：起点收费站（K1413＋600）＋22—25km。该路段为弯坡组合路段。道路坡度范围在 3.8%—2.9%，平面线形为两个连续右向弯道（半径分别约为 2800m 和 3800m）。连续转弯同时又是上坡的复杂道路线形使得驾驶人在该处行驶时速度有较大变化。通过查看试验视频发现，该路段设置有危险路段标志及减速带，见图 5－23、图 5－24。

图 5－23　危险路段标志：距离起点约 22km

图 5－24　减速带：距离起点约 25km

（4）路段 4：起点收费站（K1413＋600）＋36.3—41.5km。该路段为弯坡组合路段，道路坡度范围在 3.8%—2.9%，平面线形为两个连续右向弯道（半径分别约为 4700m 和 4600m）。见图 5－25、图 5－26、图 5－27、图 5－28。

图 5－25　弯坡组合/交通流：距离起点约 36.8km

图 5－26　弯坡组合/交通流：距离起点约 37.6km

图 5－27　弯坡组合：距离起点约 39.5km

图 5－28　监控测速：距离起点约 41.4km

（5）路段 5：起点收费站（K1413＋600）＋42.2—45.9km。驾驶人经过该路段时，交通流大，存在换道超车、跟驰等行为，另外，该路段有临时道路施工。见图 5－29、图 5－30、图 5－31、图 5－32。

图 5－29　超车：距离起点北约 42.2km

图 5－30　复杂交通流：距离起点约 42.5km

图 5－31　右侧道路施工：距离起点约 45.6km

图 5－32　右侧道路施工：距离起点约 45.9km

（6）路段 6：起点收费站（K1413＋600）＋47—48.5km。该路段为左向弯道（半径约为 2500m），且右侧有临界施工，见图 5－33、图 5－34。驾驶人经过该处时，需进行换道操作避开施工车道。

（7）路段 7：起点收费站（K1413＋600）＋57.2—62.8km。该路段为弯

图5－33　弯道路段：距离起点约47.0km

图5－34　右侧施工：距离起点约47.2km

坡组合路段（半径约为4700m，道路坡度2.5%），设置有监控测速点。另外，该路段交通流复杂，驾驶人为保证行车安全需随时调整车速。见图5－35、图5－36、图5－37、图5－38。

图5－35　弯坡组合：距离起点约57.9km

图5－36　复杂交通流：距离起点约59.8km

图5－37　复杂交通流：距离起点约60.1km

图5－38　监控测速：距离起点约62.8km

（8）路段8：起点收费站（K1413＋600）＋64.3—65.6km。该路段为弯坡组合路段（半径约为2500m，道路坡度2.8%），部分路段有施工。另外，该路段交通流复杂，驾驶人为保证行车安全需随时调整车速，见图5－39、图5－40、图5－41、图5－42。通过查看试验视频发现，该路段设置有危险路段标志。

图 5-39　弯坡组合：距离起点约 64.3km

图 5-40　弯坡组合：距离起点约 65.4km

图 5-41　复杂交通流：距离起点约 65.1km

图 5-42　复杂交通流：距离起点约 65.6km

（9）路段 9：起点收费站（K1413+600）+74.1—75.4km。该路段内有隧道。在进入隧道前，有监控测速点，隧道入口处有减速带。见图 5-43、图 5-44、图 5-45、图 5-46、图 5-47、图 5-48。该路段驾驶人会根据道路设施、提示随时调整车速。

图 5-43　监控测速：距离起点约 74.1km

图 5-44　前方隧道：距离起点约 74.2km

（10）路段 10：起点收费站（K1413+600）+76.5—82.0km。该路段为连续弯道（左向弯道半径约为 2300m、右向弯道半径约为 1800m）与下坡路段（坡度 -2.2%）。另外，行车过程中有换道超车行为。见图 5-49、图 5-50、图 5-51、图 5-52。

图5-45 隧道入口前减速带：
距离起点约74.5km

图5-46 到达隧道入口：
距离起点约74.6km

图5-47 隧道内：距离起点约74.7km

图5-48 出隧道：距离起点约75.4km

图5-49 弯坡组合：距离起点约76.9km

图5-50 弯坡组合：距离起点约78.1km

图5-51 弯坡组合：距离起点约80.9km

图5-52 换道：距离起点约81.4km

（11）路段 11：起点收费站（K1413 + 600）+ 83. 9—87. 1km。该路段为弯坡组合路段（半径约为 2000m，坡度 - 3. 3%）。该路段设置有减速带和监控测速点。另外，车辆行驶至该路段时，由于大型车车速较低，因此有换道超车行为。见图 5 - 53、图 5 - 54、图 5 - 55、图 5 - 56、图 5 - 57、图 5 - 58。

图 5 - 53　减速带：距离起点约 83. 9km

图 5 - 54　弯坡组合：距离起点约 84. 4km

图 5 - 55　弯坡组合：距离起点约 84. 9km

图 5 - 56　减速带：距离起点约 85. 9km

图 5 - 57　监控测速：距离起点约 87. 1km

图 5 - 58　超车：距离起点约 85. 4km

（12）路段 12：起点收费站（K1413 + 600）+ 91. 3—91. 6km。该路段为平直路段，道路左侧车道施工，见图 5 - 59、图 5 - 60。车辆行驶至该路段时换道至右侧慢车道。

图 5-59　路侧施工：距离起点约 91.3km

图 5-60　路侧施工：距离起点约 91.5km

（13）路段 13：起点收费站（K1413+600）+100.3—104.5km。该路段为连续弯道（右向弯道半径约为 1900m；左向弯道半径约为 2000m）路段，在临近路段终点处设置有监控测速点，见图 5-61、图 5-62、图 5-63、图 5-64。

图 5-61　超车：距离起点约 100.5km

图 5-62　弯道路段：距离起点约 100.8km

图 5-63　弯道路段：距离起点约 102.8km

图 5-64　监控测速：距离起点约 104.4km

（14）路段 14：起点收费站（K1413+600）+107.35—109km。该路段为连续弯道（右向弯道半径约为 2300m；左向弯道半径约为 2200m）路段，在临近路段终点处设置有监控测速点，见图 5-65、图 5-66、图 5-67、图 5-68。

图 5－65　弯道：距离起点约 108km

图 5－66　弯道：距离起点约 108.3km

图 5－67　弯道：距离起点约 108.5km

图 5－68　监控测速：距离起点约 109.0km

（15）路段 15：起点收费站（K1413＋600）＋123km。该路段为普通路段。因为设置有监控测速点，车辆在该路段有降速行为。见图 5－69。

图 5－69　监控测速：距离起点约 123.0km

（16）路段 16：起点收费站（K1413＋600）＋115—119km。该路段为弯坡组合路段（左向弯道半径约为 2400m，坡度 2.7%）。见图 5－70、图 5－71、图 5－72、图 5－73。

（17）路段 17：起点收费站（K1413＋600）＋130—135km。该路段为弯道路段（半径约为 7000m），设置有监控测速点，部分路面为水泥路面。见图 5－74、图 5－75、图 5－76、图 5－77。

图5-70　弯坡组合：距离起点约115.2km

图5-71　交通流：距离起点约116.3km

图5-72　弯坡组合：距离起点约116.6km

图5-73　弯坡组合：距离起点约118.8km

图5-74　弯道：距离起点约130.4km

图5-75　弯道：距离起点约130.7km

图5-76　弯道：距离起点约132.9km

图5-77　水泥路面/监控测速：距起点约134.7km

（18）路段18：起点收费站（K1413 + 600）+ 143.3—148.5km。该路段为弯道路段（右向弯道半径约为2600m；左向弯道半径约为2700m），路侧设置有危险路段标志，在临近路段终点处设置有监控测速点。见图5 - 78、5 - 79、图5 - 80。

图5 - 78　弯道：距离起点约144.7km

图5 - 79　弯道：距离起点约145.3km

图5 - 80　监控测速：距离起点约147.8km

（19）路段19：起点收费站（K1413 + 600）+ 170.4—173.9km。该路段为弯坡组合路段（左向弯道半径约为4700m，道路坡度 - 2.3%），在临近路段终点处设置有监控测速点。见图5 - 81、图5 - 82、图5 - 83、图5 - 84。

图5 - 81　弯坡：距离起点约170.6km

图5 - 82　弯坡：距离起点约170.7km

图 5-83　弯坡：距离起点约 171.4km

图 5-84　监控测速：距离起点约 173.2km

（20）路段 20：起点收费站（K1413+600）+185.4—192.5km。该路段为连续弯道路段（左向弯道半径约为 3200m；右向弯道半径约为 2000m；左向弯道半径约为 2700m），在临近路段终点处设置有监控测速点。见图 5-85、图 5-86、图 5-87、图 5-88、图 5-89、图 5-90。

图 5-85　弯道：距离起点约 185.8km

图 5-86　弯道：距离起点约 186.8km

图 5-87　交通流：距离起点约 187.9km

图 5-88　弯道：距离起点约 188.5km

图 5-89　交通流：距离起点约 189.3km

图 5-90　监控测速：距离起点约 192.5km

（21）路段 21：起点收费站（K1413+600）+207.10—210km。该路段为弯坡组合路段（弯道半径约为 4500m，坡度-3.1%），在临近路段终点处设置有监控测速点。见图 5-91、图 5-92。

图 5-91　弯坡组合：距离起点约 209.9km

图 5-92　监控测速：距离起点约 209.9km

（22）路段 22：起点收费站（K1413+600）+217—220km。该路段为弯道路段（弯道半径约为 2500m），在临近路段终点处设置有监控测速点。见图 5-93、图 5-94。

图 5-93　弯道：距离起点约 217.8km

图 5-94　监控测速：距离起点约 219.2km

综上，22 处疑似危险路段的地理位置、道路线形信息见表 5 -6。

表 5 -6　　起点—终点方向 22 处疑似危险路段的相关信息

路段编号	路段起点到起点的距离（km）	路段终点到起点的距离（km）	道路线形/施工状态	是否设置有监控测速点	是否设置有危险路段标志
1	5.6	6.5	弯道	有	—
2	14.4	20.5	弯道	有	—
3	22	25	弯坡组合	—	有
4	36.3	41.5	弯坡组合	有	—
5	42.2	45.9	临时施工	—	—
6	47	48.5	临时施工	—	—
7	57.5	62.8	弯坡组合	有	—
8	64.3	65.6	弯坡组合、施工	—	有
9	74.1	75.4	隧道	有	有
10	76.5	82.0	弯坡组合	—	—
11	83.9	87.1	弯坡组合	有	—
12	91.3	91.6	临时施工	—	—
13	100.3	104.5	弯道	有	—
14	107.4	109	连续弯道	有	有
15	123	123	平直	有	—
16	115	119	弯坡组合	—	—
17	130	135	弯道	有	—
18	143.3	148.5	连续弯道	有	有
19	170.4	173.9	弯坡组合	有	—
20	185.4	192.5	连续弯道	有	—
21	207.1	210	弯坡组合	有	—
22	217	220	弯道	有	—

在 22 处疑似危险路段中，有 3 处是因临时施工造成的车辆运行速度变化，剩余的 19 处疑似危险路段多为弯坡组合或弯道路段，多处疑似危险路段设置有监控测速点；在弯坡组合或者连续弯道路段还设置有危险路段标志。实车试验结果显示在潜在危险路段驾驶人会降低行车速度。这一结果与

道路设计的初衷相符，表明路段的危险警告标志、监控测速装置等起到了应有的作用。

5.3.2 小型客车终点—起点方向试验

1. 全程运行速度、加速度分析

在终点—起点方向5次驾驶小型客车试验中，试验编号为0417的回程试验数据质量较差，未对其进行分析。在终点—起点方向另外4次试验的行车速度分布见图5－95。图5－95中横坐标是指车辆距离起点收费站的距离。

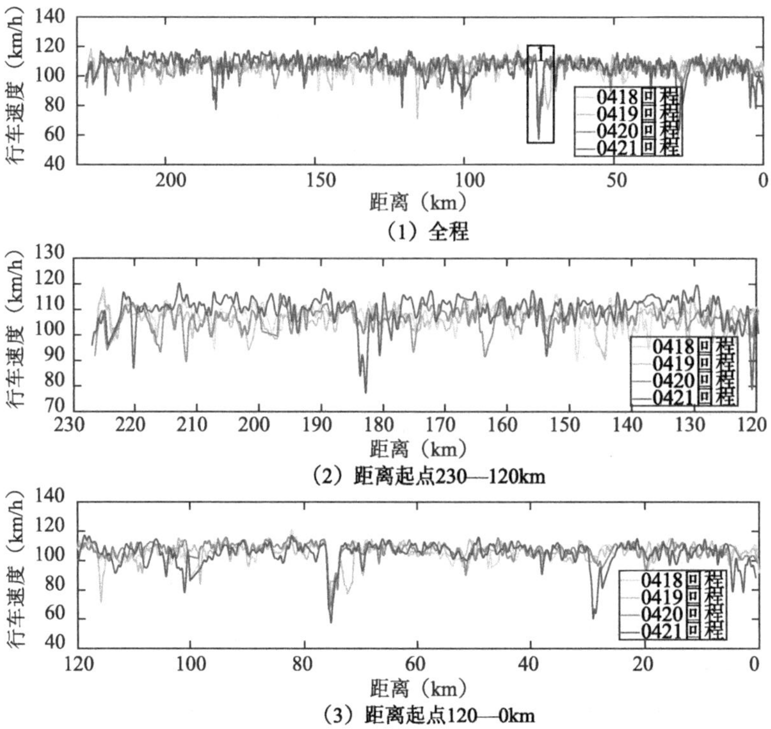

图5－95 终点—起点方向小型客车行车速度分布

图5－95（1）中4次试验均在位置1发生了大幅度减速行为，减速后的最低速度接近或小于60km/h。通过查看视频资料发现，车辆在位置1降速是因为车辆驶入长隧道。

4 次试验在该路段的最高速度、最低车速、平均车速以及车速分布的标准差见表 5－7。试验编号 0421 回程的最低车速小于 60km/h，速度标准差比其他试验稍大。与起点—终点方向的运行速度相比，4 次试验的行车速度特征恒定，未发生明显变化。

表 5－7　终点—起点方向小型客车行车速度统计

试验编号	最高速度（km/h）	最低速度（km/h）	平均速度（km/h）	速度标准差（km/h）	终点—起点行驶里程（km）
0418 回程	121.0	67.6	106.4	5.3	227.43
0419 回程	118.4	67.3	106.0	5.7	227.63
0420 回程	116.3	68.8	106.8	5.0	227.56
0421 回程	120.3	57.3	106.7	8.3	227.56

终点—起点方向小型客车纵向加速度、侧向加速度分布以及二者相平面图见图 5－96 至图 5－98。车辆沿试验路段行驶时，纵向加速度和侧向加速度均未超过 0.1g。按照《机动车运行安全技术条件》（GB 7258—2017）规定，车辆侧向加速度达到 0.35g 时，车辆仍能够保持行驶稳定性。试验条件下小型客车的侧向加速度远小于稳定侧向加速度限制（0.35g），因而认为试验车辆的运行安全性良好。

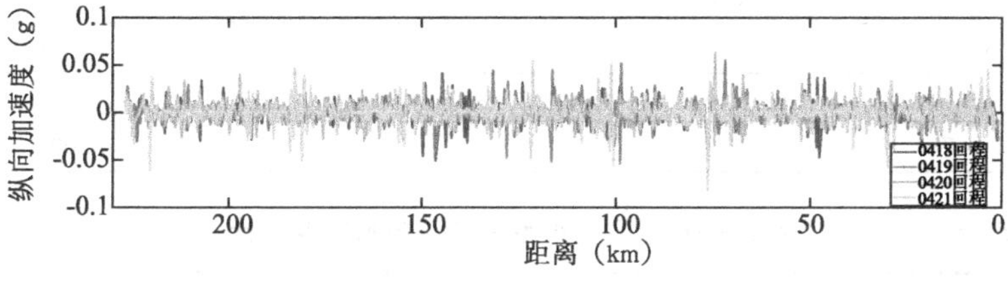

图 5－96　终点—起点方向小型客车纵向加速度分布

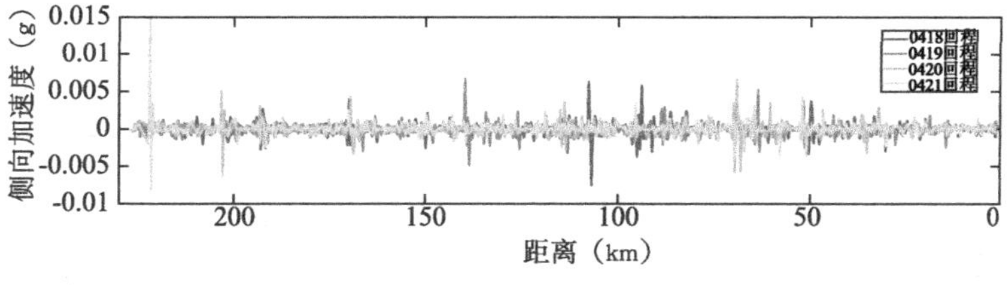

图 5－97　终点—起点方向小型客车侧向加速度分布

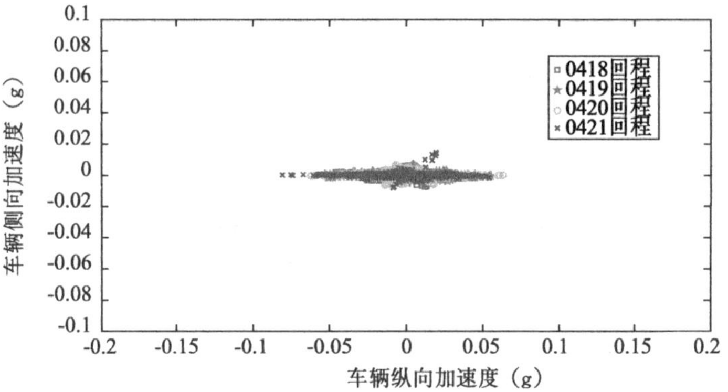

图5－98　终点—起点方向小型客车纵向加速度和侧向加速度相平面

在终点—起点方向小型客车的纵向加速度和侧向加速度统计结果见表5－8、表5－9。车辆平均纵向加速度（取绝对值后处理）小于0.01g，其平均侧向加速度（取绝对值后处理）小于0.001g，表明车辆运行中的制动、加速行为均较为缓和。转弯行驶时作用于车身上的侧向加速度不大，驾驶人和乘员不会产生明显的离心感。

表5－8　终点—起点方向小型客车纵向加速度统计

试验编号	最大纵向加速度（g）	平均纵向加速度（g）	纵向加速度标准差（g）
0418 回程	0.051	0.008	0.007
0419 回程	0.055	0.008	0.008
0420 回程	0.063	0.008	0.007
0421 回程	0.082	0.009	0.009

表5－9　终点—起点方向小型客车侧向加速度统计

试验编号	最大侧向加速度（g）	平均侧向加速度（g）	侧向加速度标准差（g）
0418 回程	0.0075	0.0005	0.0007
0419 回程	0.0067	0.0005	0.0005
0420 回程	0.0067	0.0005	0.0006
0421 回程	0.0147	0.0005	0.0007

2. 路段运行速度协调性分析

在终点—起点方向对4次小型客车驾驶试验的车辆运行速度进行一致性分析，所得结果见图5－99。

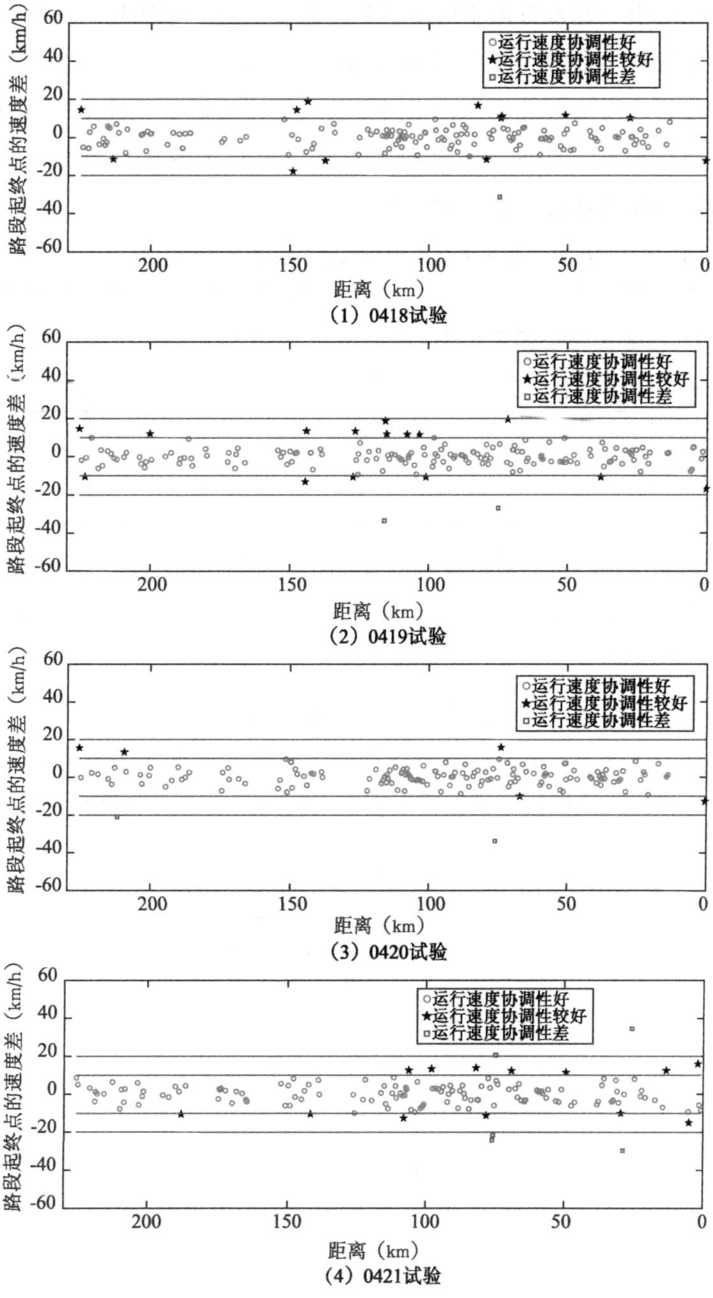

图 5－99　终点—起点方向小型客车运行速度协调性

统计在终点—起点方向4次小型客车驾驶试验的车辆运行速度协调性较好和不良路段的个数及所占全部路段的比重，见表5-10。与起点—终点方向的车辆运行速度协调性相比，相同驾驶人在回程试验路段上的运行速度协调性有了明显提高。这进一步说明了道路线形对车辆运行速度的的影响不大、交通流对车辆运行速度影响很大。

表5-10　　终点—起点方向小型客车运行速度协调性统计

试验编号	运行速度协调性较好		运行速度协调性差	
	路段个数	比例（%）	路段个数	比例（%）
0418回程	13	8.3	1	0.6
0419回程	15	9.6	2	1.3
0420回程	5	3.2	2	1.3
0421回程	2	1.3	5	3.2

结合试验采集的车辆运行参数、交通场景视频信息以及道路线形参数对部分路段车辆运行速度协调性不好的原因进行了分析，见图5-100。由图5-100可知，导致相邻路段车辆运行速度发生较大变化的主要原因是超车、换道、道路上设置有监控测速装置、连续弯道或弯坡组合路段、经过大车、复杂交通以及跟驰。其中，因为复杂交通流所导致的试验车辆速度变化是最主要的原因，82%以上的相邻路段试验车辆运行速度较大变化都是由交通流所导致的。

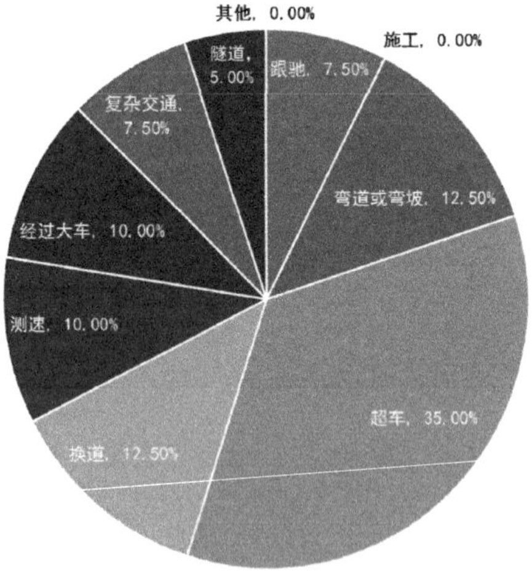

图5-100　终点—起点方向相邻路段小型客车运行速度大幅度变化原因

3. 疑似危险路段甄别

经过分析总结，在终点—起点方向 4 次小型客车驾驶试验在 13 个典型路段发生了车辆运行速度协调性不好的现象。在 13 个典型路段小型客车产生较大速度变化的原因如下：

（1）路段 1：起点收费站（K1413 + 600）+ 216. 5—212. 7km。该路段为连续弯道（弯道半径约为 3600m），车辆经过该路段时遇到大车。见图 5 - 101、图 5 - 102、图 5 - 103、图 5 - 104。

图 5 - 101　连续弯道/经过大车：距离起点约 215. 4km

图 5 - 102　连续弯道/经过大车：距离起点约 214. 3km

图 5 - 103　连续弯道：距离起点约 212. 9km

图 5 - 104　连续弯道：距离起点约 212. 7km

（2）路段 2：起点收费站（K1413 + 600）+ 202—199km。该路段为连续弯道（弯道半径约为 4300m），在临近路段起点处设置有监控测速点。另外，车辆在该路段行驶时右侧车道有大车。见图 5 - 105、图 5 - 106、图 5 - 107、图 5 - 108。

图 5-105　监控测速：距离起点约 201.5km

图 5-106　经过大车：距离起点约 201.2km

图 5-107　连续弯道：距离起点约 200.3km

图 5-108　连续弯道：距离起点约 199km

（3）路段 3：起点收费站（K1413+600）+169.4—166.1km。该路段为弯道路段（左向弯道半径约为 3000m），在临近路段终点处设置有监控测速点。另外，车辆在该路段行驶时右侧车道有大车。见图 5-109、图 5-110、图 5-111、图 5-112。

图 5-109　弯道：距离起点约 169.0km

图 5-110　经过大车：距离起点约 168.8km

图 5-111 弯道：距离起点约 168.4km　　图 5-112 监控测速：距离起点约 166.1km

（4）路段 4：起点收费站（K1413+600）+149—147km。该路段为右向弯道（弯道半径约为 2700m），车辆在该路段行驶时，右侧车道有大车。见图 5-113、图 5-114。

图 5-113 弯道：距离起点约 147.7km　　图 5-114 弯道、大车：距离起点约 147.1km

（5）路段 5：起点收费站（K1413+600）+144.9—140.8km。该路段为连续弯道（弯道半径约为 2400m），在临近路段终点处设置有监控测速点，车辆在该路段行驶时右侧车道有大车。见图 5-115、图 5-116、图 5-117、图 5-118。通过查看试验视频发现，路侧设置有危险路段标志。

图 5-115 连续弯道：距离起点约 144.9km　图 5-116 连续弯道/大车：距离起点约 144.5km

图 5－117　大车：距离起点约 142.3km

图 5－118　监控测速：距离起点约 141.9km

（6）路段 6：起点收费站（K1413＋600）＋134.9—131km。该路段为弯道路段（弯道半径约为 6800m），在临近路段终点处路面由沥青路面变为水泥路面，车辆在水泥路面上行驶时，胎噪显著变大。另外，车辆在该路段行驶时，右侧车道有大车。见图 5－119、图 5－120、图 5－121、图 5－122。

图 5－119　弯道：距离起点约 134.5km

图 5－120　大车：距离起点约 133.8km

图 5－121　弯道：距离起点约 133.3km

图 5－122　水泥路面：距离起点约 131.6km

（7）路段 7：起点收费站（K1413＋600）＋110.7—105.2km。该路段为连续弯道（右向弯道半径分别约为 2500m、1700m、2600m；左向弯道半径分别约为3400m、3200m）。在该路段起点处设置有监控测速点，车辆在该弯道行驶时右侧车道有大车。见图5－123、图5－124、图5－125、图5－126。

图5－123　连续弯道：距离起点约110.7km

图5－124　监控测速：距离起点约109.9km

图5－125　大车：距离起点约106.4km

图5－126　连续弯道：距离起点约105.4km

（8）路段8：起点收费站（K1413＋600）＋83.1—79.6km。该路段为弯道路段（弯道半径约为3000m），车辆在该路段行驶时右侧车道有大车。见图5－127、图5－128。

图5－127　弯道：距离起点约82.8km

图5－128　弯道、大车：距离起点约80.4km

（9）路段9：起点收费站（K1413＋600）＋77.8—74.3km。该路段为连续弯道（弯道半径约为2700m）、途经隧道，在临近隧道入口处设置有减速带和监控测速装置，见图5－129、图5－130、图5－131、图5－132。

图5－129 连续弯道：距离起点约77.5km

图5－130 大车：距离起点约76.3km

图5－131 隧道入口：距离起点约75.6km

图5－132 隧道出口：距离起点约74.8km

（10）路段10：起点收费站（K1413＋600）＋70.5—66.97km。该路段为弯坡组合路段（弯道半径大约为3200m，坡度－2.4%），路段中有隧道，设置有两处监控测速点。见图5－133、图5－134、图5－135、图5－136。

图5－133 监控测速/隧道：距离起点约70.1km

图5－134 弯坡组合/大车：距离起点约69.5km

图 5－135　弯坡组合：距离起点约 68.4km

图 5－136　监控测速：距离起点约 66.9km

（11）路段 11：起点收费站（K1413＋600）＋66.1—64.2km。该路段为弯坡组合路段（弯道半径大约为 2600m，坡度－2.9%），车辆在该路段行驶时右侧车道有大车。见图 5－137、图 5－138、图 5－139、图 5－140。通过查看试验视频发现，该路段的路侧设置有危险路段标志。

图 5－137　连续弯道：距离起点约 66.1km

图 5－138　大车：距离起点约 65.6km

图 5－139　大车：距离起点约 65.0km

图 5－140　大车：距离起点约 64.2km

（12）路段 12：起点收费站（K1413＋600）＋51.70—48.50km。该路段为弯道路段（弯道半径约为 4500m），在临近路段终点处设置有监控测速点，车辆在该路段行驶时右侧车道有大车。见图 5－141、图 5－142、图 5－143、图 5－144。

图 5－141　大车：距离起点约 51.7km

图 5－142　弯道：距离起点约 50.7km

图 5－143　监控测速：距离起点约 49.89km

图 5－144　弯道：距离起点约 48.8km

（13）路段 13：起点收费站（K1413＋600）＋15.4—13.11km。该路段为弯道路段（弯道半径约为 2800m），车辆在该路段行驶时有换道超车行为。见图 5－145、图 5－146。

图 5－145　弯道：距离起点约 14.8km

图 5－146　弯道：距离起点约 13.7km

综上，13 处疑似危险路段的地理位置、道路线形信息见表 5 - 11。

表 5 - 11　终点—起点方向 13 处疑似危险路段的相关信息

路段编号	路段起点到起点的距离（km）	路段终点到起点的距离（km）	道路线形/施工状态	是否设置有监控测速	是否设置有危险路段标志
1	216.5	212.7	连续弯道	有	—
2	202	199	连续弯道	有	—
3	169.4	166.1	弯道	有	—
4	149	147	弯道	—	—
5	144.9	140.8	连续弯道	有	有
6	134.9	131	弯道	—	—
7	110.7	105.2	连续弯道	有	—
8	83.1	79.6	弯道	—	—
9	77.8	74.3	连续弯道、隧道	有	—
10	70.5	67	弯坡组合、短隧道	有	—
11	66.1	64.2	弯坡组合	—	有
12	51.7	48.5	弯道	有	—
13	15.4	13.1	弯道	—	—

这 13 处疑似危险路段多为弯坡组合或弯道路段，多处疑似危险路段设置有监控测速点；弯坡组合或者连续弯道路段还设置有危险路段标志。实车试验结果显示在潜在危险路段驾驶人会降低行车速度。这一结果与道路设计的初衷相符，表明路段的危险警告标志、监控测速装置等起到了应有的作用。

5.4　大型客车运行安全性分析

5.4.1　大型客车起点—终点方向试验

1. 全程运行速度、加速度分析

在起点—终点方向 5 次驾驶大型客车试验的行车速度分布见图 5 - 147。

图 5 – 147 中横坐标距离是指车辆距离起点收费站的距离。

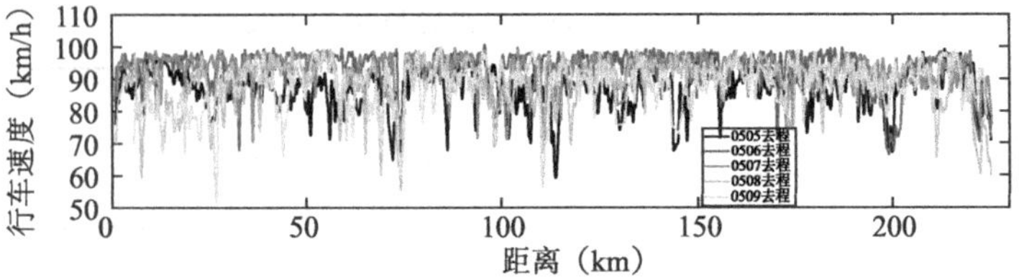

（1）全程

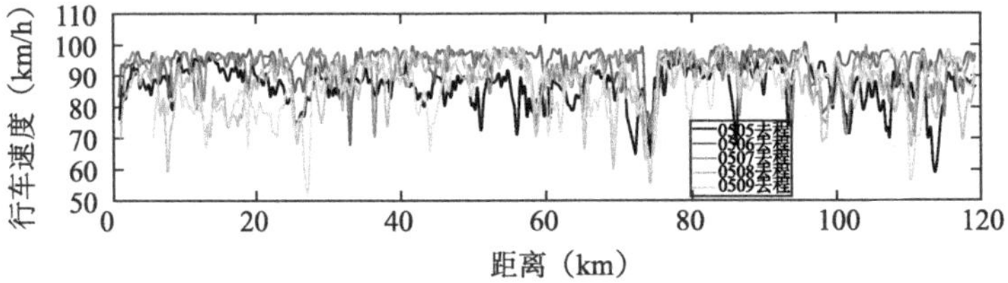

（2）距离起点0—120km

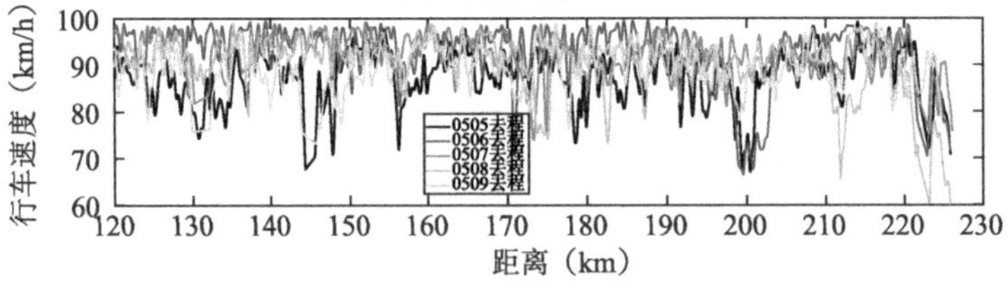

（3）距离起点120—230km

图 5 – 147　起点—终点方向大型客车行车速度分布

5 位被试者驾驶大型客车在该路段的最高速度、最低车速、平均车速以及车速分布的标准差见表 5 – 12。其中，试验编号 0508 去程和 0509 去程发生了最低车速小于 60km/h 的行为，速度标准差在 5 位被试者中最大。其余 3 位被试者所驾驶的大型客车在该路段未发生超速和不满足最低速度要求的情况。

表 5 – 12　　起点—终点方向大型客车行车速度统计

试验编号	最高速度（km/h）	最低速度（km/h）	平均速度（km/h）	速度标准差（km/h）	终点—起点行驶里程（km）
0505 去程	99. 1	59. 1	86. 9	6. 1	227. 25
0506 去程	100. 7	66. 3	93. 5	5. 8	227. 21
0507 去程	99. 8	70. 5	92. 1	5. 3	227. 21
0508 去程	100. 0	55. 5	88. 3	7. 4	227. 04
0509 去程	99. 5	51. 9	87. 4	7. 4	227. 02

在起点—终点方向大型客车的纵向加速度、侧向加速度分布以及二者相平面图见图 5－148 至图 5－150。车辆沿试验路段行驶时，纵向加速度和侧向加速度均未超过 0.1g。按照《机动车运行安全技术条件》（GB 7258—2017）规定，车辆侧向加速度达到 0.35g 时，车辆仍能够保持行驶稳定性。试验条件下大型客车的侧向加速度远小于稳定侧向加速度限制（0.35g），因而认为试验车辆的运行安全性良好。

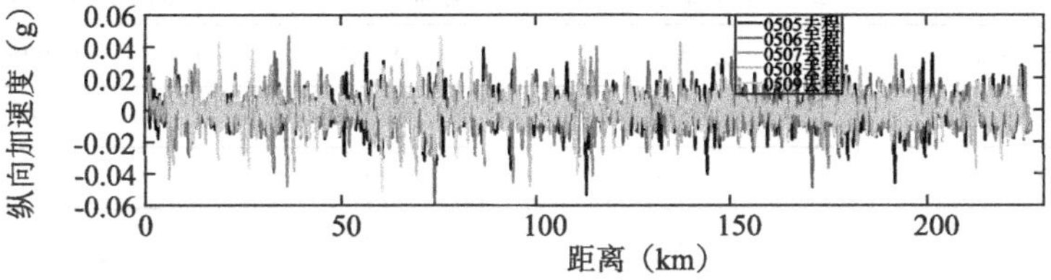

图 5－148　起点—终点方向大型客车纵向加速度分布

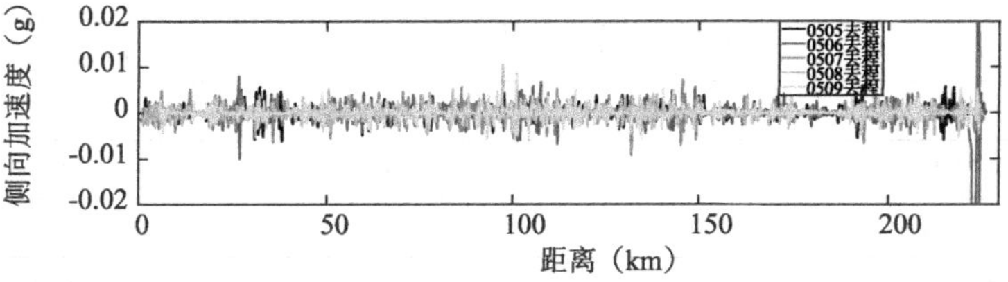

图 5－149　起点—终点方向大型客车侧向加速度分布

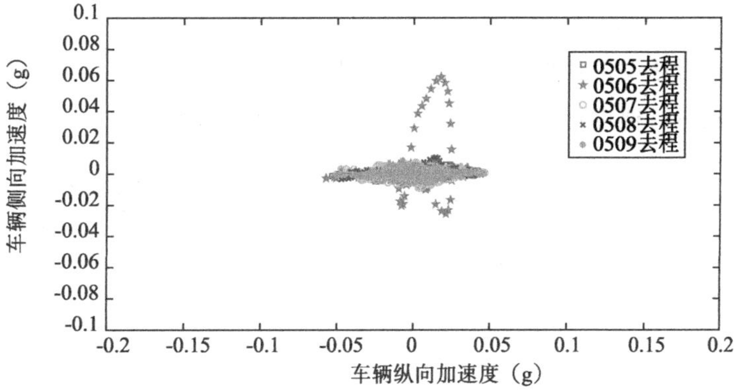

图 5－150　起点—终点方向大型客车纵向加速度和侧向加速度相平面图

在起点—终点方向大型客车的纵向加速度和侧向加速度统计结果见表5－13、表5－14。车辆平均纵向加速度（取绝对值后处理）小于0.01g，其平均侧向加速度（取绝对值后处理）小于0.001g，表明车辆运行中的制动、加速行为均较为缓和。转弯行驶时作用于车身上的侧向加速度不大，驾驶人和乘员不会产生明显的离心感。

表5－13　　　　起点—终点方向大型客车纵向加速度统计

试验编号	最大纵向加速度（g）	平均纵向加速度（g）	纵向加速度标准差（g）
0505去程	0.0535	0.0076	0.0067
0506去程	0.0587	0.0065	0.0062
0507去程	0.0480	0.0076	0.0071
0508去程	0.0478	0.0072	0.0066
0509去程	0.0512	0.0073	0.0065

表5－14　　　　起点—终点方向大型客车侧向加速度统计

试验编号	最大侧向加速度（g）	平均侧向加速度（g）	侧向加速度标准差（g）
0505去程	0.0062	0.0008	0.0009
0506去程	0.0622	0.0012	0.0028
0507去程	0.0093	0.0010	0.0011
0508去程	0.0106	0.0009	0.0009
0509去程	0.0086	0.0009	0.0010

2. 运行速度协调性分析

根据运行速度协调性分析原则，在起点—终点方向对5次大型客车驾驶试验的车辆运行速度进行一致性分析，所得结果见图5－151。

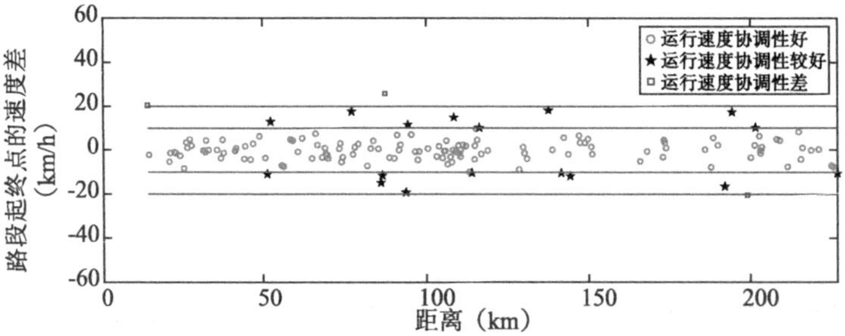

（1）0505试验

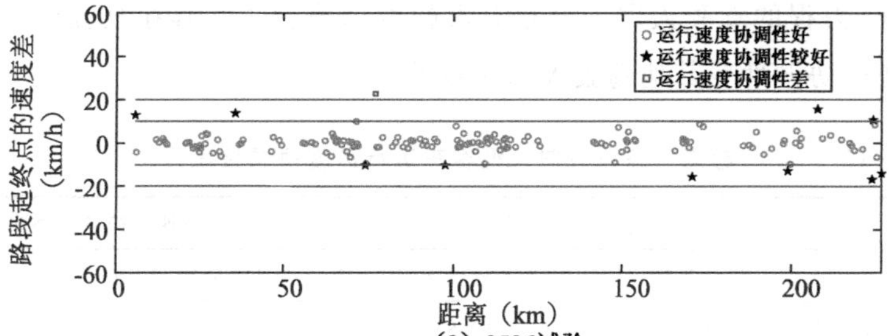

（2）0506试验

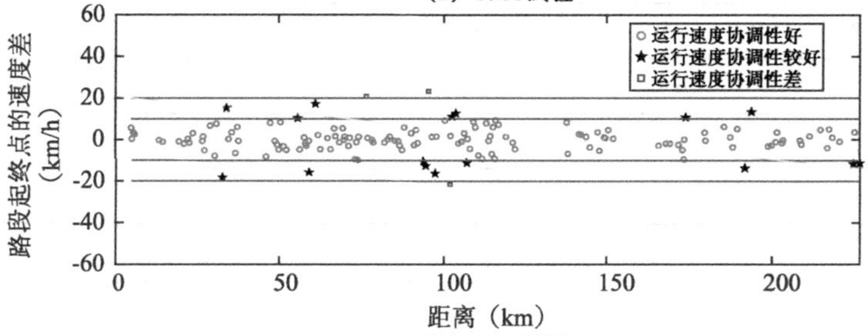

（3）0507试验

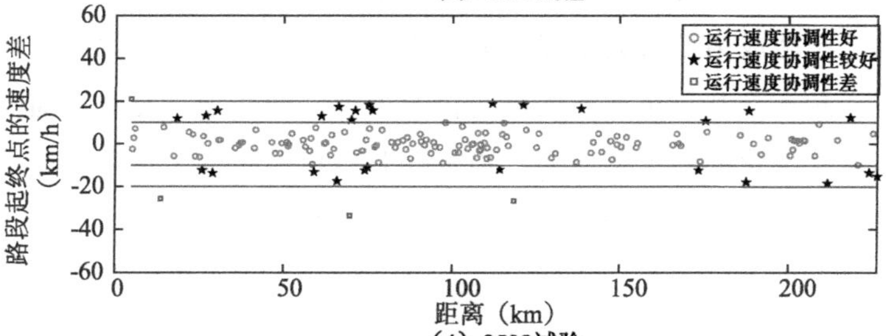

（4）0508试验

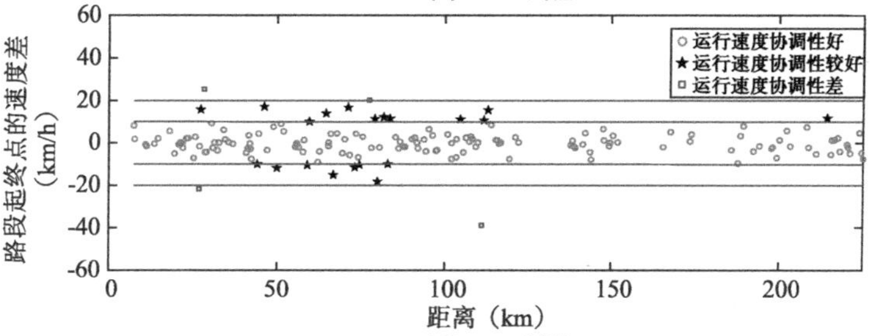

（5）0509试验

图 5－151　起点—终点方向大型客车运行速度协调性

统计在起点—终点方向 5 次大型客车驾驶试验的车辆运行速度协调性较好和不良路段的个数及所占全部路段的比重，见表 5－15。试验编号 0508 去程和0509去程的驾驶人因为全程有大幅度降速行为，其在全程试验路段中的运行速度协调性较其他驾驶人明显较差。

表5-15　　起点—终点方向大型客车运行速度协调性统计

试验编号	运行速度协调性较好		运行速度协调性不良	
	路段个数	比例（%）	路段个数	比例（%）
0505去程	17	10.83	3	1.91
0506去程	10	6.37	1	0.64
0507去程	16	10.19	3	1.91
0508去程	27	17.20	4	2.55
0509去程	20	12.74	4	2.55

结合试验采集的车辆运行参数、交通场景视频信息以及道路线形参数对部分路段车辆运行速度协调性不好的原因进行了分析，见图5-152。与小型客车不同，跟驰成为导致大型客车运行速度大幅变化的主要原因；而对小型客车而言，超车是其行车速度大幅变化的主因。同样地，复杂交通流是导致大型客车速度变化的最主要原因，90%以上的相邻路段车辆运行速度发生较大变化都是由交通流、监控测速点的设置所导致的。

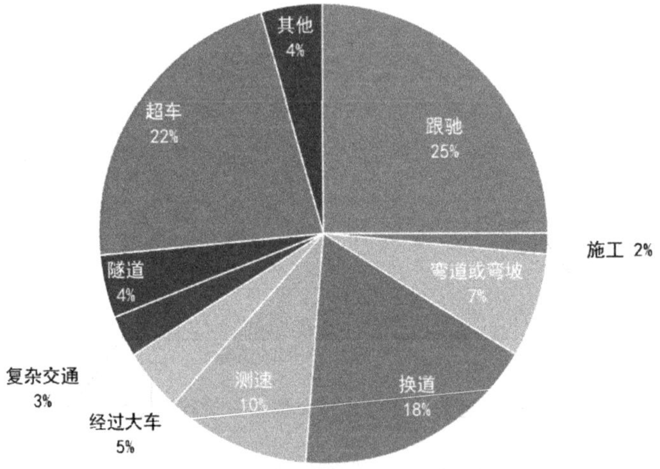

图5-152　起点—终点方向相邻路段大型客车运行速度大幅度变化原因

3. 疑似危险路段甄别

经过分析总结，在起点—终点方向 5 次大型客车驾驶试验在 23 个典型路段发生了运行速度协调性不好的现象。其中，19 个疑似危险路段已经在起点—终点方向小型客车驾驶试验中出现，并已在 5.3 节中进行了详细描述，不再赘述。现将剩余 4 个未出现过的疑似危险路段描述如下：

（1）路段 1：起点收费站（K1413 + 600）+ 28.9—35.8km。该路段为弯道路段（弯道半径约为 2600m），设置有监控测速点，车辆在该路段行驶时右侧有半挂汽车列车。见图 5 – 153、图 5 – 154、图 5 – 155、图 5 – 156。

图 5 – 153　监控测速：距离起点约 30.1km

图 5 – 154　弯坡组合：距离起点约 31.0km

图 5 – 155　弯坡组合：距离起点约 34.1km

图 5 – 156　交通流：距离起点约 34.5km

（2）路段 2：起点收费站（K1413 + 600）+ 69.5—72km。该路段为坡道路段（坡度 2.9%），路段中有短隧道。见图 5 – 157、图 5 – 158、图 5 – 159、图 5 – 160。

（3）路段 3：起点收费站（K1413 + 600）+ 110—115km。该路段为弯坡组合路段（弯道半径约为 2700m，坡度 – 3.5%），在临近路段终点处有监控测速点，见图 5 – 161、见图 5 – 162、图 5 – 163、图 5 – 164。

图 5 – 157　短隧道：距离起点约 69.5km

图 5 – 158　短隧道：距离起点约 69.7km

图 5 – 159　弯坡组合：距离起点约 70.0km

图 5 – 160　弯坡组合：距离起点约 71.1km

图 5 – 161　交通流：距离起点约 111.1km

图 5 – 162　弯坡组合：距离起点约 112.8km

图 5 – 163　监控测速：距离起点约 113.5km

图 5 – 164　弯坡组合：距离起点约 115.0km

(4) 路段4：起点收费站（K1413+600）+136—141km。该路段为弯坡组合路段（弯道半径约为2100m、2400m，坡度约为3.2%）。见图5-165、图5-166。

图5-165 弯坡组合：距离起点约136.0km

图5-166 弯坡组合：距离起点约140.5km

综上，大型客车在起点—终点方向行驶时，23个疑似危险路段的地理位置、道路线形信息见表5-16。表5-16中路段编号4/8/15/18的路段是大型客车特有的疑似危险路段，其余路段为大型客车和小型小客车二者共有的疑似危险路段。

表5-16 大型客车在起点—终点方向23个疑似危险路段的相关信息

路段编号	路段起点到起点的距离（km）	路段终点到起点的距离（km）	道路线形/施工状态	是否设置有监控测速	是否设置有危险路段标志
1	5.6	6.5	弯道	有	—
2	14.4	20.5	弯道	有	—
3	22	25	弯坡组合	—	有
4	28.9	35.8	弯坡组合	有	—
5	36.3	41.5	弯坡组合	有	—
6	57.5	62.8	弯坡组合	有	—
7	64.3	65.6	弯坡组合	—	有
8	69.5	72	弯坡组合、短隧道	—	—
9	74.1	75.4	隧道	有	有
10	76.5	82.0	弯坡组合	—	—

续表

路段编号	路段起点到起点的距离（km）	路段终点到起点的距离（km）	道路线形/施工状态	是否设置有监控测速	是否设置有危险路段标志
11	83.9	87.1	弯坡组合	有	—
12	100.3	104.5	弯道	有	—
13	107.4	109	连续弯道	有	有
14	123	123	平直	有	—
15	110	115	弯坡组合	有	—
16	115	119	弯坡组合	—	—
17	130	135	弯坡组合	有	—
18	136	141	弯坡组合	—	—
19	143.3	148.5	连续弯道	有	有
20	170.4	173.9	弯坡组合	有	—
21	185.4	192.5	连续弯道	有	—
22	207.1	210	弯坡组合	有	—
23	217	220	弯道	有	—

5.4.2 大型客车终点—起点方向试验

1. 全程运行速度、加速度分析

5 次驾驶试验中，试验编号 0507 回程的试验数据质量较差，未对其进行分析。另外 4 次驾驶试验在终点—起点方向上的行车速度分布见图 5－167。图 5－167 中横坐标是指车辆距离起点收费站的距离。

4 次驾驶试验在该路段的最高速度、最低车速、平均车速以及车速分布的标准差见表 5－17。其中，试验编号 0508 回程和 0509 回程发生了最低车速小于 60km/h 的行为，速度标准差在 4 次驾驶试验中最大。其余 2 次驾驶试验未发生超速和不满足最低速度要求的情况。

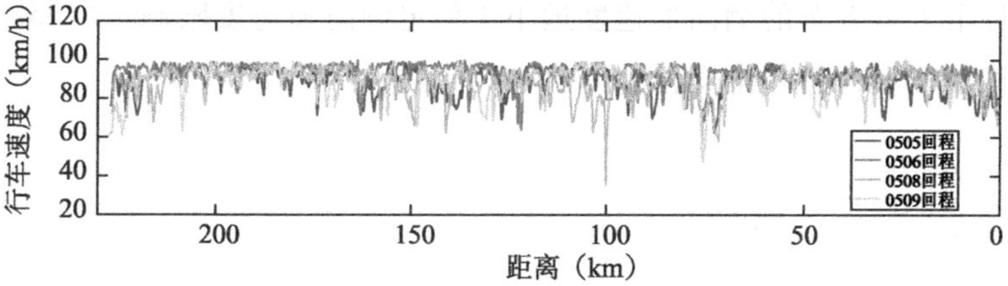

（1）全程

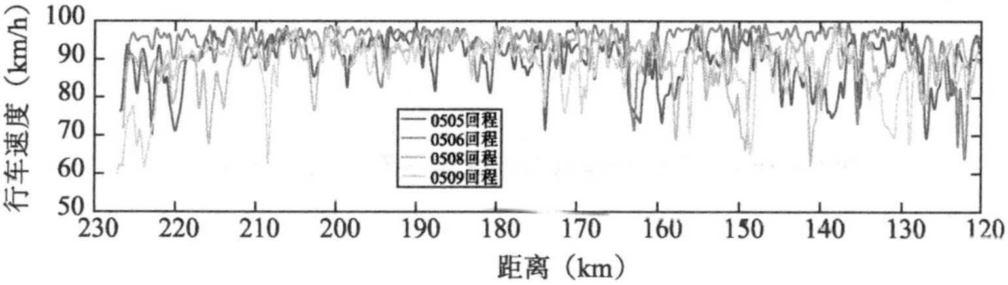

（2）距离起点230—120km

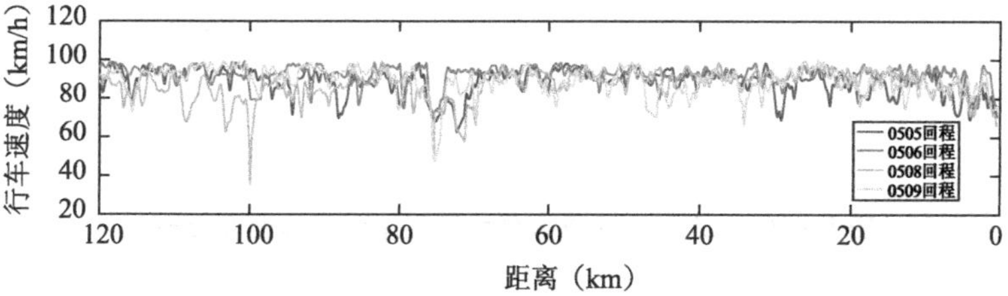

（3）距离起点120—0km

图 5－167　终点—起点方向大型客车行车速度分布

表 5－17　终点—起点方向大型客车行车速度统计

试验编号	最高速度（km/h）	最低速度（km/h）	平均速度（km/h）	速度标准差（km/h）	终点—起点行驶里程（km）
0505 回程	99.1	62.5	89.0	6.5	227.62
0506 回程	99.7	63.8	93.3	5.2	227.65
0508 回程	99.6	35.4	88.0	7.8	227.64
0509 回程	100.2	47.4	88.5	7.4	227.58

在终点—起点方向大型客车的纵向加速度、侧向加速度分布以及二者相平面图见图 5－168 至图 5－170。车辆沿试验路段行驶时，纵向加速度和侧向加速度均未超过 0.1g。按照《机动车运行安全技术条件》（GB 7258—2017）规定，车辆侧向加速度达到 0.35g 时，车辆仍能够保持行驶稳定性。

试验条件下大型客车的侧向加速度远小于稳定侧向加速度限制（0.35g），因而认为试验车辆的运行安全性良好。

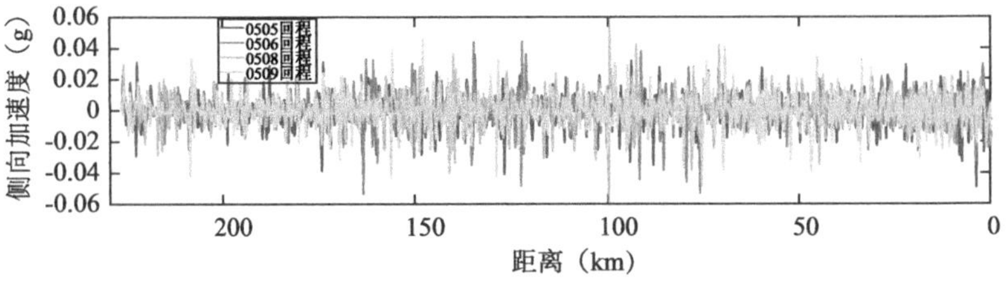

图 5-168　终点—起点方向大型客车纵向加速度分布

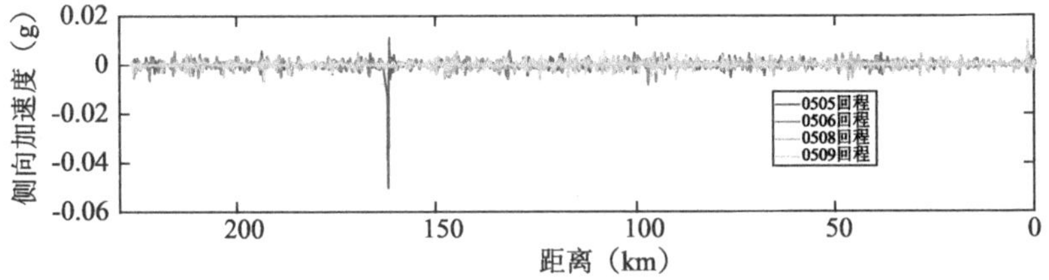

图 5-169　终点—起点方向大型客车侧向加速度分布

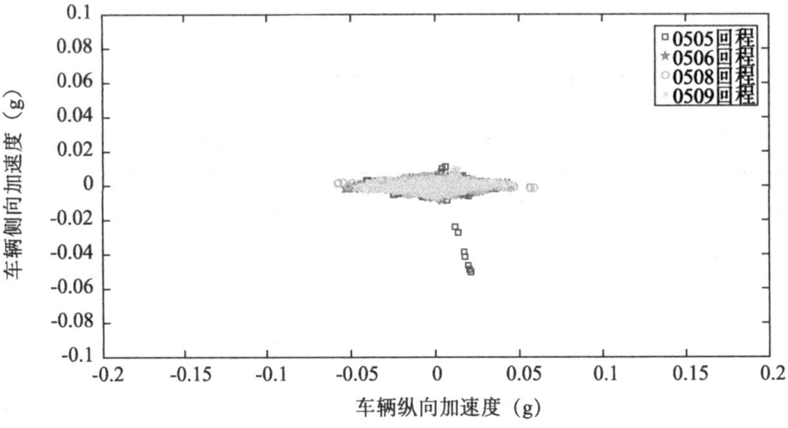

图 5-170　终点—起点方向大型客车纵向加速度和侧向加速度相平面图

在终点—起点方向大型客车的纵向和侧向加速度统计结果见表 5-18、表 5-19。车辆平均纵向加速度（取绝对值后处理）小于 0.01g，其平均侧向加速度（取绝对值后处理）小于 0.001g，表明车辆运行中的制动、加速行为均较为缓和。转弯行驶时作用于车身上的侧向加速度不大，驾驶人和乘员不会产生明显的离心感。

表 5－18　终点—起点方向大型客车纵向加速度

试验编号	最大纵向加速度（g）	平均纵向加速度（g）	纵向加速度标准差（g）
0505 回程	0.0493	0.0075	0.0065
0506 回程	0.0533	0.0066	0.0068
0508 回程	0.0591	0.0071	0.0068
0509 回程	0.0477	0.0079	0.0070

表 5－19　终点—起点方向大型客车侧向加速度

试验编号	最大侧向加速度（g）	平均侧向加速度（g）	侧向加速度标准差（g）
0505 回程	0.0502	0.0010	0.0018
0506 回程	0.0084	0.0010	0.0011
0508 回程	0.0061	0.0009	0.0009
0509 回程	0.0101	0.0008	0.0010

2. 运行速度协调性分析

根据运行速度协调性分析原则，在终点—起点方向对 4 次大型客车驾驶试验的车辆运行速度进行一致性分析，所得结果见图 5－171。

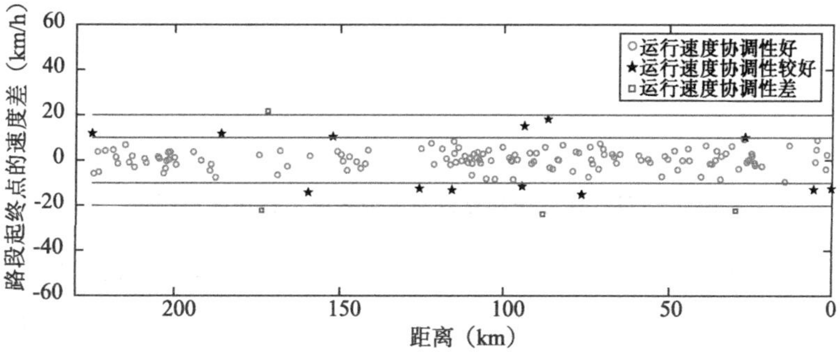

（1）0505试验

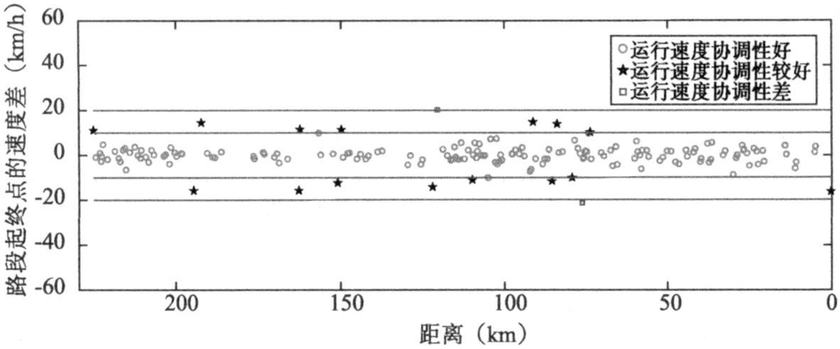

（2）0506试验

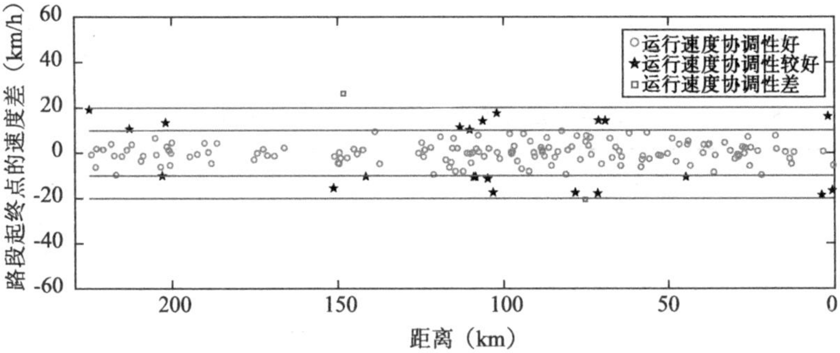

（3）0508试验

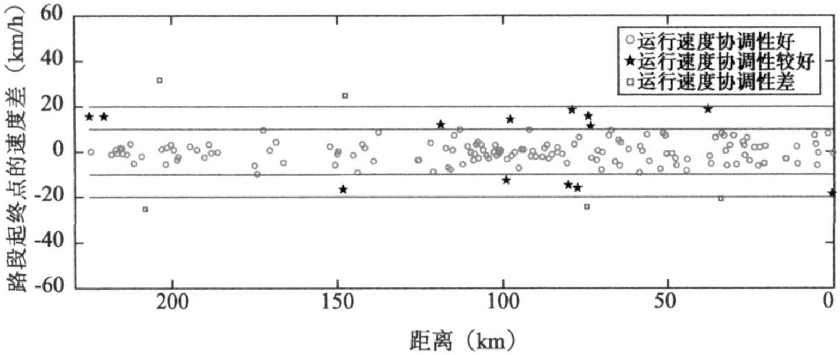

（4）0509试验

图 5－171　终点—起点方向大型客车运行速度协调性

统计在终点—起点方向 4 次大型客车驾驶试验的车辆运行速度协调性较好和不良路段的个数及所占全部路段的比重，见表 5－20。试验编号 0508 回程的驾驶人因为全程有大幅度降速行为，其在全程试验路段中的运行速度协调性较其他驾驶人明显较差。

表 5－20　　终点—起点方向大型客车运行速度协调性统计

试验编号	运行速度协调性较好		运行速度协调性不良	
	路段个数	比例（%）	路段个数	比例（%）
0505 回程	13	8.28	4	2.55
0506 回程	15	9.55	2	1.27
0508 回程	22	14.01	2	1.27
0509 回程	13	8.28	5	3.18

结合试验采集的车辆运行参数、交通场景视频信息以及道路线形参数对部分路段车辆运行速度协调性不好的原因进行了分析，见图 5－172。换道和跟驰在大型客车运行速度大幅变化的原因中所占比例较大，仅低于超车。同样地，复杂交通流是导致大型客车速度变化的最主要原因，82% 的相邻路段车辆运行速度发生较大变化都是由交通流、监控测速点的设置所导致的。

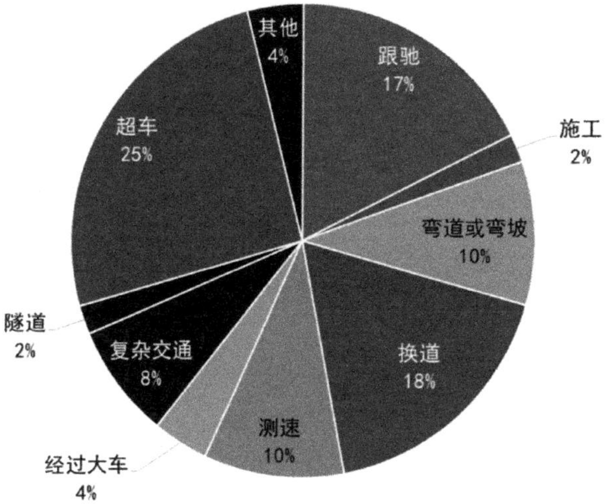

图 5－172　终点—起点方向相邻路段大型客车运行速度大幅度变化原因

3. 疑似危险路段甄别

大型客车在终点—起点方向的疑似危险路段与其在起点—终点方向的疑似危险路段基本一致，不再赘述。

5.5 大型货车运行安全性分析

5.5.1 大型货车起点—终点方向试验

1. 全程运行速度、加速度分析

在起点—终点方向 2 次驾驶大型货车试验的行车速度分布见图 5 - 173。图 5 - 173 中横坐标距离是指车辆距离起点收费站的距离。

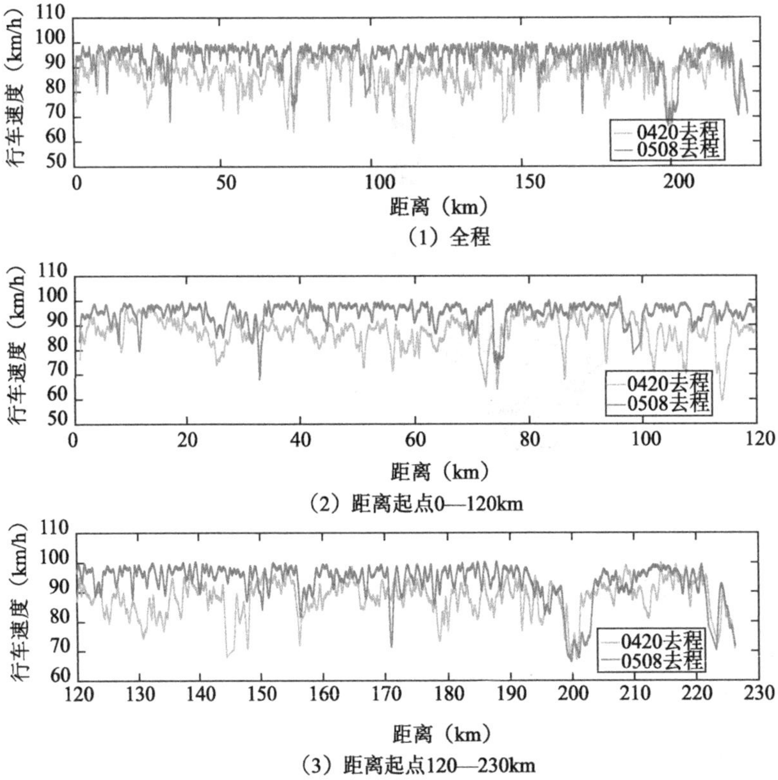

(1) 全程

(2) 距离起点0—120km

(3) 距离起点120—230km

图 5 - 173　起点—终点方向大型货车行车速度分布

2 位被试者所驾驶的大型货车在该路段的最高速度、最低车速、平均车速以及车速分布的标准差见表 5－21。其中，试验编号 0420 去程发生了最低车速小于 60km/h 的行为；大型货车速度标准差与大型客车基本相同。

表 5－21　　起点—终点方向大型货车行车速度统计

试验编号	最高速度（km/h）	最低速度（km/h）	平均速度（km/h）	速度标准差（km/h）	起点—终点行驶里程（km）
0420 去程	100. 1	59. 1	87. 4	6. 1	227. 25
0508 去程	101. 6	66. 3	94. 0	5. 8	227. 21

在起点—终点方向大型货车的纵向加速度、侧向加速度分布以及二者相平面图见图 5－174 至图 5－176。车辆沿试验路段行驶时，纵向加速度和侧向加速度均未超过 0. 1g。按照《机动车运行安全技术条件》（GB 7258—2017）规定，车辆侧向加速度达到 0. 35g 时，车辆仍能够保持行驶稳定性。试验条件下大型货车的侧向加速度远小于稳定侧向加速度限制（0. 35g），因而认为试验车辆的运行安全性良好。

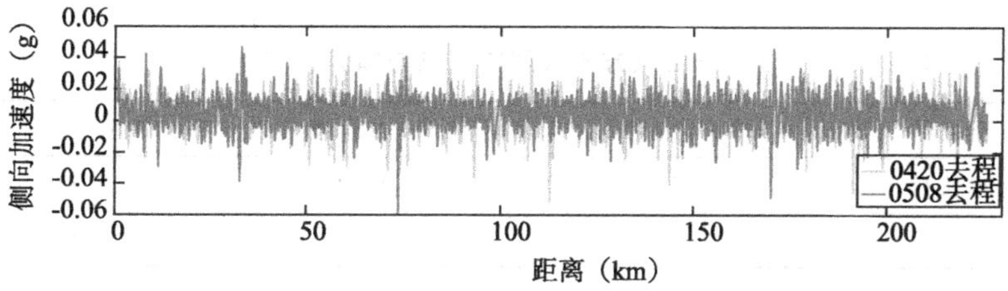

图 5－174　起点—终点方向大型货车纵向加速度分布

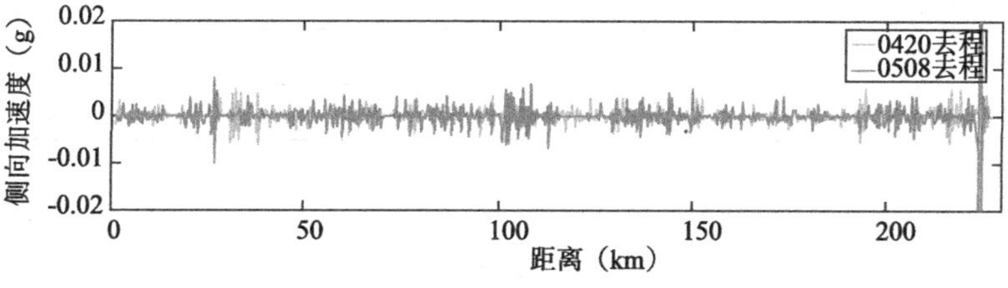

图 5－175　起点—终点方向大型货车侧向加速度分布

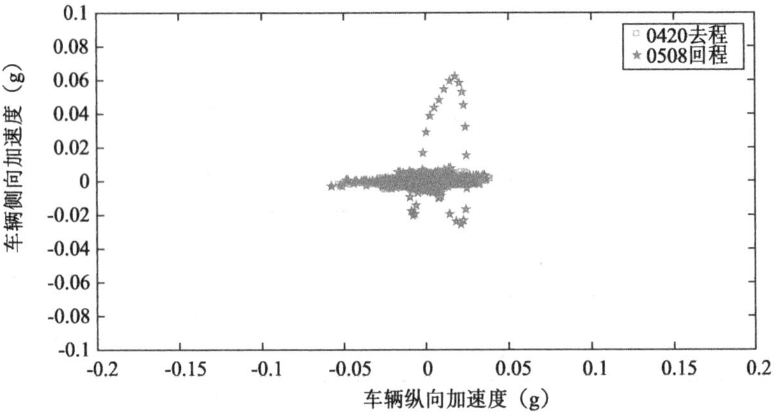

图 5－176　起点—终点方向大型货车纵向加速度和侧向加速度相平面图

在起点—终点方向大型货车的纵向和侧向加速度统计结果见表 5－22、表 5－23。车辆平均纵向加速度（取绝对值后处理）小于 0.01g，其平均侧向加速度（取绝对值后处理）小于 0.001g，表明车辆运行中的制动、加速行为均较为缓和。转弯行驶时作用于车身上的侧向加速度不大，驾驶人和乘员不会产生明显的离心感。

表 5－22　起点—终点方向大型货车纵向加速度统计

试验编号	最大纵向加速度（g）	平均纵向加速度（g）	纵向加速度标准差（g）
0420 去程	0.0529	0.0091	0.0074
0508 去程	0.0584	0.0082	0.0068

表 5－23　起点—终点方向大型货车侧向加速度统计

试验编号	最大侧向加速度（g）	平均侧向加速度（g）	侧向加速度标准差（g）
0420 去程	0.0048	0.0003	0.0002
0508 去程	0.052	0.0009	0.0008

2. 运行速度协调性分析

根据运行速度协调性分析原则，在起点—终点方向对 2 次大型货车驾驶试验的车辆运行速度进行一致性分析，所得结果见图 5－177。

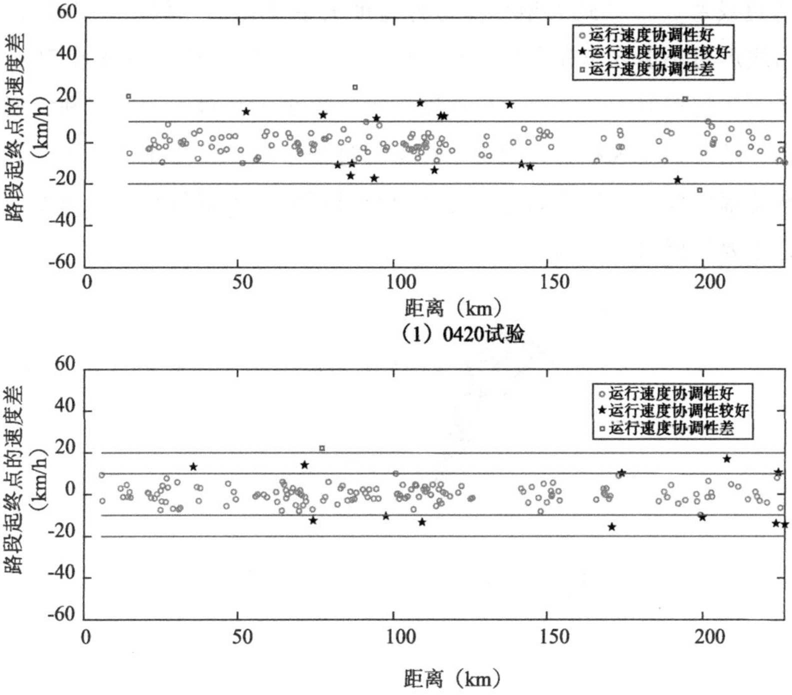

（1）0420试验

（2）0508试验

图 5－177　起点—终点方向大型货车运行速度协调性

统计在起点—终点方向 2 次大型货车驾驶试验的车辆运行速度协调性较好和不良路段的个数及所占全部路段的比重，见表 5－24。2 次试验中大型货车运行速度协调性不良的路段分别有 4 处和 1 处，所占比例不足 3%，说明大型货车在该路段的运行速度协调性很好。

表 5－24　　起点—终点方向大型货车运行速度协调性统计

试验编号	运行速度协调性较好		运行速度协调性不良	
	路段个数	比例	路段个数	比例
0420 去程	15	9.6	4	2.5
0508 去程	12	7.6	1	0.6

结合试验采集的车辆运行参数、交通场景视频信息以及道路线形参数对部分路段车辆运行速度协调性不好的原因进行了分析，见图 5－178。道路线

形（弯道或弯坡）导致大型货车运行速度大幅变化的比例高达26%，远高于道路线形对小型客车和大型客车运行速度的影响（分别为9%和7%）。此外，换道和超车对大型货车运行速度的影响也小于其对小型客车和大型客车的影响。结合试验视频，大型货车在运行过程中较少发生主动换道，其行驶速度变化幅度较小。尽管如此，复杂的交通环境对大型货车运行速度的影响仍然是主要原因（约70%）。

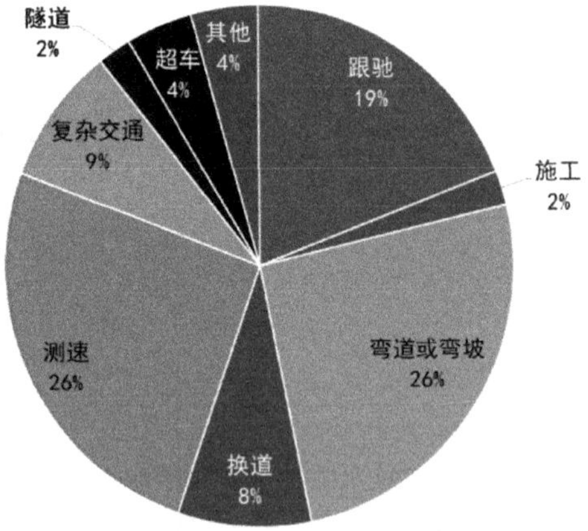

图5－178　起点—终点方向相邻路段大型货车运行速度大幅度变化原因

3. 疑似危险路段甄别

大型货车在起点—终点方向的疑似危险路段与大型客车在该路段上的疑似危险路段基本一致，不再赘述。

5.5.2　大型货车终点—起点方向试验

1. 全程运行速度、加速度分析

在终点—起点方向2次驾驶大型货车试验的行车速度分布见图5－179。图5－179中横坐标距离是指车辆距离起点收费站的距离。

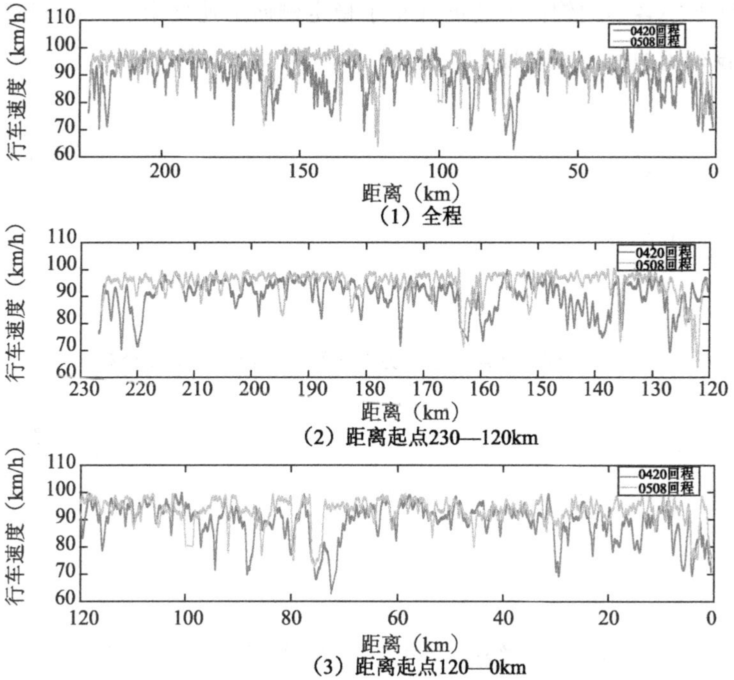

图 5－179　终点—起点方向大型货车行车速度分布

2 位被试者所驾驶的大型货车在该路段的最高速度、最低车速、平均车速以及车速分布的标准差见表 5－25。2 次试验未发生超速和不满足最低速度要求的情况。

表 5－25　终点—起点方向大型货车行车速度统计

试验编号	最高速度（km/h）	最低速度（km/h）	平均速度（km/h）	速度标准差（km/h）	终点—起点行驶里程（km）
0420 回程	100.1	62.7	89.5	6.5	227.62
0508 回程	100.6	63.9	93.8	5.2	227.65

在终点—起点方向大型货车的纵向加速度、侧向加速度分布以及二者相平面图见图 5－180 至图 5－182。车辆沿试验路段行驶时，纵向加速度和侧向加速度均未超过 0.1g。按照《机动车运行安全技术条件》（GB 7258—2017）规定，车辆侧向加速度达到 0.35g 时，车辆仍能够保持行驶稳定性。

试验条件下小客车的侧向加速度远小于稳定侧向加速度限制（0.35g），因而认为试验车辆的运行安全性良好。

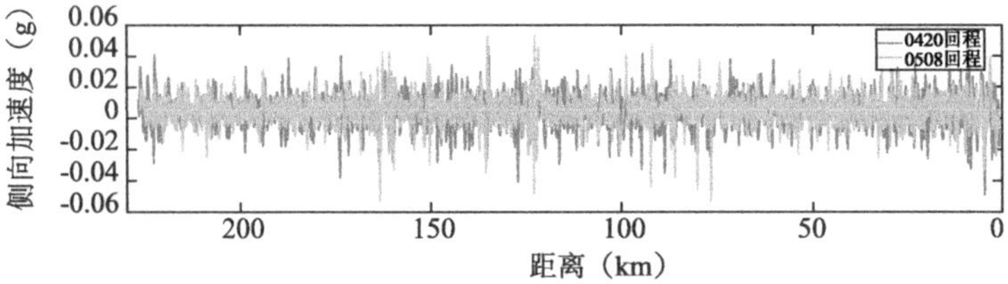

图 5-180　终点—起点方向大型货车纵向加速度分布

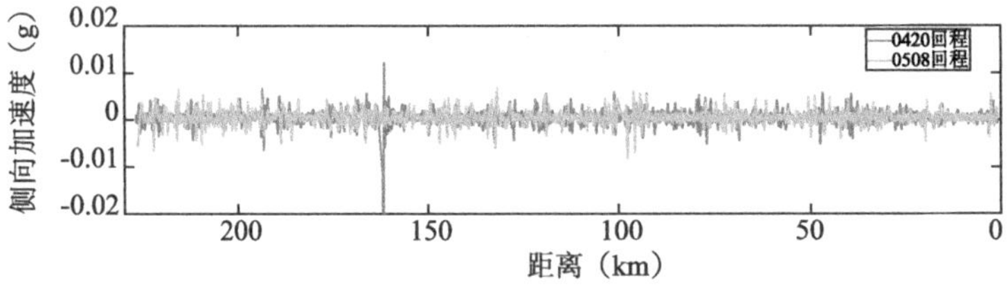

图 5-181　终点—起点方向大型货车侧向加速度分布

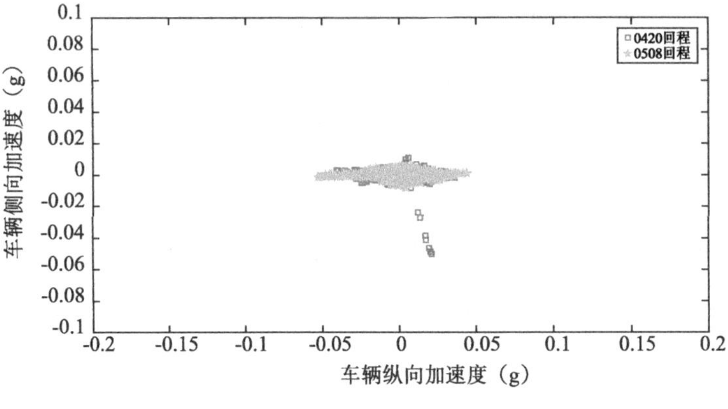

图 5-182　终点—起点方向大型客车纵向加速度和侧向加速度相平面图

在终点—起点方向大型客车的纵向和侧向加速度统计结果见表 5-26、表 5-27。车辆平均纵向加速度（取绝对值后处理）小于 0.01g，其平均侧向加速度（取绝对值后处理）小于 0.001g，表明车辆运行中的制动、加速行为均较为缓和。转弯行驶时作用于车身上的侧向加速度不大，驾驶人和乘员不会产生明显的离心感。

表 5 - 26　　终点—起点方向大型客车纵向加速度

试验编号	最大纵向加速度（g）	平均纵向加速度（g）	纵向加速度标准差（g）
0420 回程	0.0491	0.0091	0.0070
0508 回程	0.0541	0.0084	0.0072

表 5 - 27　　终点—起点方向大型客车侧向加速度

试验编号	最大侧向加速度（g）	平均侧向加速度（g）	侧向加速度标准差（g）
0420 回程	0.0023	0.0007	0.0006
0508 回程	0.0015	0.0005	0.0003

2. 运行速度协调性分析

在终点—起点方向对 2 次大型货车驾驶试验的车辆运行速度进行一致性分析，所得结果见图 5 - 183。

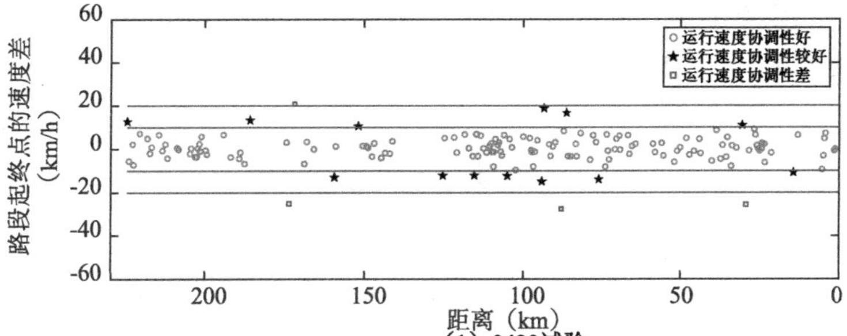

（1）0420试验

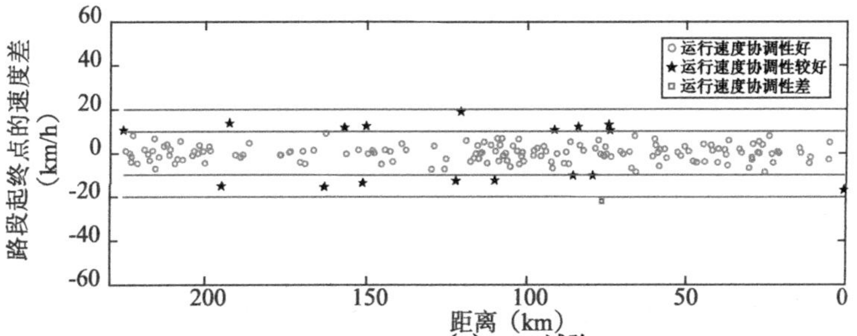

（2）0508试验

图 5 - 183　终点—起点方向大型货车运行速度协调性

统计在终点—起点方向2次大型客车驾驶试验的车辆运行速度协调性较好和不良路段的个数及所占全部路段的比重，见表5-28。2次试验中大型货车运行速度不良的路段分别有4处和1处，所占比例均小于3%，表明大型货车在该路段的运行速度协调性很好。

表5-28　终点—起点方向大型货车运行速度协调性统计

试验编号	运行速度协调性较好		运行速度协调性不良	
	路段个数	比例（%）	路段个数	比例（%）
0420回程	13	8.28	4	2.55
0508回程	17	10.83	1	0.64

结合试验采集的车辆运行参数、交通场景视频信息以及道路线形参数对部分路段车辆运行速度协调性不好的原因进行了分析，见图5-184。跟驰、测速和道路线形在大型货车运行速度大幅变化的原因中所占比例较大，分别为31%、23%和18%。与小型客车和大型客车相比，道路线形对大货车的影响更大。总体来说，复杂的交通环境仍然是造成大型货车运行速度发生变化的主要原因（约75%）。

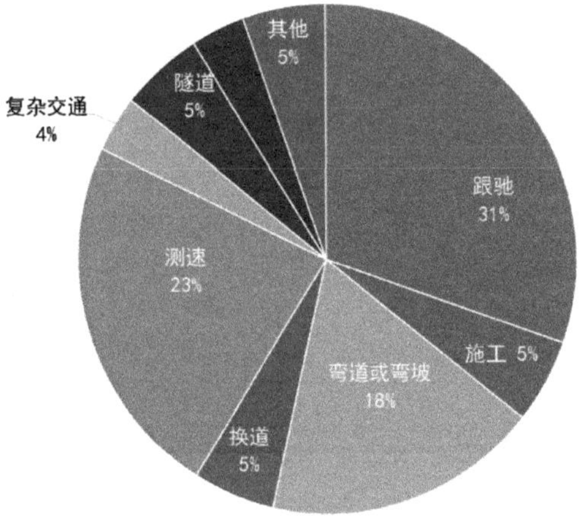

图5-184　终点—起点方向相邻路段大型货车运行速度大幅度变化原因

3. 疑似危险路段甄别

大型货车在终点—起点方向的疑似危险路段与大型客车起点—终点方向的疑似危险路段基本一致，不再赘述。

5.6 隧道安全性分析

5.6.1 临近隧道车速分析

利用试验视频和驾驶人注视点研究了临近隧道时驾驶人对路侧警示牌的关注和车辆运行速度变化情况。临近隧道时驾驶人注视点分布见图 5－185。

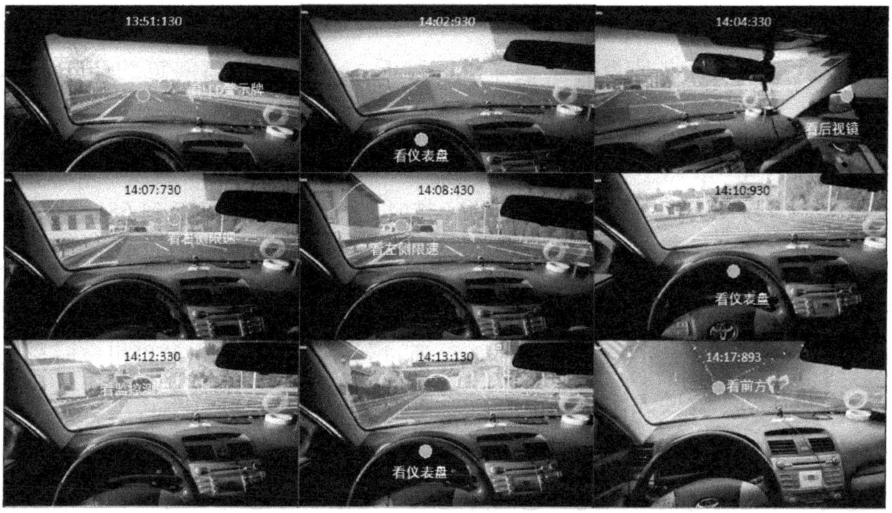

图 5－185　临近隧道时驾驶人注视点分布

针对图 5－185 中的每行驶 5s 左右图片，按照从左向右、从上往下的顺序，记录下每个事件的发生时刻、车辆速度和车辆至隧道入口的距离，见表 5－29。

表 5－29　　临近隧道时车辆位置、速度随时间的变化

序号	采集时间	时间差（s）	当前速度（km/h）	距离事件初始时刻时间（s）	距离事件初始时刻距离（m）
1	13：51：130	—	108	—	—
2	14：02：930	11.75	92	11.75	300.28
3	14：04：330	1.5	83	13.25	334.86
4	14：07：730	3	75	16.25	397.36
5	14：08：430	1	75	17.25	418.19
6	14：10：930	2.5	75	19.75	470.28
7	14：12：330	1.5	70	21.25	499.44
8	14：13：130	1	70	22.25	518.89
9	14：13：893	4.5	68	26.75	603.89

通过图 5－185 和表 5－29 可知，对该驾驶人而言，距离隧道约 600m 时驾驶人首先关注到路侧 LED 警示牌，此时行车速度约为 108km/h。车辆前行约 12s 后，前方隧道在驾驶人视野中已有清晰的显示，此时车辆距离隧道约 300m，驾驶人查看仪表盘、了解本车行驶速度（92km/h）。随后驾驶人观察右后视镜，了解后方是否有车辆靠近。3s 后，当车辆距离隧道约 200m 时，驾驶人注意到道路右侧限速标志、道路左侧限速标志，并再次观察仪表盘检查车辆行驶速度。此时车辆行驶速度为 75km/h，已经低于隧道 80km/h 的限速要求。当驾驶人驶过隧道入口前减速带时，行车速度已降低到 68km/h。

驾驶人从看到 LED 隧道警示到到达隧道入口处，时间历程为 27s，行驶距离约为 600m，速度从 108km/h 下降到 68km/h（见图 5－186），速度差值为 40km/h，速度梯度为 6.7km/h·m。通过驾驶人注视点分布和相应时刻的速度变化可知，驾驶人注意到前方隧道后就有意识地降低行车速度。当驾驶人观察到路侧限速标志时，其车速已经下降到 80km/h 以下，致使该路段行车速度下降幅度过大。因此，建议隧道入口处限制标志适当前移，设置醒目的阶段性降速标志。

靠近隧道的过程中驾驶人注视点分布和注视转移情况见图 5－187。驾驶人注视点主要分布在车辆行驶前方、隧道入口处，并且注视点在车内仪表板和外部道路环境之间频繁切换。

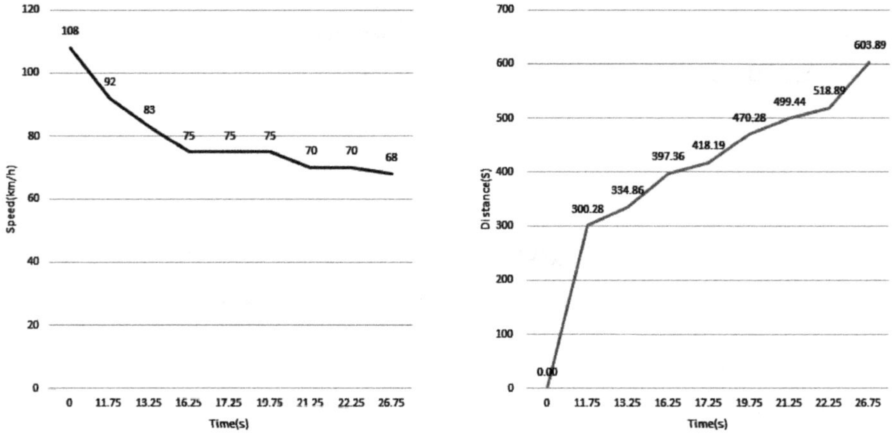

（1）行驶速度变化　　（2）车辆位置变化

图 5－186　临近隧道时车辆行驶速度和位置的变化

图 5－187　临近隧道过程中驾驶人注视特性

在靠近隧道的过程中，驾驶人皮电信号的变化见图 5－188。当驾驶人观察到 LED 警示牌、清楚地看到隧道、观察到路侧限制标志以及查看监控测速装置时，其皮电反应都有与事件相关的响应。

5.6.2　明暗适应分析

分析驾驶人驶入和驶出隧道时瞳孔直径的变化特征，获取驾驶人进入隧道时（由外部明亮区域进入隧道光线昏暗区域）的视觉暗适应时长和驾驶人驶出隧道时（由隧道光线昏暗区域进入外界明亮区域）的视觉明适应时长。

根据中华人民共和国行业标准《公路隧道通风照明设计规范》（JTJ 026.1—1999）的要求对隧道路段进行划分，见表 5－30。

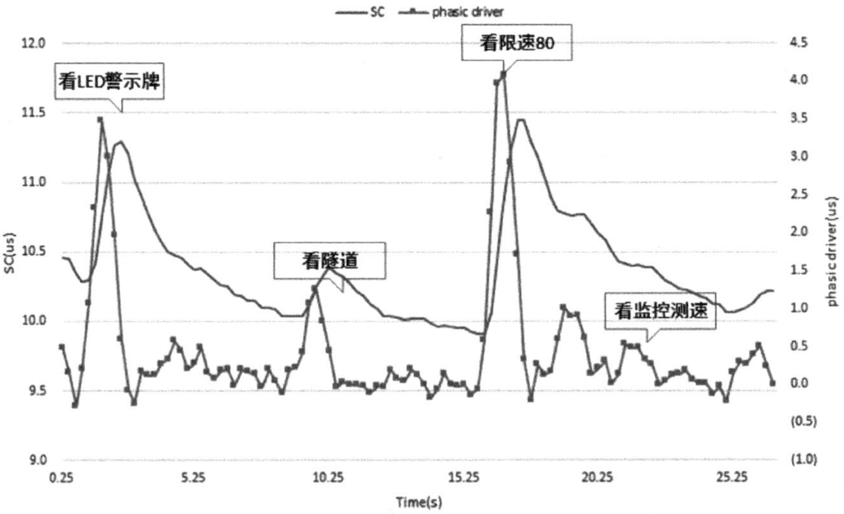

图 5-188 临近隧道过程中驾驶人皮电信号变化

表 5-30 隧道路段划分依据

路段名称	划分依据
0—完整路段	指从驶入隧道前 20s 到驶出隧道后 20s，每个样本的完整路段受其行驶速度限制，时间长度不固定。
1—普通路段（入）—15s	指从驶入隧道前 25s 开始，到驶入隧道前 10s 结束，时间长度为 15s。
2—驶入隧道前—10s	指从驶入隧道前 10s 开始，到隧道入口处结束，时间长度为 10s。
3—驶入隧道后—10s	指从隧道入口处开始，到驶入隧道后 10s 结束，时间长度为 10s。
4—隧道内—10s	通常选取隧道内的某个 10s。
5—驶出隧道前—10s	指从驶出隧道前 10s 开始，到隧道出口处结束，时间长度为 10s。
6—驶出隧道后—10s	指从隧道出口处开始，到驶出隧道后 10s 结束，时间长度为 10s。
7—普通路段（出）—15s	指从驶出隧道前 10s 开始，到驶出隧道后 25s 结束，时间长度为 15s。
8—驶入隧道瞳孔直径上升期（明暗适应期）	指瞳孔直径由正常值上升到最大值并呈稳定状态后所经历的时间，每个样本因个体差异，故时间长度不固定。
9—驶出隧道瞳孔直径下降期（明暗适应期）	指瞳孔直径由最大值下降到正常值并呈稳定状态后所经历的时间，每个样本因个体差异，故时间长度不固定。

根据隧道路段的划分，获得驾驶人驶入和驶出隧道的过程中其瞳孔直径的变化，见图 5-189。在图 5-189 中，细线为原始瞳孔直径，深色粗线为

滤波后瞳孔直径，浅色粗线为瞳孔直径的变化斜率。

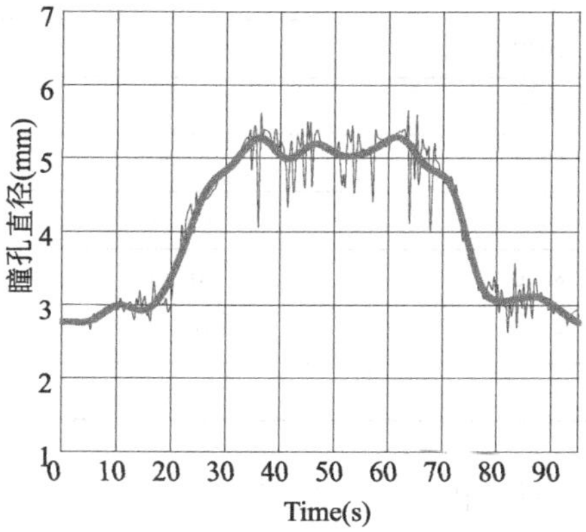

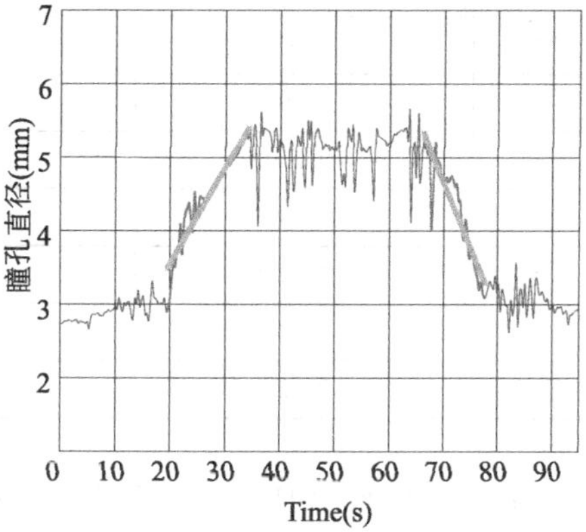

图5－189　驶入和驶出隧道过程中驾驶人瞳孔直径变化

由图5－189可知，驶入隧道时，驾驶人瞳孔直径由小变大，表征驾驶人正在进行视觉暗适应；驶出隧道时，驾驶人瞳孔直径由大变小，表征驾驶人正在进行视觉明适应。根据瞳孔直径的斜率和在时间轴上的截距，可以获得驾驶人暗适应和明适应的时长。筛选出的6次驾驶试验驾驶人驶入隧道的暗适应时长和驶出隧道的明适应时长，见表5－31、表5－32。

表5－31　驾驶人驶入隧道暗适应时长

序号	斜率	截距	时长
1	0.1145	0.9326	25.76
2	0.1127	1.0625	23.78
3	0.2018	－0.2468	17.12
4	0.1106	0.7910	14.52
5	0.1014	1.7008	13.38
6	0.0886	1.8414	27.12
平均	0.1216	—	20.28

驶入隧道时，驾驶人瞳孔直径的平均变化率为0.12，暗适应时长为20.28秒；驶出隧道时，驾驶人瞳孔直径的平均变化率为－0.16，明适应时长为13.17秒。驾驶人明适应时长比暗适应时长短。

表 5-32　　驾驶人驶出隧道暗适应时长

序号	斜率	截距	时长
1	-0.176	16.9629	11.68
2	-0.1023	12.485	13.04
3	-0.3009	32.5322	9.48
4	-0.0907	10.8496	12.54
5	-0.1288	13.8600	10.70
6	-0.1463	17.8152	21.55
平均	-0.1575	—	13.17

较长的暗适应时长不利于驾驶人观察隧道内环境。建议在隧道入口处设置遮光棚，缩短驾驶人暗适应时长。

5.7　标志标线关注性分析

5.7.1　标线关注性分析

驾驶人转弯时的注视点分布见图 5-190 至图 5-193。弯道行驶过程中，驾驶人注视点主要分布在前方车道线上，左转弯分布在内侧车道线上，右转弯分布在外侧车道线上。整个弯道行驶过程中，左转弯时驾驶人注视区域偏向左侧，右转弯时驾驶人注视区域偏向右侧，有少量注视点散落在第一、第二车道所对应的前方场景中。

弯道行驶过程中车辆横摆角速度（deg/s）和视线横摆角（deg）的关系见图 5-194。弯道行驶过程中车辆行驶速度基本不变，其横摆角速度变化主要由方向盘转角引起。由此可知，视线横摆角与方向盘转角之间具有非常强的相关性。驾驶人通过观察道路标线来感知道路线形的变化，并据此操纵车辆方向盘。因此，保持清晰的道路标线是非常重要的。

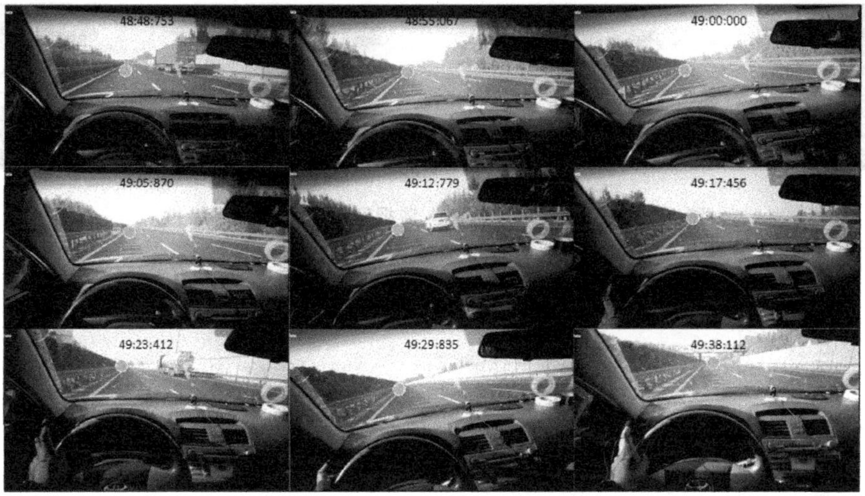

图 5 - 190　左转弯时驾驶人注视点分布

图 5 - 191　左转弯时驾驶人注视区域和注视转移特性

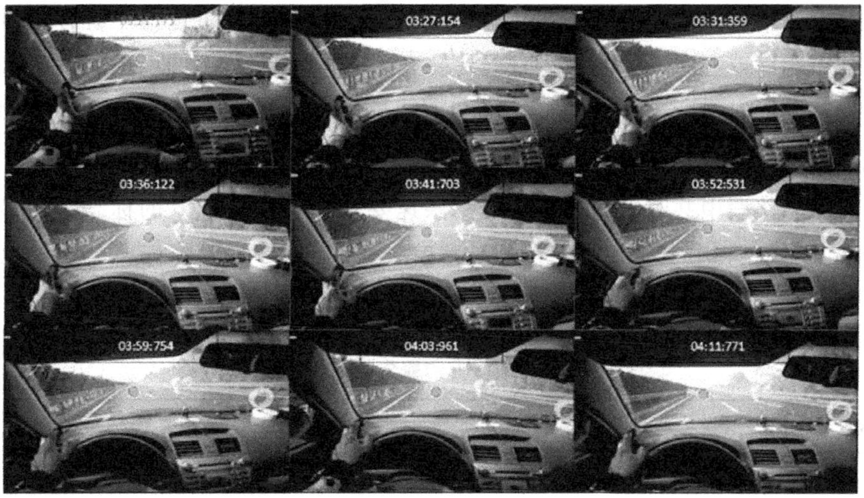

图 5 - 192　右转弯时驾驶人注视点分布

图 5－193　右转弯时驾驶人注视区域和注视转移特性

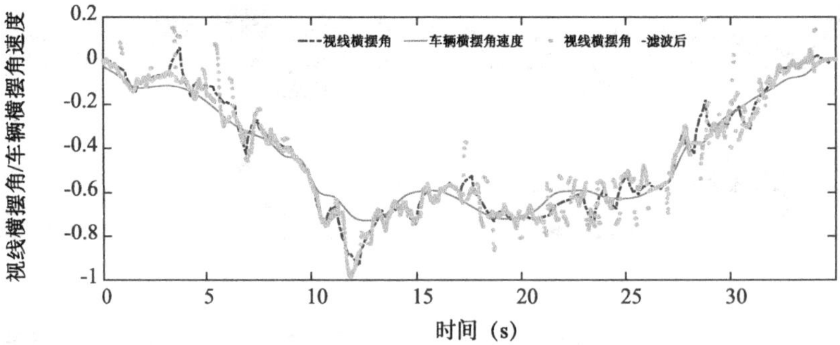

图 5－194　车辆横摆角速度与驾驶视线横摆角的关系

5.7.2　标志关注性分析

对行车过程中驾驶人是否观察到路侧限速和警告标志进行了统计分析。因起点—终点方向试验时阳光直射驾驶人面部，眼动仪无法保证全程都可以获取驾驶人眼动数据，因此，以终点—起点方向试验的驾驶人眼动数据为基础进行统计分析。

试验路段中共有限速标志 4 处（限速要求低于 120km/h 的标志），警告标志 13 处。其中 1 位驾驶人在行车过程中关注到了 3 处限速标志、6 处警告标志。试验路段限速和警告标志数量见表 5－33。

表 5－33　　试验路段限速和警告标志数量

数量及比例	限速标志	驾驶人关注	关注比例	警告标志	驾驶人关注	关注比例
回程	4 处	3 处	75.0%	13 处	6 处	46.15%

车辆行进到限速/警告标志附近时，驾驶人注视点分布见图5－195。当驾驶人注视点位置与标志牌所在位置重合时，认为驾驶人观察到该处标志牌并阅读到了提示信息。

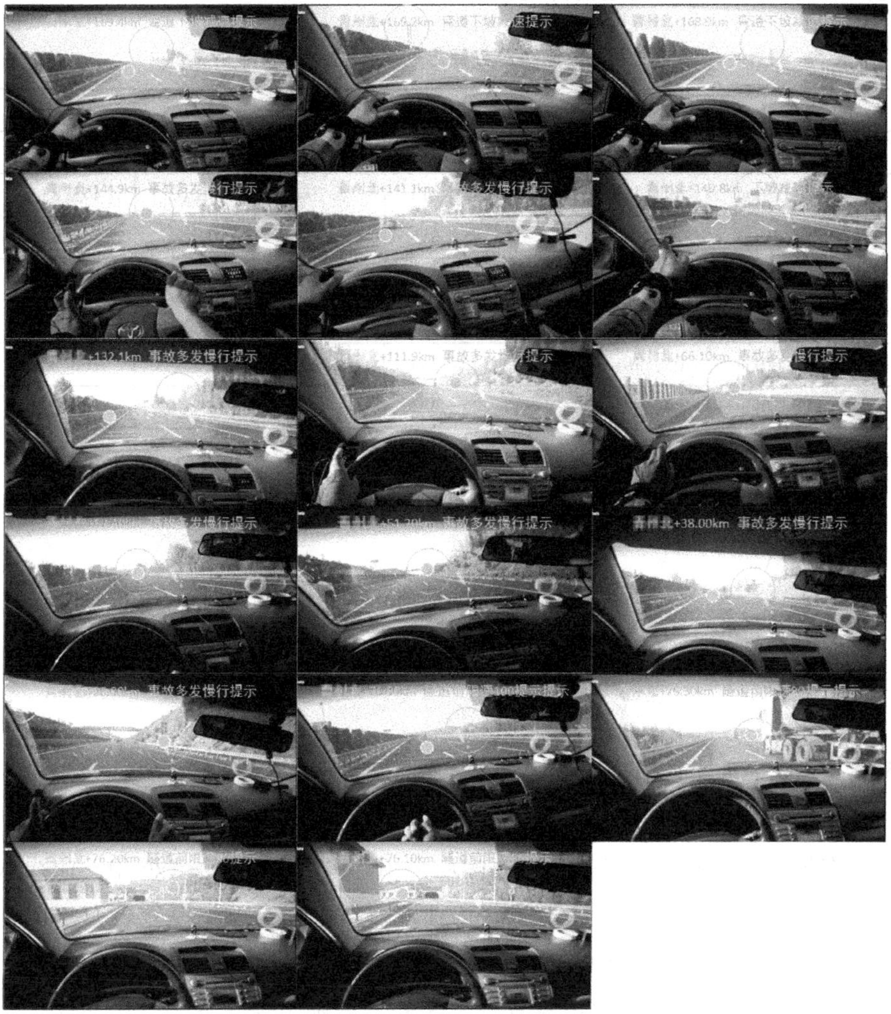

图5－195 车辆行进至标志牌附近时驾驶人注视点分布

统计驾驶人观察到路侧标志的时间以及车辆行进至路侧标志断面的时间，获得驾驶人关注限速/警告标志牌的预瞄时间，见表5－34。可知，驾驶人一般提前5s左右观察到警示信息，并在预瞄时间内作出相应的车辆操纵。当驾驶人预瞄时间过短时（表5-34中的最后一条记录，对应驾驶人关注到隧道入口前限速标志的状态），其反应时间不足，导致驾驶人对车辆的操纵过大、过激（车辆在隧道前降速幅度达到40km/h）。

表5-34　驾驶人关注限速和警告标志的预瞄时间、预瞄距离

位置	观察时间	到达时间	预瞄时间	当前车速	预瞄距离
起点+144.9km	31：01：990	31：06：190	4.2s	110.37	128.765
起点+111.9km	49：40：620	49：46：413	5.79s	108.03	173.838
起点+66.10km	19：40：755	19：45：355	4.6	103.55	132.314
起点+57.40km	24：22：555	24：31：360	8.8	110.96	271.39
起点+51.20km	27：59：264	28：04：021	4.76	98.54	130.21
起点+26.00km	03：36：400	03：42：784	6.38	95.02	168.502
起点+76.20km	14：07：622	14：09：422	1.8	108	54.3

5.8　驾驶人事件响应及疲劳程度分析

5.8.1　驾驶人事件响应分析

车辆自由流直行时驾驶人皮电响应见图5-196。图5-196中，曲线从上至下分别为：皮电原始信号、Tonic曲线（皮肤电导水平基线值）、Phasic曲线（给予激励时被试皮电变化幅度）以及激励曲线。

由图5-196可知，自由流直行时无外界激励出现（图中激励曲线未出现凸起），因而驾驶人皮肤电导水平基线值并未出现上升趋势，瞬时皮电变化幅度近乎为0。

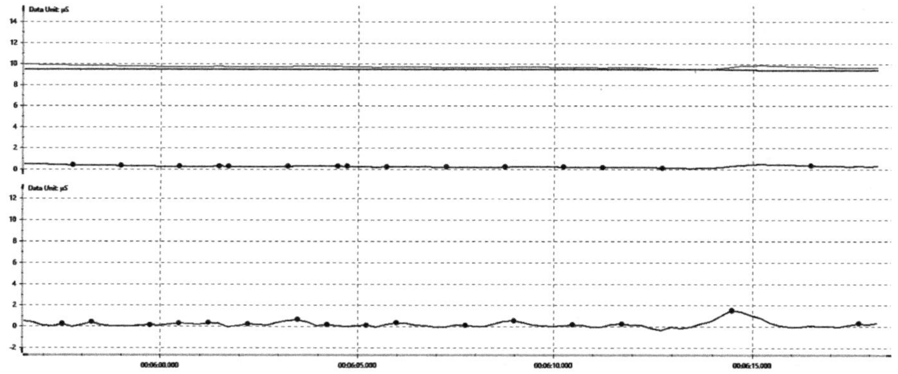

图 5－196　自由流直行时驾驶人皮电响应

3 次连续超车时驾驶人皮电响应见图 5－197。超车事件发生时（外界激励出现），驾驶人皮电信号出现多次瞬时大幅变化（Phasic 曲线），皮肤电导水平基线值呈上升趋势。

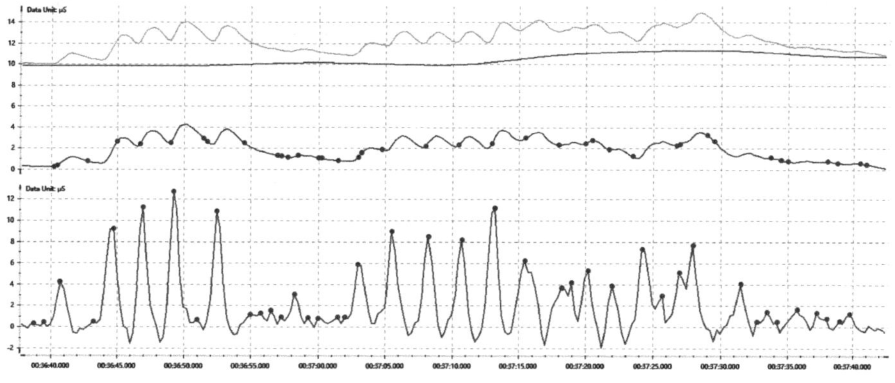

图 5－197　连续超车时驾驶人皮电响应

车辆换道时驾驶人皮电响应见图 5－198。换道事件发生时（外界激励出现），驾驶人皮电信号出现多次瞬时大幅变化（Phasic 曲线），皮肤电导水平基线值呈上升趋势。

图 5－196 至图 5－198 表明外界激励出现时，驾驶人会有相应的皮电响应出现。

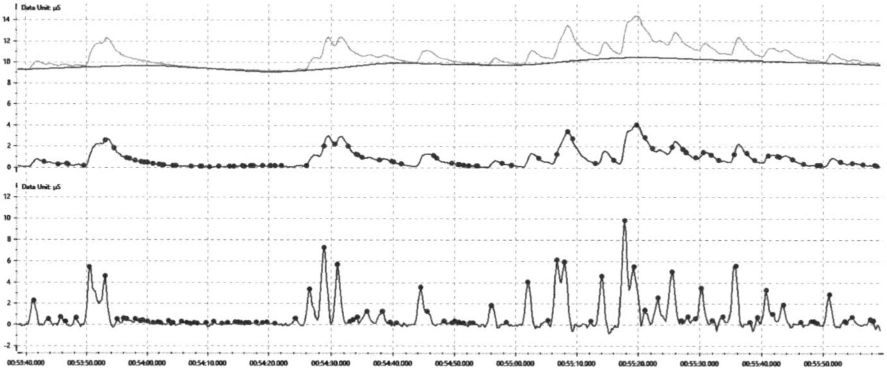

图 5-198　换道时驾驶人皮电响应

SCR 敏感刺激可以是多种多样的，在本次实车试验中，按照驾驶行为对事件划分为直行、转弯、超车、换道、驶入服务区，并针对这些事件发生过程中的皮肤电导变化特性进行分析。

不同类型的激励（超车、看标志牌、换道等）对驾驶人瞬时皮电响应幅度（Phasic 信号）和皮电响应基准值（Tonic 信号）的影响见图 5-199。

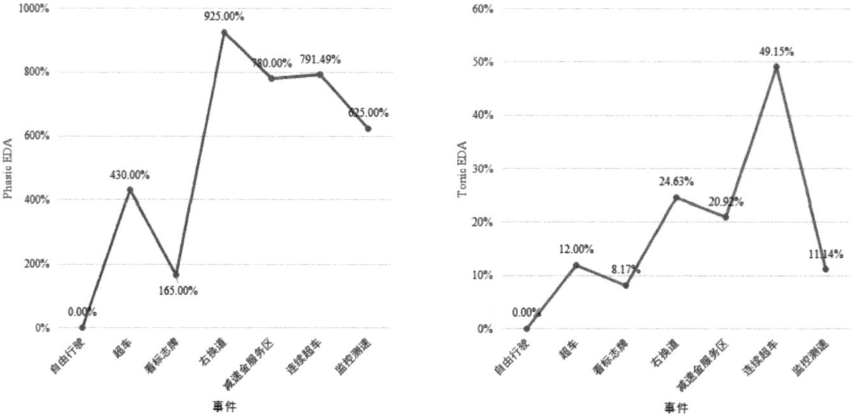

图 5-199　不同的激励类型对驾驶人瞬时皮电响应幅度和皮电基准值的影响

由图 5-199 可知，不同的事件所引起的驾驶人的皮电响应水平不同。从相位（PhasicEDA）图可以看出，驾驶人在换道过程中表现出更为复杂的操作和思考过程，故相位 EDA 水平最高。其次是连续超车，连续超车过程中，驾驶人多次进行车速和距离判断，因此操作和思考过程也较为复杂。其他依次是经过监控测速、超车和看标志牌。

超车过程中驾驶人注视点分布见图5－200。超车时，驾驶人注视点不断地落在车道边缘线和前方临近车道的车辆上面，驾驶人不断进行横向距离判断，以确认前方车道宽度允许本车通过。

图5－200　超车过程中驾驶人注视点分布

超车过程中驾驶人注视点主要集中在本车前方，分布区域集中。从注视转移上看，驾驶人对车内仪表板有少量关注，对其他区域的关注基本没有，见图5－201。

图5－201　超车过程中驾驶人注视区域及注视转移

换道过程中驾驶人注视点分布见图5－202。换道时，驾驶人注视点在车辆前方、右侧后视镜之间频率转移，驾驶人时刻确认本车前方是否允许换道、并确保本车后方是否有车辆经过。通过不断的环境监测来保证换道安全。

换道时，驾驶人注视点分布区域较为离散，不如超车时分布集中。从注视转移上看，注视点不断在车辆前方、左右后视镜以及车内仪表板之间转换。见图5－203。

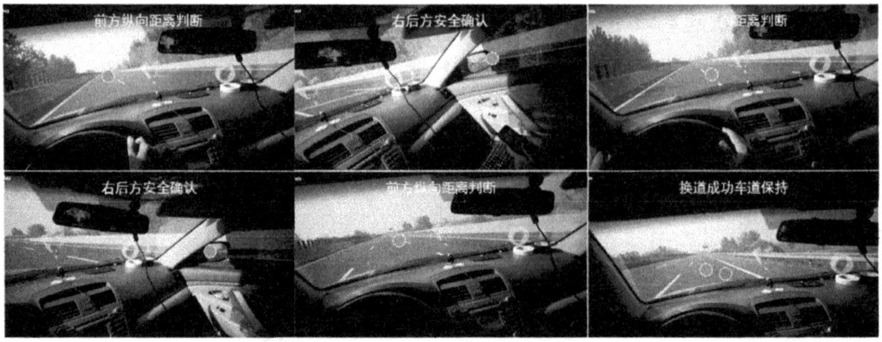

图 5-202　换道过程中驾驶人注视点分布

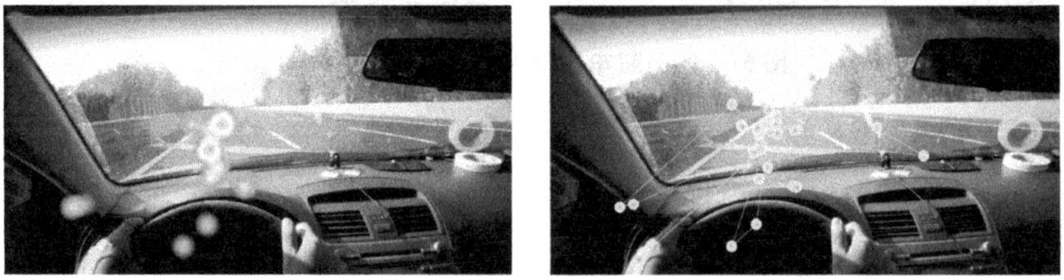

图 5-203　换道过程中驾驶人注视区域及注视转移

5.8.2　驾驶人疲劳程度分析

利用驾驶人肌电信号分析驾驶过程中驾驶人疲劳程度随时间的变化。首先对肌电信号按照 10min 的时间长度划分为若干段，然后求解每一段肌电信号的 RMS（均方根）和 MF（中值频率）。

在大型客车驾驶人和小型小客车驾驶人中各选 1 位驾驶人进行疲劳程度分析。

大型客车驾驶人的肌电 RMS 和 MF 随时间的变化趋势见图 5-204。由图 5-204 可知，其右手臂 RMS 和 MF 值均随时间呈下降趋势，表征驾驶人疲劳程度随时间不断增加。

小型客车驾驶人的肌电 RMS 和 MF 值随时间的变化见图 5-205。由图 5-205 可知，随着驾驶时间的延长，小型客车驾驶人的肌电 RMS 和 MF 值均随时间呈下降趋势，表征驾驶人疲劳程度随时间不断增加。

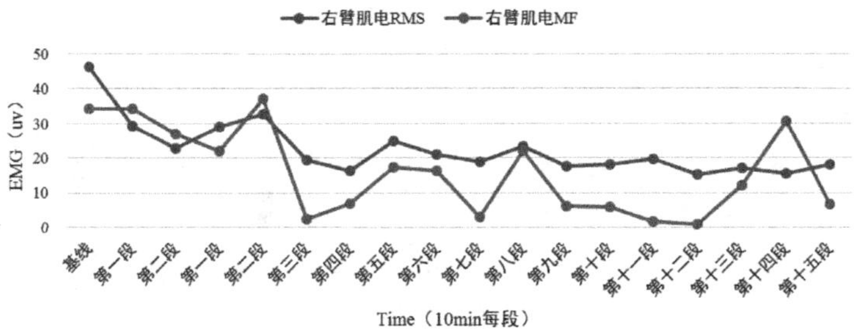

图 5-204　大型客车驾驶人肌电 RMS 和 MF 值随时间的变化

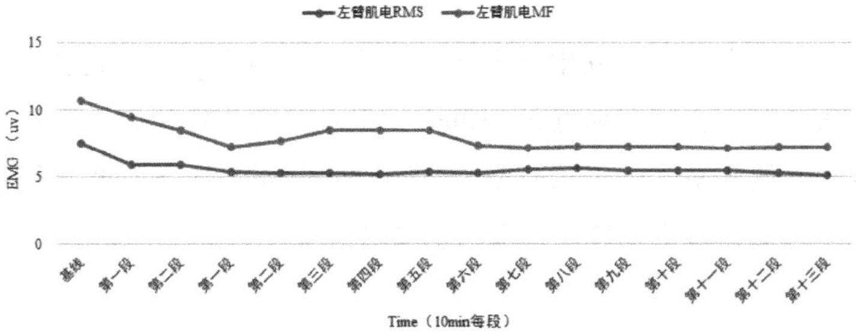

图 5-205　小客车驾驶人肌电 RMS 和 MF 值随时间的变化

一段时间段内，驾驶人皮肤导电水平平均基准值（Tonic 信号）和平均心率值也能够反映驾驶人的疲劳程度。随驾驶时间的延长，大型客车驾驶人和小客车驾驶人的基准皮电值和平均心率值均随时间呈下降趋势，表征驾驶人疲劳程度随时间不断增加，见图 5-206、图 5-207。

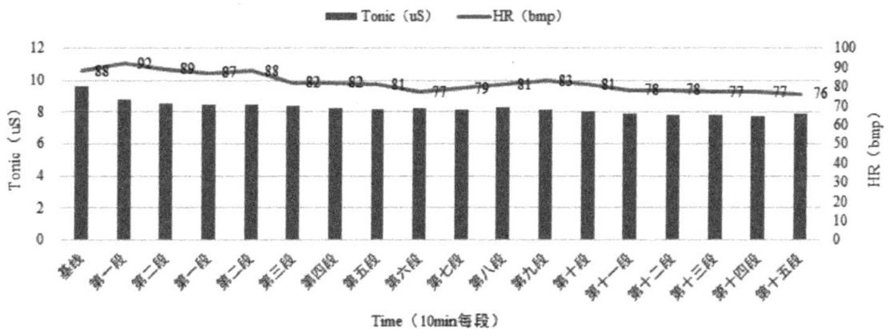

图 5-206　大型客车驾驶人皮肤导电水平平均基准值（Tonic 信号）和平均心率值随驾驶时间的变化

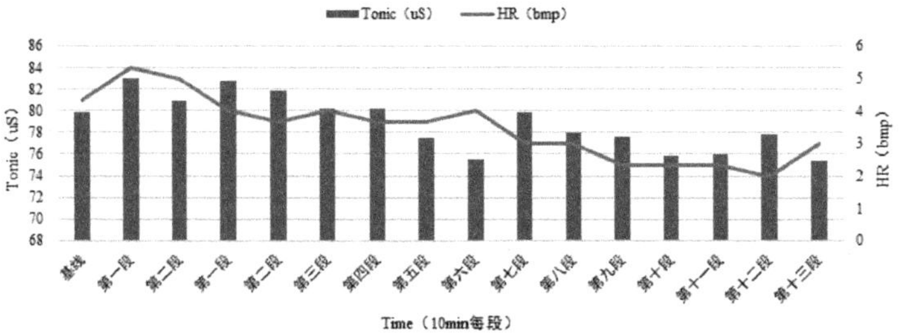

图 5－207　小客车驾驶人皮肤导电水平平均基准值（Tonic 信号）和平均心率值随驾驶时间的变化

尽管在单一方向的行驶中（起点—终点方向或者终点—起点方向），每相隔几个服务区就会停车休息 5—10min，但短暂的休息并未让驾驶人的精神状态恢复到基线水平。由于试验路段的交通流较大，且路上重型和大型车辆偏多，复杂的交通流更加剧了驾驶人的疲劳程度。

第6章 安全隐患排查

6.1 隐患排查工作规范

6.1.1 道路风险分级

根据交通运输部公路科学研究院研发的中国道路风险评估系统（China RAP），公路交通安全风险应分为Ⅰ、Ⅱ、Ⅲ、Ⅳ和Ⅴ五个等级，其中Ⅰ级交通安全风险水平最低，Ⅴ级交通安全风险水平最高。高速公路主线风险分级标准见表6－1。

表6－1 高速公路主线风险分级标准

风险等级	风险状况	风险指数（HR）
Ⅴ级	高	HRI≥28
Ⅳ级	较高	28＞HRI≥13
Ⅲ级	中	13＞HRI≥6
Ⅱ级	较低	6＞HRI≥4
Ⅰ级	低	HRI＜4

根据《公路交通安全风险评估技术规范（征求意见稿）》的相关规定，交通安全风险分级标准，综合考虑了事故伤害程度、公路安全设计的目标、公路现状条件下高风险路段比例、安全完善可投入经费等多种因素，也体现了对风险的接受程度，以及安全提升的经济性。在通常情况下，Ⅲ级代表公路基础设施条件和交通运行指标的平衡，在大多数情况下，风险越高，交通事故总体成本越高，对Ⅲ级及风险等级高于Ⅲ级的路段进行安全投资能取得正收益。低风险表明平均事故损失程度较低，不代表不发生个体事故。风险表明的是评估条件下的平均风险，不代表个体风险，即使对于评估出的低风险路段，由于个体用户的选择，也可出现个体风险很高的情况。

公路交通安全风险分级标准与经济社会发展水平息息相关。较高的安全投入会带来较高的安全水平。根据国内外的经验，在风险因素分析确定分级阈值标准时，除提供一个固定值方法，还可根据实际需要按比例确定，一般把风险分值按20%均分或按最高的10%（HRI > HRI90）作为Ⅴ级、把风险分值较高的20%（HRI90 ≥ HRI > HRI70）作为Ⅳ级，总计30%作为高风险路段。高风险路段的选择标准，对于经济投入条件好的区域，可以适当提高要求，鼓励采用更为严格的安全标准。

6.1.2 排查明细

公安部交管局制定的《公路交通事故多发点段及严重安全隐患排查工作规范（试行）》（公交管〔2019〕172号）对公路交通事故多发点段的排查要点进行了明确。要求应当在确定重点调查分析内容的基础上，依次对照下述详细标准分析事故多发点段存在的公路安全隐患，分析项目包含但不限于以下内容：

1. 平面线形

（1）公路平曲线半径小于表6－2中一般值的路段可以确定为急弯路段。

表6－2　　　　圆曲线最小半径一般值

设计速度（km/h）	120	100	80	60	40	30	20
圆曲线最小半径一般值（m）	1000	700	400	200	100	65	30

（2）急弯接桥、隧道、涵洞的。

（3）急弯接公路收费站、检查站的。

（4）急弯接高速公路服务区、停车区的。

（5）存在连续回头弯路段的。

2. 纵面线形

（1）存在长下坡。

①高速公路、一级公路长下坡。其是指特定相对高差，或特定平均坡度条件下，连续坡长大于表6-3中限值的路段。其中坡长可以按公路里程估算，相对高差可以采用GPS/北斗等定位设备测算。

表6-3　　连续坡长和相对高差

平均坡度（%）	2.5	3.0	3.5	4.0	4.5	5.0	5.5	6.0
连续坡长（km）	20.0	14.8	9.3	6.8	5.4	4.4	3.8	3.3
相对高差（m）	500	450	330	270	240	220	210	200

*注：平均坡度小于2.5%时，坡长不限。

②二级、三级、四级公路长下坡路段。其是指相对高差为200—500m时，平均纵坡大于5.5%的路段；或者相对高差大于500m时，平均纵坡大于5%的路段。还包括任意连续3km路段的平均纵坡大于5.5%的。

（2）存在陡坡。

①根据公路设计速度，纵坡大于表6-4中最大纵坡的路段可以确定为陡坡路段。

表6-4　　公路最大纵坡

设计速度（km/h）	120	100	80	60	40	30	20
最大纵坡（%）	3	4	5	6	7	8	9

a. 设计速度为120km/h、100km/h、80km/h的高速公路，受地形条件或其他特殊情况限制时，最大纵坡可增加1%。

b. 改扩建公路设计速度为40km/h、30km/h、20km/h的利用原有公路的路段，最大纵坡可增加1%。

c. 四级公路位于海拔 2000m 以上或积雪冰冻地区的路段，最大纵坡大于 8% 的可确定为陡坡路段。

②陡坡接桥梁、隧道的。

③陡坡接公路收费站、检查站的。

3. 横断面设置

（1）车道宽度不足。公路车道宽度小于表 6－5 规定的。

表 6－5 车道宽度

设计速度（km/h）	120	100	80	60	40	30	20
车道宽度（m）	3.75	3.75	3.75	3.5	3.5	3.25	3

①8 车道及以上公路在内侧车道（内侧第 1、2 车道）仅限小客车通行时，其车道宽度小于 3.5m 的。

②以通行中、小型客运车辆为主且设计速度为 80km/h 及以上的公路，车道宽度小于 3.5m 的。

③高速公路和作为干线的一级公路右侧硬路肩小于 2.5m 时，未设置紧急停车带或紧急停车带宽度小于 3.5m 的。

④四级公路采用单行车道时，车道宽度小于 3.5m 的。

⑤设置慢车道的二级公路，慢车道宽度小于 3.5m 的。

（2）车道数或宽度突变。

①在同一路段上，车道数或宽度发生突变，形成交通瓶颈的。

②桥梁、隧道的车道数与所在公路车道数不一致的。

③两条相接的道路，车道数一致，但衔接段线形不连续的。

④道路宽度发生突变的。

⑤宽路接窄桥、隧道的。

4. 不良线形组合

同时存在急弯和陡坡，特别是出现下列情形的：

（1）陡坡和急弯接桥梁、隧道的。

（2）陡坡和急弯接公路收费站、检查站、服务区、停车区的。

（3）陡坡和急弯接临水临崖路段的。

（4）纵面线形出现驼峰、暗凹、跳跃、断背、折曲等使驾驶人视觉中断的线形的。

5. 公路行车条件

（1）路侧险要。

①路肩挡墙、陡于1:3的填方边坡、路侧陡崖或深沟高度大于一定值（一般为6—8m）的。

②路侧一定距离（一般为2—5m）内有常水深0.5m以上的水体（含江河、湖泊、水库、沟渠）、干线公路或铁路等的。

（2）视距不良。

①行车视线受到标志牌、绿植和房屋等遮挡的。

②急弯路段弯道内侧为土丘、灌木乔木，且视距不良的。

③连续弯道末端视距不良的。

④弯道外侧为深沟、无盖板矩形边沟的。

⑤路肩上有巨石、电线杆或大树等的。

⑥急弯下坡路段，内侧山体阻挡视线，外侧为深谷的。

⑦陡坡路段坡顶处视距不良的。

⑧高速公路进出口、服务区进出口引道视距不良的。

⑨在平面交叉口视距三角形内有阻碍驾驶员视线的物体和道路设施存在的。

（3）路面抗滑性能不足。路面摩擦力不足，明显发光发亮，路面可见车辆侧滑痕迹的。

6. 公路开口及交叉口设置

（1）路侧开口设置不当。

①平面交叉口存在冲坡和下坡现象的。

②平面交叉口隐蔽，不容易被发现的。

③在弯道、坡道等视距不良的路侧开设路口的。

（2）大型交叉口未渠化。4车道及以上多车道交叉路口未渠化设计的。

（3）缺乏信号灯控制。当公路无信号控制平交路口出现如下任意一种情况时，可认定缺乏信号灯控制：

①一级公路与一级公路平交的。

②两条交通量均大且功能、等级相同的公路相交。

③两相交公路虽有主次之别，但交通量均较大。

④次要公路交通量不大，但主要公路交通量相当大。

⑤两相交公路的交通量虽未达到上述程度，但由于有相当数量的行人和非机动车穿越交叉。

⑥平交路口安全停车视距三角形限界内，有妨碍机动车驾驶人视线的障碍物。

⑦根据平交路口交通事故情况，达到以下条件之一未设置信号灯的：

a. 3 年内平均每年发生 5 次以上交通事故，事故原因分析表明通过设置信号灯可避免事故发生的。

b. 3 年内平均每年发生一次以上死亡交通事故的路口。

⑧根据路口综合条件，应当设置信号灯的。

（4）信号灯配时等设置严重不合理的。

7. 主要交通安全设施

（1）路侧防护栏缺失。当路侧出现如下任意一种情况，且未设置防护栏时，则确定为路侧防护栏缺失：

①急弯或连续急弯，特别是连续下坡与急弯组合路段的外侧。

②长直线尽头设置有急弯路段的外侧，尤其是路面抗滑性能不足的急弯路段外侧。

③曲线段外侧较近范围内有民居、高速公路、高速铁路、高压输电线塔、危险品储存仓库的。

④桥梁两侧护栏缺失、损毁或者不连续的。

（2）路侧护栏端头处置不当。

①护栏端头外露的。

②护栏设置不连续，连续出现护栏端头的。

③高速公路主线分流端、匝道出口的护栏端头未设置防撞垫的。

④高速公路、一级公路隧道洞口护栏缺乏连接过渡的。

（3）护栏防撞能力不足。

①有车辆冲过防护栏，驶出路外或驶入对向车车道发生事故的。

②高速公路桥梁、路肩墙未采用混凝土防撞护栏、金属梁柱式护栏或组合式护栏的。

③护栏有明显破损，或没有螺栓固定、螺栓松动的。

④高速公路路侧护栏高度低于0.75m的。

（4）中央隔离带设置不当。

①中央隔离带开口过密，存在行人、非机动车随意穿行现象的。

②中央隔离带开口处绿化遮挡严重的。

（5）标志标线存在明显错误和缺失。

①公路车道划分线、导流线以及高速公路出入口等导向线施划有矛盾或者错误的。

②标志和标线表达的内容不一致，甚至出现矛盾的。

③等级公路未设置交通标志标线的。

④连接高速公路收费站的公路交叉口未设标志标线的。

⑤在平交路口和路侧开口处未设警示标志的。

⑥指路标志前后存在矛盾或者错误的。

⑦高速公路指路标志被绿化遮挡的。

⑧高速公路出口指示标志距离出口过远的。

⑨高速公路出口未按标准提供三级预告标志的。

⑩高速公路两侧反光标识、标牌缺失的。

⑪在急弯、连续弯道、连续坡道等不满足会车视距要求、不宜变道的路段未施划标线或施划虚线的。

⑫隧道路段缺少反光标志、反光标线的。

（6）穿越村镇路段必要安全设施缺失。

①穿村镇道路临近村庄、集镇且视线不良路段，未设置村庄警告标志的。

②在行人过街需求频繁的公路路段，未设置人行横道及配套标志标线的。

③在人流密度大、机非交织密集区域，缺乏必要减速设施、机非隔离设

施或警示标志的。

8. 辅助安全设施

（1）未设置避险车道或设置不当。

①连续长大下坡路段货车失控事故多发，未设置避险车道的。

②避险车道和主路角度设置不当，车辆不易驶入避险车道的。

③避险车道过短，有车辆冲出避险车道发生事故风险的。

④避险车道因长期缺乏维护，制动效能严重衰减的。

⑤避险车道引道入口前未设置“禁止停车”的禁令标志和“失控车辆专用”标记的。

⑥高速公路避险车道口未设置照明、监控等管理设施的。

⑦避险车道入口存在视线遮挡的。

（2）无灯光照明或亮度不足。

①隧道内未亮灯，或未按规定照明的。

②在城乡结合部交通流量较大或者承担城市功能的公路没有安装照明设施的。

③因恶劣天气等因素导致存在严重安全隐患，应当安装照明设施的。

（3）其他。高速公路、一级公路中央隔离带宽度小于9m，且夜间流量较大、大中型客货车占比高的路段未设置防眩设施的。

6.2 主要安全隐患问题清单

6.2.1 互通立交、服务区出入口

华东某高速路段的出入口问题主要体现在以下几个方面：

（1）出入口提示标志设置不合理。部分出入口的指示标志没有按照规范的要求设置，在出口三角端缺乏指示标志；交通标志被遮挡等问题。见图6-1。

图 6－1　交通标志被遮挡

（2）匝道限速矛盾，见图 6－2。上游提示匝道限速 60km/h，出口匝道限速 40km/h。

图 6－2　匝道限速矛盾

（3）出口三角端没有充足的安全防撞设施，见图 6－3。

图 6－3　出口三角端安全防护不足

（4）入口合流标志离入口过近，难以起到预告作用，见图6-4。

图6-4 合流标志牌距离合流点过近

根据现场调查、交通流量和交通事故分析，互通立交、服务区出口影响交通安全的主要因素如下：

①互通立交和服务区出口路段车辆变换车道导致事故率升高，出入交通量越大的互通立交，事故率越高。

②由于本路段流量大、货车比例高，互通立交和服务区普遍存在加减速段长度不能满足使用需求的情况。

（5）互通立交出口标志信息过载，驾驶人难以在短时间内获得有效的信息。在枢纽互通路段，标志信息过载是出口预告标志存在的典型问题。

①由于主路和驶出交通流量大、货车比例高，出口指路标志采用路侧双柱结构容易被大货车遮挡，导致内侧车道车辆驾驶人容易错过出口标志信息。

②根据现场调查发现，在互通立交、服务区出口三角端设置了防撞桶，包括2个一组、3个一组等，通过防撞桶及桶内填充物来转移碰撞车辆的动能，以满足公路建设时的标准要求。根据以往模拟试验、实车试验以及现场事故案例，采用防撞桶的设置方式不能对车辆进行有效防护。为提升路段安全水平，宜在高风险路段的互通立交、服务区出口三角端设置防撞垫。

③部分服务区分流端标志过多，影响驾驶人对标志有效信息的视读。部分服务区入口也存在信息干扰的情况。

6.2.2 平纵线形路段

本路段交通流量大，且重载大型货车比例较高，部分弯坡组合、大于2%的纵坡、半径较小的平曲线以及长直线接弯道等路段容易发生交通事故。弯道路段及弯坡组合路段的交通事故分析表明，部分路段存在一定的事故聚集。从现场调研来看，部分弯道路段视距受路侧环境（如植物）干扰，存在一定的视距受限的情况。具体问题如下：

（1）弯道+匝道路段。K1636—K1637路段服务区设置在曲线段，且与上跨桥相接，造成严重的相互干扰，见图6-5。此外，K1576下行方向，视线与视距不良，不易识别，易造成判断失误，见图6-6。

图6-5 终点服务区出口设置相互干扰（K1637下行方向）

图6-6 出口匝道、上跨桥、主线平曲线相互干扰（K1576下行方向）

（2）下坡＋弯道。K1497—K1495＋800 上行方向，K1565 上行方向视线不良。

（3）下坡曲线路段。雨天排水不及时，地面起水雾，见图 6－7。例如，K1506 上行方向。部分路段防眩绿化可能影响视距，需核查。例如，K1498＋100 上行方向。

图 6－7　雨天路面积水对行车的影响

（4）连续弯坡。连续弯坡路段一般应加强综合分析，优化限速与控制措施。例如，K1471—K1452 上行方向。

（5）服务区入口车道不明显且位于下坡路段。例如，K1441＋800 上行方向。

6.2.3　标志设置与养护

（1）标志被遮挡。标志互相遮挡或被绿化植物遮挡问题相对比较普遍。例如，K1461、K1565、K1605、K1613、K1634、K1635 下行方向，K1617、K1611 上行方向，K1607 上行方向入口限速标志被挡，K1606 上行方向标志被隔声屏障遮挡，K1580—K1579 上行方向服务区标志被遮挡，K1507 上行方向。

典型的标志、标线使用问题见图 6－8。

图 6－8　标志可视性差（K1434—K1432）

（2）标志互相干扰。例如，K1618—K1617 上行方向，K1596 上行方向出口标志互相干扰。

（3）可变限速标志设置问题。其具体表现为标志内容变化不及时，位置不合理，间距过近，内容重复，未协调控制等，见图 6－9、图 6－10、图 6－11。例如，K1613 上行方向，雨天限速 120km/h。限速可优化，例如，K1599 下行方向。

图 6－9　雨天限速值没有相应调整（K1605 下行方向）

图 6-10 雨天限速值没有相应调整（K1606 下行方向）

图 6-11 可变限速重复设置（K1624 下行方向）

（4）标志冗余。标志冗余会影响驾驶人有效信息的接收和处理。例如，K1609 上行方向，出口 ETC 标志无必要。

（5）隔声屏障可优化。部分路段隔声屏障可以与周围景观协调设置。例如，K1509 上行方向。

6.2.4 护栏设置

随着近年来交通量增长、货车重载化和大型化方向的发展，现有的波形梁护栏已经不能满足实际运营安全防护的需求。虽然护栏防护不是导致事故发生的直接致因，但对于事故集聚的高风险路段需要对护栏按照现有标准进行改造，以提升路段防护水平。

（1）中分带开口防护可进一步提升。该公路建设时对中央分隔带开口设施的防护等级无针对性规定，但考虑到开口路段受碰撞的概率与普通路段相同，同样需要设置具有相应防撞等级的护栏，见图6－12。

图6－12　中央分隔带有活动护栏防护可进一步提升（K1477下行方向）

（2）路侧护栏端头防护可进一步提升。部分路段桥墩、路外危险物护栏长度不足，未进行外展设计，端头未加强吸能处理，见图6－13、图6－14、图6－15。例如，K1458下行方向，护栏端头未外展；中央分隔带开口采用活动护栏，防护能力较弱。

图6－13　护栏端头无立面标记、无吸能设计（K1451下行方向）

图 6－14　护栏端头外展设计不足（K1440 下行方向）

图 6－15　护栏端头没有处理（K1442 下行方向）

（3）桥梁桥墩无护栏防护。华东某高速路段上桥梁较多，普遍存在的问题是桥体上广告较多，部分广告牌影响了视距和道路净空；未漆划相应的提醒标记及路侧净区内有障碍物等。见图 6－16。例如，K1583 下行方向，K1627—1626 上行方向，K1557＋100 上行方向。

图 6－16　桥墩防护可进一步提升（K1476 下行方向）

（4）路侧净区内有障碍物。见图 6－17。

图 6－17　净区内有障碍物（K1448 下行方向）

（5）护栏高度可进一步提升。护栏高度不足问题在华东某高速路段比较普遍，表现为路侧波形梁护栏高度偏低，见图 6－18。同时 K1420—K1500 路段大型货车比例较大，应充分考虑大型货车的防护要求，适当提升波形梁护栏的防护高度和防护等级，例如，K1427 下行方向。

图 6－18　路侧波形梁护栏高度不足（K1461 下行方向）

（6）护栏长度不足。此类问题多见于防护路侧障碍物、桥墩等处。表现为护栏整体长度较短，小于规范要求的最小长度，难以起到安全防护作用，见图 6－19。

图 6－19　桥墩护栏长度不足且没有端头设计（K1448 下行方向）

6.2.5　团雾及桥梁路面结冰

团雾是受局部地区微气候环境的影响，在大雾中数十米到上百米的局部范围内出现的雾气更“浓”、能见度更低的雾。团雾预测预报难、区域性强，应加强易发路段气象监测和驾驶员冬季安全行车的教育。部分团雾易发路段见表 6－6。

表 6－6　部分团雾易发路段

序号	开始桩号	结束桩号
1	K1505 +800	K1506 +130
2	K1510	K1514
3	K1513	服务区前后路段
4	K1517	K1520
5	K1523 +500m	K1524 +700m 处特大桥（双向）
6	K1533	K1540
7	K1619	K1628
8	K1633	K1641

冬季冰冻区桥梁路段路面易出现结冰现象，从而降低路面的摩擦系数，对车辆的安全运行产生不利影响。部分冬季路面结冰易发路段见表 6－7。

表 6－7　部分冬季路面结冰易发路段

序号	开始桩号	结束桩号
1	K1488 +500	K1488 +600
2	K1489 +600	K1489 +900
3	K1491 +210	K1491 +265
4	K1494 +650	K1494 +680
5	K1495 +810	K1495 +930
6	K1497 +970	K1498 +80
7	K1498 +990	K1499
8	K1499 +270	K1499k +500
9	K1500 +860	K1500 +940
10	K1504 +540	K1504 +600
11	K1505 +400	K1505 +500
12	K1505 +800	K1506 +130
13	K1518 +820	K1518 +990
14	K1523 +700	K1524 +500

6.2.6 其他问题

（1）紧急停车带/应急车道的问题。港湾式紧急停车带存在提示标志过近等问题，见图 6－20。

图 6－20　应急通道标志不明显且无上游预告标志（K1452 下行方向）

（2）抛洒物问题。抛洒物清理不及时，例如，K1423 下行方向，调研时现场有散落的轮胎碎片。应加强日常养护巡查，及时清理路面抛洒物。

6.3 隐患处置对策

6.3.1 互通立交、服务区出入口

针对以上互通立交和服务区出口存在的典型问题，在互通线形、型式不具备调整条件的情况下，建议采用如下综合措施，提升出口的安全水平：

（1）互通立交区主线建议降低限速值，限速值取 100km/h。互通立交出口建议采用两级限速形式，第一级限速标志为“匝道”、“出口”或出口箭头形式的辅助标志，以避免对主线车辆造成干扰。建议在减速车道起点位置设置 70km/h 限速标志，在匝道开始位置设置 40km/h 限速标志。限速版面设置方式可参见图 6－21。

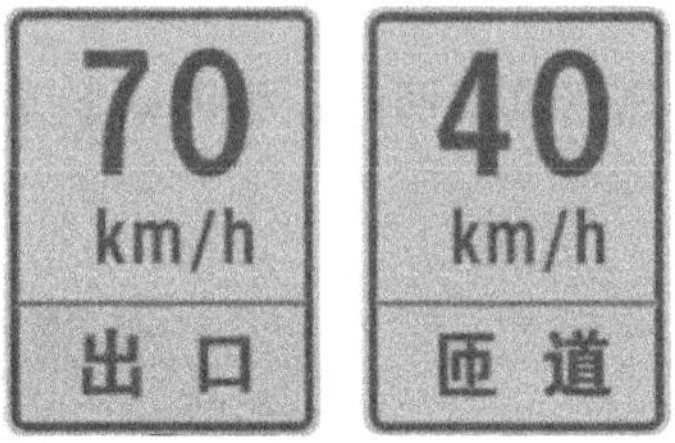

图 6－21　出口和匝道限速版面示例

（2）互通立交和服务区出口标志的设置可参见图 6－22，标志优化的重点包括：减少出口信息量，将三角端标志前移至分流标线结束位置。

（3）建议将出口预告标志全部改为悬臂式或门架式，避免外侧车道大货车遮挡标志。

（4）针对互通立交和服务区减速车道长度不能适应大流量和货车比例高

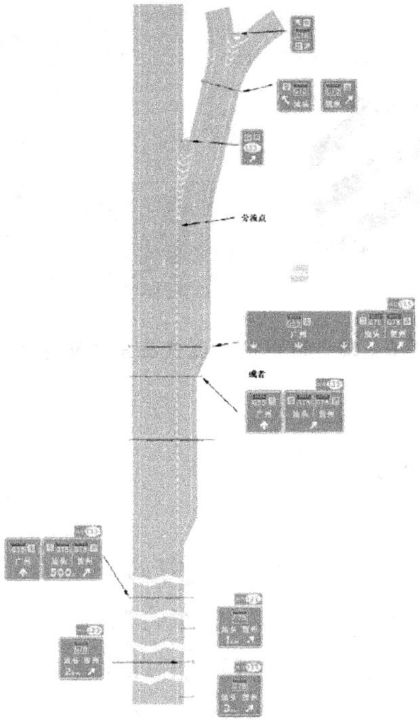

注1：该示例为多车道高速公路，出口2车道。
注2：当出口方向标志采用按车道的指引方式时，设置在渐变段终点位置。

图 6－22　互通出口标志标线设置参考示意图

的情况，建议近期采用标线施划方式占用硬路肩延长减速段长度，远期结合大修改造采用土建的方式延长减速段长度。

（5）互通立交和服务区出口减速段内外侧车道间设置实线，禁止换道，确保交通流稳定行驶。

（6）建议在互通立交、服务区、停车区出口三角端设置具有可导向吸能式防撞垫，见图 6－23。实际中应用的防撞垫应通过国家试验检测机构的碰撞试验并获取试验报告。

（7）对具体路段提出的标线未随出入口位置改变而调整的问题，进行全面梳理并更新。

（8）全面梳理并拆除服务区分流端、合流端非公路标志或广告牌。

（9）对连续互通路段，应进行专项交通工程设计，设置完善、醒目的标志、标线和警示、诱导设施。

图 6－23 可导向吸能式三角端防撞垫设置实例

6.3.2 平纵线形路段

（1）对于重点路段中公路条件较好的路段，从道路条件方面建议设置路肩槽式振动带（见图 6－24），弯坡组合路段设置线形诱导标，提升中央分隔带开口、路基与桥梁护栏过渡段、出口分流端端部等关键点的防护，通过视线诱导、驶出车道警示和关键点防护降低事故发生概率和事故严重程度。

图 6－24 槽式振动带设置实例

（2）对于因交通量大、大车混入率高导致的设施不匹配问题的重点路段，建议按照如下分类分别进行处置：

①弯坡组合路段处置建议如下：

a. 对高风险路段设置事故多发、限速 100km/h 指示标志，见图 6－25。

b. 弯道前 200m 设置横向减速振动标线，标线宜采用防滑涂层或双组分标线。

图 6－25　事故多发段限速标志示例

c. 如果是下坡路段，全段设置纵向视觉减速标线或者彩色减速路面，见图 6－26、图 6－27；如果是上坡路段，路侧设置大型车靠右标志。

图 6－26　弯坡路段纵横向减速标线设置示意图

图 6－27　彩色减速路面应用示意图

d. 弯道路段设置线形诱导标。

e. 路侧设置槽式振动带。

②弯道路段处置建议如下：

a. 弯道路段设置纵向减速标线。

b. 弯道路段设置线形诱导标。

c. 路侧设置槽式振动带。

③纵坡路段处置建议如下：

a. 如果是下坡路段，在纵坡起点开始200m范围内设置横向减速振动标线；如果是上坡路段，路侧设置大型车靠右标志。

b. 路侧设置槽式振动带。

④长直线路段处置建议如下：

a. 接近弯道200m范围内直线上采用防滑涂层设置横向减速振动标线。

b. 在直线中间设置车速反馈标志，见图6－28。

c. 路侧设置槽式振动带。

图6－28　车速反馈标志设置示例

6.3.3 标志设置与养护

对于交通标志标线使用中存在的问题，建议严格按照标准规范设置交通标志标线，并加强日常养护和巡查，及时发现和解决交通标志标线使用中存在的问题。

6.3.4 护栏设置

（1）护栏更换。建议在条件允许的情况下对高度不足的护栏全线进行更换，考虑到华东某高速公路北段填方高度较低，路侧相对安全，大部分路侧护栏可采用A级护栏，提高护栏防撞等级。同时考虑到本路段流量大、重载货车比例高，建议中央分隔带护栏更换为SB波形梁护栏或混凝土护栏。

不具备护栏全部更换条件时，建议根据具体路段评价结果与处置建议对部分高风险路段护栏进行更换。

（2）护栏端头。建议对护栏端头按现行标准进行外展，若不具备外展条件，则建议设置吸能式护栏端头。

（3）中央分隔带开口防护。建议对中央分隔带开口设置与相邻普通路段中央分隔带护栏防撞等级相同的护栏。

（4）上跨桥桥墩防护。建议对中央分隔带和位于路侧净区内的上跨桥桥墩设置不小于 SB 级防护等级的护栏进行防护。

（5）路侧其他杆柱或障碍物防护。建议移除障碍物或者增设不低于 A 级防撞等级的护栏。对于路堑挡土墙边坡存在的安全问题，建议根据现场情况采取移除障碍物或者增设不低于 A 级防撞等级的护栏等措施予以改善。

6.3.5 团雾及桥梁路面结冰

（1）团雾易发路段处置建议。建议提前 1—2km 处设置醒目的安全提示牌、警示灯，以提醒驾驶员团雾易发，减速慢行。

（2）冬季路面结冰易发路段处置建议。应在日常管理中加强天气预报的跟踪，及时发布结冰预警和应急处置。

6.3.6 其他问题

（1）紧急停车带/应急车道。针对紧急停车带、应急车道存在的普遍问题，建议从以下两个方面进行改善：

①对于不容易被驾驶人识别的港湾式紧急停车带，建议在紧急停车带上游 200m 处增设紧急停车带预告标志。

②应按照规范要求设置路面标志。

（2）抛洒物问题。应加强日常养护巡查，及时清理路面抛洒物。

6.4 隐患路段综合处置建议

运用基于虚拟驾驶、实车运行、事故致因分析、危险路段排查等交通安全综合评价方法，从交通管理、运行环境、道路设施规范符合性和交通适应性等角度分析评价存在的运营安全风险因素，以及交通安全隐患存在的重点路段，对各路段存在的主要问题进行了挖掘和提取，并提出了相应的处置建议。具体评价建议见表 6 –8 和表 6 –9（表中桩号为参考位置，桩号数值与公路实际位置可能略有偏差）。

表 6 –8　　　　起点—终点方向

开始桩号	结束桩号	路段类型	存在的问题	处置建议
1419.2	1420.1	弯道	车辆运行速度变化较大	已设置危险路段标志或测速监控
1428	1434.1	弯道	车辆运行速度变化较大	已设置危险路段标志或测速监控
1435.6	1438.6	弯坡组合	车辆运行速度变化较大	已设置危险路段标志或测速监控
1437.32		直线段	护栏高度基本符合规范要求，但应进一步考虑大型货车比例较大的现状	进一步核查护栏高度
1439.282		直线段	大型货车占有较大比例	针对交通流中大型货车比例较大的实际情况，增加针对大型货车的安全措施
1440.907		直线段	路侧波形梁护栏偏散，设计长度不足	对护栏端头进行吸能设计或加大外展长度
1442.5	1449.4	弯坡组合	大客车运行速度变化较大	已设置危险路段标志或测速监控
1442.863		直线段	护栏端头没有处理	应在护栏端头增加吸能设计或外展设计
1444.459		直线段	部分路段标志杆为双柱，高度一般较低，易被大型车辆遮挡，造成后方车辆无法及时得到信息	在条件具备的时候改为路侧单柱式或采取其他增强可见性的措施

续表

开始桩号	结束桩号	路段类型	存在的问题	处置建议
1445.314		出入段	三角端的吸能设计可以进一步增强；出口限速不一致，上游指示匝道限速 60km/h，出入处设置 40km/h 限速标志	采用专用三角端吸能护栏；统一出入口匝道限速，以免造成误解
1445.838		直线段	护栏端头未进行外展设计	护栏端头应进行吸能设计或设置符合规范要求的外展设计
1446.474		直线段	中央分隔带开口护栏防撞能力弱	对中央分隔带开口设置与相邻普通路段中央分隔带护栏防撞等级相同的护栏
1449.9	1455.1	弯坡组合	车辆运行速度变化较大	已设置危险路段标志或测速监控
1450.145		桥墩护栏	有一定的外展设计，护栏长度基本符合规范要求；立柱没有防护；桥墩没有警告标志	从安全的角度进一步加大护栏长度，并做好护栏端头的吸能设计或足量的外展设计；并在桥墩附近加密护栏立柱以提高护撞能力；桥墩应漆划警告标志
1451.508		直线段	有一定的外展设计，没有吸能设计	从安全的角度进一步加大护栏长度，并做好护栏端头的吸能设计或足量的外展设计
1452.356		直线段	应急通道标志不明显，上游无预告标志	在上游加预告标志，并提高应急通道及标志的可视性，遮挡的绿化植物应进行修剪
1452.56		桥墩	桥墩护栏长度不足；桥墩没有漆划警告标志	增加桥墩护栏长度，并进行适当的吸能设计或外展设计；桥墩应漆划警告标志
1452.806		直线段	护栏端头没有处理	护栏端头进行吸能设计或足量的外展设计
1454.224		直线段	中央分隔带活动护栏防护能力不足	对中央分隔带开口设置与相邻普通路段中央分隔带护栏防撞等级相同的护栏
1455.8	1459.5	临时施工	小客车运行速度变化较大	已设置危险路段标志或测速监控

续表

开始桩号	结束桩号	路段类型	存在的问题	处置建议
1456.224		直线段	中央分隔带活动护栏防护能力不足	对中央分隔带开口设置与相邻普通路段中央分隔带护栏防撞等级相同的护栏
1456.775		出入口	三角端没有进行吸能设计，出口匝道限速 40km/h，上游提示匝道限速 60km/h	在出口三角端应设置吸能垫等提升防护能力；出口匝道限速值上游、出口处应统一
1457.375		直线段	标志设置不规范	应按规范要求设置足尺寸标志
1457.884		直线段	护栏端头应进行外展设计	端头进行足量外展设计或增加吸能设计
1459.79		直线段	中央分隔带防护能力不足	对中央分隔带开口设置与相邻普通路段中央分隔带护栏防撞等级相同的护栏
1459.941		直线段	护栏端头没有进行外展设计	应对护栏端头进行外展设计或吸能设计
1460.6	1462.1	临时施工	小客车运行速度变化较大	已设置危险路段标志或测速监控
1461.331		直线段	路侧护栏高度不足	应按规范要求设置护栏
1461.428		直线段	标志被遮挡	改进标志设置方式
1462.114		直线段	路侧双柱标志高度不足	按规范设置标志的悬挂方式，在双柱式不满足要求时可以采用单悬式
1462.336		直线段	中央分隔带开口防护能力不足	对中央分隔带开口设置与相邻普通路段中央分隔带护栏防撞等级相同的护栏
1464.13		直线段	中央分隔带防护能力不足	对中央分隔带开口设置与相邻普通路段中央分隔带护栏防撞等级相同的护栏
1464.932		直线段	护栏端头没处理；桥墩护栏没有加强；桥墩没有漆划警告标志	应对护栏端头进行外展设计或吸能设计；桥墩段护栏立柱应适当加强；桥墩应漆划警告标志

续表

开始桩号	结束桩号	路段类型	存在的问题	处置建议
1465.006		直线段	桥墩护栏没有加强；桥墩没有漆划警告标志；单独桥墩护栏端头没有处理	桥墩段护栏立柱应适当加强；桥墩应漆划警告标志；桥墩护栏端头应进行外展设计或吸能设计
1465.143		直线段	应急停车带没有明显的指示标志	应设置提前预告标志
1465.868		直线段	中央分隔带桥墩未漆划警告标志	桥墩段护栏立柱应适当加强；桥墩应漆划警告标志
1465.936		直线段	中央分隔带防护能力不足	对中央分隔带开口设置与相邻普通路段中央分隔带护栏防撞等级相同的护栏
1467.856		直线段	中央分隔带防护能力不足	对中央分隔带开口设置与相邻普通路段中央分隔带护栏防撞等级相同的护栏
1468.074		直线段	限速标志设置不规范，尺寸偏小	应按规范要求设置交通标志
1469.363		直线段	中央分隔带防护能力不足	对中央分隔带开口设置与相邻普通路段中央分隔带护栏防撞等级相同的护栏
1470.03		直线段	中央分隔带桥墩防护能力不足；桥墩没有漆划警告标志	桥墩段护栏立柱应适当加强；桥墩应漆划警告标志
1471.1	1476.4	弯坡组合	车辆运行速度变化较大	已设置危险路段标志或测速监控
1471.233		直线段	中央分隔带防护能力不足	对中央分隔带开口设置与相邻普通路段中央分隔带护栏防撞等级相同的护栏
1473.04		直线段	中央分隔带防护能力不足；路侧立柱防护不足	对中央分隔带开口设置与相邻普通路段中央分隔带护栏防撞等级相同的护栏；路侧净区范围内的障碍物、立柱应采取移除或护栏防护

续表

开始桩号	结束桩号	路段类型	存在的问题	处置建议
1473.204		直线段	桥墩防护不足；没有漆划警告标志	桥墩段护栏立柱应适当加强；桥墩应漆划警告标志
1474.391		直线段	桥墩防护不足；没有漆划警告标志；护栏端头没有处理	桥墩段护栏立柱应适当加强；桥墩应漆划警告标志；应按规范设置足尺寸护栏，对护栏端头进行外展设计或吸能设计
1475.029		直线段	中央分隔带防护能力不足	对中央分隔带开口设置与相邻普通路段中央分隔带护栏防撞等级相同的护栏
1476.572		直线段	桥墩护栏可进一步提升；桥墩没有漆划警告标志	桥墩段护栏立柱应适当加强；桥墩应漆划警告标志
1477.179		直线段	中央分隔带防护能力不足	对中央分隔带开口设置与相邻普通路段中央分隔带护栏防撞等级相同的护栏
1477.9	1479.2	弯坡组合、施工	车辆运行速度变化较大	已设置危险路段标志或测速监控
1478.039		出口段	上游匝道限速 60km/h	应统一匝道限速并进行适当预告
1478.528		直线段	桥墩护栏没有加强，桥墩没有漆划警告标志	桥墩段护栏立柱应适当加强；桥墩应漆划警告标志
1479.182		直线段	中央分隔带防护能力不足	对中央分隔带开口设置与相邻普通路段中央分隔带护栏防撞等级相同的护栏
1479.63		曲线段	路侧排水没有防护；应急车道标志不明显，没有提前预告	路侧排水沟应加盖板或设置护栏；应急车道标志应提前预告
1480.617		直线段	中央分隔带防护能力不足	对中央分隔带开口设置与相邻普通路段中央分隔带护栏防撞等级相同的护栏
1482.421		直线段	桥梁广告牌被刮擦，桥墩没有漆划警告标志	桥梁及附属设置高度应公路限高的要求；桥墩应漆划警告标志

续表

开始桩号	结束桩号	路段类型	存在的问题	处置建议
1483.1	1485.6	弯坡组合、短隧道	大客车运行速度变化较大	已设置危险路段标志或测速监控
1483.131		直线段	桥墩没有漆划警告标志；桥墩护栏没有加强，且长度不足，端头没有处理	桥墩应漆划警告标志；桥墩附近护栏应连续足尺寸设置，以较好地保护桥墩；护栏端头进行外展设计或吸能设计
1483.277		直线段	中央分隔带防护能力不足	对中央分隔带开口设置与相邻普通路段中央分隔带护栏防撞等级相同的护栏
1484.591		直线段	桥墩护栏长度不足；桥墩没有漆划警告标志	桥墩段护栏立柱应足尺寸设置，并适当加强；桥墩应漆划警告标志
1485.29		直线段	中央分隔带防护能力不足	对中央分隔带开口设置与相邻普通路段中央分隔带护栏防撞等级相同的护栏
1485.796		服务区入口段	服务区入口上游有上跨桥，预告标志不明显	应加强服务区入口标志的设置
1487.191		直线	上跨天桥没有漆划警告标志；没有设置限高标志；中央分隔带护栏在桥墩处没有加强	应在桥墩处漆划警告标志；应保证桥梁及附属广告牌的净空高度；桥墩护栏在条件允许的情况下应适当加强
1487.288		直线	中央分隔带防护能力不足	对中央分隔带开口设置与相邻普通路段中央分隔带护栏防撞等级相同的护栏
1487.679		直线	护栏端头没有处理	应对护栏端头进行外展设计或吸能设计
1487.7	1489	隧道	车辆运行速度变化较大	已设置危险路段标志或测速监控
1487.911		直线	桥墩没有警告标志；斜式桥墩应核查净空；桥墩护栏可进一步提升	桥墩段护栏立柱应适当加强；桥墩应漆划警告标志

续表

开始桩号	结束桩号	路段类型	存在的问题	处置建议
1488.31		隧道段	隧道长度600m；指示标志下方的警告标志设置不规范，可视性差	应按照规范要求设置标志
1488.415	1489.49	隧道段	隧道内道路是曲线，且受隧道光线影响，隧道前后路段速度变化较大，连贯性较差	建议将隧道入口限速标志前移且放置于较为明显的地方，隧道口位置的减速装置适当前移，而对于隧道出口位置为降低明暗光线差，适当增加隧道出口灯光的亮度
1488.753		隧道段	隧道长度600m；指示标志下方的警告标志设置不规范，可视性差；限速80km/h	应按照规范要求设置标志
1489.49	1495.86		驾驶员在该路段出现超速现象，但在线元起点位置受隧道出口的影响，其速度较低，从而导致驾驶员在该线元位置的速度差值较大	对于长下坡路段且坡度值比较大的位置适当增加减速装置（如K1492 + 020—K1493 + 100、K1494 + 180—K1494 + 880处），且在道路旁适当增加限速标志或监控设备等
1490.1	1495.6	弯坡组合	车辆运行速度变化较大	已设置危险路段标志或测速监控
1491.419		直线段	中央分隔带防护能力不足	对中央分隔带开口设置与相邻普通路段中央分隔带护栏防撞等级相同的护栏
1493.539		直线段	中央分隔带防护能力不足	对中央分隔带开口设置与相邻普通路段中央分隔带护栏防撞等级相同的护栏
1495.411		直线段	中央分隔带防护能力不足	对中央分隔带开口设置与相邻普通路段中央分隔带护栏防撞等级相同的护栏

续表

开始桩号	结束桩号	路段类型	存在的问题	处置建议
1496.76	1498.1		车辆在线元起点位置时的速度较大，受上坡路段影响车辆速度有所减缓，但在长下坡路段，从而导致车辆的速度差较大	建议在长下坡起点处的适当位置增加相应的提示标志
1497.5	1500.7	弯坡组合	车辆运行速度变化较大	已设置危险路段标志或测速监控
1497.781			中央分隔带防护能力不足	对中央分隔带开口设置与相邻普通路段中央分隔带护栏防撞等级相同的护栏
1499.215		直线段	中央分隔带防护能力不足	对中央分隔带开口设置与相邻普通路段中央分隔带护栏防撞等级相同的护栏
1500.139		下坡路段	下坡路段与超高配合	应核查下坡路段与曲线段的超高是否适应
1504.9	1505.2	临时施工	小客车运行速度变化较大	已设置危险路段标志或测速监控
1506.469		平曲线	中央分隔带防护能力不足	对中央分隔带开口设置与相邻普通路段中央分隔带护栏防撞等级相同的护栏
1507.87		平曲线	双柱式标志高度不足，被上游绿化遮挡；标志护栏缺少防护	应优化标志高度或采用单柱式，提高标志可视性；修剪遮挡的绿化，提高视距；应对路侧净区范围内的障碍物、危险坑洞等设置护栏
1508.503		直线段	中央分隔带防护能力不足	对中央分隔带开口设置与相邻普通路段中央分隔带护栏防撞等级相同的护栏
1508.868		直线段	上跨桥附属广告牌对视距造成一定影响；桥墩没有漆划警告标志；桥墩护栏没有进行适当加强防护	应核查沿线上跨桥广告牌的净高；桥墩漆划警告标志；桥墩护栏应加强防护

续表

开始桩号	结束桩号	路段类型	存在的问题	处置建议
1510.28		曲线段	中央分隔带防护能力不足；团雾多发段	对中央分隔带开口设置与相邻普通路段中央分隔带护栏防撞等级相同的护栏；应添加团雾警告标志，并加强监测，提前预警
1510.44	1521.008		该线元内道路的坡度无长距离的下坡和上坡路段，较为缓和，但道路曲率半径变化较为明显	建议在道路曲率半径骤变的位置增加相应的提示标志
1510.769		曲线段	上跨桥附属广告牌对视距造成一定影响；桥墩没有漆划警告标志；桥墩护栏没有进行适当加强防护	应核查沿线上跨桥广告牌的净高；桥墩漆划警告标志；桥墩护栏应加强防护
1512.431		服务区出口	三角端没有进行吸能设计，出口匝道限速 40km/h，上游提示匝道限速 60km/h	在出口三角端应设置防撞垫或其他吸能设计；应统一匝道的限速值，避免产生误解
1513.649		直线段	护栏高度不够	应按照规范要求足尺寸设置护栏
1513.9	1518.1	弯道	车辆运行速度变化较大	已设置危险路段标志或测速监控
1514.793		直线段	上跨桥附属广告牌对视距造成一定影响；桥墩没有漆划警告标志；桥墩护栏没有进行适当加强防护	应核查沿线上跨桥广告牌的净高；桥墩漆划警告标志；桥墩护栏应加强防护
1515.624		直线段	中央分隔带防护能力不足	对中央分隔带开口设置与相邻普通路段中央分隔带护栏防撞等级相同的护栏
1516.622		直线段	上跨桥附属广告牌对视距造成一定影响；桥墩没有漆划警告标志；桥墩护栏没有进行适当加强防护	应核查沿线上跨桥广告牌的净高；桥墩漆划警告标志；桥墩护栏应加强防护

续表

开始桩号	结束桩号	路段类型	存在的问题	处置建议
1519.794		下坡弯道段	上跨桥附属广告牌对视距造成一定影响；桥墩没有漆划警告标志；桥墩护栏没有进行适当加强防护；多处连续设置上跨天桥	应核查沿线上跨桥广告牌的净高；桥墩漆划警告标志；桥墩护栏应加强防护
1520.1		下坡弯道段	中央分隔带防护能力不足	对中央分隔带开口设置与相邻普通路段中央分隔带护栏防撞等级相同的护栏
1521	1522.6	连续弯道	车辆运行速度变化较大	已设置危险路段标志或测速监控
1521.108		下坡弯道段	上跨天桥没有漆划警告标志；没有设置限高标志；中央分隔带护栏在桥墩处没有加强	应在桥墩处漆划警告标志；应保证桥梁及附属广告牌的净空高度；桥墩护栏在条件允许的情况下应适当加强
1521.527		下坡段	上跨天桥没有漆划警告标志；没有设置限高标志；路侧护栏在桥墩处没有加强	应在桥墩处漆划警告标志；应保证桥梁及附属广告牌的净空高度；桥墩护栏在条件允许的情况下应适当加强
1521.965		下坡段	中央分隔带防护能力不足	对中央分隔带开口设置与相邻普通路段中央分隔带护栏防撞等级相同的护栏
1522.786		下坡弯道段	上跨天桥没有漆划警告标志；没有设置限高标志；中央分隔带护栏在桥墩处没有加强	应在桥墩处漆划警告标志；桥墩护栏在条件允许的情况下应适当加强
1523.1	1524.9	长下坡路段	车辆易超速	建议对长下坡路适当增加提示标志或增设减速装置
1523.6	1528.6	弯坡组合	大客车运行速度变化较大	已设置危险路段标志或测速监控
1523.617		下坡段	中央分隔带防护能力不足	对中央分隔带开口设置与相邻普通路段中央分隔带护栏防撞等级相同的护栏

续表

开始桩号	结束桩号	路段类型	存在的问题	处置建议
1524. 556		桥段	易发团雾；冬天桥面易结冰	应加强天气、温度监测，并提前预警
1524. 661		直线段	中央分隔带防护能力不足	对中央分隔带开口设置与相邻普通路段中央分隔带护栏防撞等级相同的护栏
1524. 9	1525. 86		受前一线元影响其在该线元起点位置的速度较低，速度差过大	
1525. 613		直线段	上跨天桥没有漆划警告标志；中央分隔带护栏在桥墩处没有加强	应在桥墩处漆划警告标志；桥墩护栏在条件允许的情况下应适当加强
1526. 253		直线段	中央分隔带防护能力不足	对中央分隔带开口设置与相邻普通路段中央分隔带护栏防撞等级相同的护栏
1527. 46	1528. 029		车辆速度差较大	建议适当增加提示标志
1527. 521		下坡段	标志被隔声屏障遮挡；前方龙门架与后方标志距离过近，产生遮挡	应按照规范要求合理布置交通标志，提高信息的可视性
1527. 975		下坡段	中央分隔带防护能力不足	对中央分隔带开口设置与相邻普通路段中央分隔带护栏防撞等级相同的护栏
1528. 029	1529. 11		路段坡度较为缓和，较适合驾驶员驾驶，该处是沂水东互通立交，交通流交互性频繁，速度差较大，严重影响道路行车安全	建议适当增加限速标志和监控装置
1528. 6	1532. 6	弯坡组合	车辆运行速度变化较大	已设置危险路段标志或测速监控
1529. 031		直线段	上跨天桥没有漆划警告标志；没有设置限高标志；中央分隔带护栏在桥墩处没有加强；路侧护栏高度不足	应在桥墩处漆划警告标志；桥墩护栏在条件允许的情况下应适当加强；应按照规范要求设置足尺寸护栏

续表

开始桩号	结束桩号	路段类型	存在的问题	处置建议
1529.405		直线段	标志牌被遮挡	应对遮挡标志的绿化植物进行修剪
1530.558		直线段	上跨天桥没有漆划警告标志；没有设置限高标志；中央分隔带护栏在桥墩处没有加强	应在桥墩处漆划警告标志；应保证桥梁及附属广告牌的净空高度；桥墩护栏在条件允许的情况下应适当加强
1531.308		直线段	中央分隔带防护能力不足	对中央分隔带开口设置与相邻普通路段中央分隔带护栏防撞等级相同的护栏
1531.794		直线段	上跨桥附属广告牌对视距造成一定影响；桥墩没有漆划警告标志；桥墩护栏没有进行适当加强防护	应核查沿线上跨桥广告牌的净高；桥墩漆划警告标志；桥墩护栏应加强防护
1532.184		直线段	桥墩没有漆划警告标志；桥墩护栏没有进行适当加强防护	桥墩漆划警告标志；桥墩护栏应加强防护
1533.645		直线段	中央分隔带防护能力不足	对中央分隔带开口设置与相邻普通路段中央分隔带护栏防撞等级相同的护栏
1534.8		直线段	上跨桥附属广告牌对视距造成一定影响；桥墩没有漆划警告标志；桥墩护栏没有进行适当加强防护	应核查沿线上跨桥广告牌的净高；桥墩漆划警告标志；桥墩护栏应加强防护
1535.522		直线段	中央分隔带防护能力不足	对中央分隔带开口设置与相邻普通路段中央分隔带护栏防撞等级相同的护栏
1536.531		直线段	上跨桥附属广告牌对视距造成一定影响；桥墩没有漆划警告标志；桥墩护栏没有进行适当加强防护	应核查沿线上跨桥广告牌的净高；桥墩漆划警告标志；桥墩护栏应加强防护

续表

开始桩号	结束桩号	路段类型	存在的问题	处置建议
1536.6	1536.6	平直	车辆运行速度变化较大	已设置危险路段标志或测速监控
1537.066		直线段	可变限速多车道一致，可进一步优化	可分车道限速
1537.515		直线段	中央分隔带防护能力不足	对中央分隔带开口设置与相邻普通路段中央分隔带护栏防撞等级相同的护栏
1537.985		直线段	上跨天桥没有漆划警告标志；中央分隔带护栏在桥墩处没有加强	应在桥墩处漆划警告标志；桥墩护栏在条件允许的情况下应适当加强
1539.521		直线段	中央分隔带防护能力不足	对中央分隔带开口设置与相邻普通路段中央分隔带护栏防撞等级相同的护栏
1540.91		直线段	中央分隔带防护能力不足	对中央分隔带开口设置与相邻普通路段中央分隔带护栏防撞等级相同的护栏
1542.529		直线段	中央分隔带防护能力不足；标志立柱没有防护	对中央分隔带开口设置与相邻普通路段中央分隔带护栏防撞等级相同的护栏；应对路侧净区范围内的障碍物、危险坑洞等设置护栏
1542.872		直线段	上跨桥附属广告牌对视距造成一定影响；桥墩没有漆划警告标志；桥墩护栏没有进行适当加强防护	应核查沿线上跨桥广告牌的净高；桥墩漆划警告标志；桥墩护栏应加强防护
1543.6	1548.6	弯道	车辆运行速度变化较大	已设置危险路段标志或测速监控
1544.187		直线段	上跨桥附属广告牌对视距造成一定影响；桥墩没有漆划警告标志；桥墩护栏没有进行适当加强防护	应核查沿线上跨桥广告牌的净高；桥墩漆划警告标志；桥墩护栏应加强防护

续表

开始桩号	结束桩号	路段类型	存在的问题	处置建议
1544.326		直线段	中央分隔带防护能力不足；标志立柱没有防护	对中央分隔带开口设置与相邻普通路段中央分隔带护栏防撞等级相同的护栏。应对路侧净区范围内的障碍物、危险坑洞等设置护栏
1544.388		直线段	路侧标志可视性差，被绿化植物遮挡	应按照规范要求设置标志，及时修剪路侧绿化植物
1544.664		直线段	三角端没有进行吸能设计，出口匝道限速 40km/h，上游提示匝道限速 60km/h	在出口三角端应设置防撞垫或其他吸能设计；应统一匝道的限速值，避免产生误解
1546.221		直线段	中央分隔带防护能力不足	对中央分隔带开口设置与相邻普通路段中央分隔带护栏防撞等级相同的护栏
1546.493		直线段	上跨桥附属广告牌对视距造成一定影响；桥墩没有漆划警告标志；桥墩护栏没有进行适当加强防护	应核查沿线上跨桥广告牌的净高；桥墩漆划警告标志；桥墩护栏应加强防护
1546.507		直线段	上跨桥附属广告牌对视距造成一定影响；桥墩没有漆划警告标志；桥墩护栏没有进行适当加强防护	应核查沿线上跨桥广告牌的净高；桥墩漆划警告标志；桥墩护栏应加强防护
1546.817		直线段	可变限速在阴天各车道限速 120km/h	可变限速可根据天气等情况对限速值进行适当调整
1548.283		直线段	上跨桥附属广告牌对视距造成一定影响；桥墩没有漆划警告标志；桥墩护栏没有进行适当加强防护	应核查沿线上跨桥广告牌的净高；桥墩漆划警告标志；桥墩护栏应加强防护
1549.6	1554.6	弯坡组合	大客车运行速度变化较大	已设置危险路段标志或测速监控

续表

开始桩号	结束桩号	路段类型	存在的问题	处置建议
1549.694		直线段	中央分隔带防护能力不足	对中央分隔带开口设置与相邻普通路段中央分隔带护栏防撞等级相同的护栏
1550.807		直线段	长直线段，易导致驾驶疲劳	应优化交通标志等安全设施，进行适当警醒
1551.77		直线段	中央分隔带开口防护能力不足；长直线后接弯道；事故易发	对中央分隔带开口设置与相邻普通路段中央分隔带护栏防撞等级相同的护栏。应对线形进行提醒
1552.241		直线段	可变限速标志没有根据天气情况进行适应调整	应优化可变限速标志的限速值
1553.182		直线段	中央分隔带开口防护能力不足	对中央分隔带开口设置与相邻普通路段中央分隔带护栏防撞等级相同的护栏
1554.925		直线段	中央分隔带开口防护能力不足	对中央分隔带开口设置与相邻普通路段中央分隔带护栏防撞等级相同的护栏
1556.597		直线段	中央分隔带开口防护能力不足	对中央分隔带开口设置与相邻普通路段中央分隔带护栏防撞等级相同的护栏
1556.9	1562.1	连续弯道	车辆运行速度变化较大	已设置危险路段标志或测速监控
1557.183		直线段	上跨桥对视距造成一定影响；桥墩没有漆划警告标志；桥墩护栏没有进行适当加强防护	应加强警告标志设置；桥墩漆划警告标志；桥墩护栏应加强防护
1558.477		直线段	中央分隔带开口防护能力不足	对中央分隔带开口设置与相邻普通路段中央分隔带护栏防撞等级相同的护栏

续表

开始桩号	结束桩号	路段类型	存在的问题	处置建议
1558.579		直线段	三角端没有进行吸能设计，出口匝道限速 40km/h，上游提示匝道限速 60km/h	在出口三角端应设置防撞垫或其他吸能设计；应统一匝道的限速值，避免产生误解
1562.056		直线段	雨天可变限速仍旧为 120km/h；可进一步提升车道限速	应根据天气情况，适当调整限速值；可将分车道限速与分车型限速结合使用
1563.139		直线段	中央分隔带开口防护能力不足	对中央分隔带开口设置与相邻普通路段中央分隔带护栏防撞等级相同的护栏
1564.339		直线段	路侧护栏高度偏低	应按规范要求设置足尺寸护栏
1564.777		直线段	中央分隔带开口防护能力不足	对中央分隔带开口设置与相邻普通路段中央分隔带护栏防撞等级相同的护栏
1565.308		直线段	标志牌遮挡	及时修剪标志上游的绿化植物
1565.668		直线段	上跨天桥没有漆划警告标志；没有设置限高标志；中央分隔带护栏在桥墩处没有加强	应在桥墩处漆划警告标志；应保证桥梁及附属广告牌的净空高度；桥墩护栏在条件允许的情况下应适当加强
1566.805		直线段	中央分隔带开口防护能力不足	对中央分隔带开口设置与相邻普通路段中央分隔带护栏防撞等级相同的护栏
1568.889		直线段	中央分隔带开口防护能力不足	对中央分隔带开口设置与相邻普通路段中央分隔带护栏防撞等级相同的护栏
1570.205		直线段	上跨天桥没有漆划警告标志；中央分隔带护栏在桥墩处没有加强	应在桥墩处漆划警告标志；应保证桥梁及附属广告牌的净空高度；桥墩护栏在条件允许的情况下应适当加强

续表

开始桩号	结束桩号	路段类型	存在的问题	处置建议
1571.757		直线段	中央分隔带开口防护能力不足	对中央分隔带开口设置与相邻普通路段中央分隔带护栏防撞等级相同的护栏
1572.314		直线段	三角端没有进行吸能设计，出口匝道限速40km/h，上游提示匝道限速60km/h	在出口三角端应设置防撞垫或其他吸能设计；应统一匝道的限速值，避免产生误解
1572.929		直线段 接弯道	没有设置必要的提醒标志	
1574.09		直线段 接弯道	中央分隔带开口防护能力不足	对中央分隔带开口设置与相邻普通路段中央分隔带护栏防撞等级相同的护栏
1576.299		直线段 接弯道	中央分隔带开口防护能力不足	对中央分隔带开口设置与相邻普通路段中央分隔带护栏防撞等级相同的护栏
1576.631		出口段	三角端没有进行吸能设计，出口匝道限速40km/h，上游提示匝道限速60km/h；出口与上跨桥相接	在出口三角端应设置防撞垫或其他吸能设计；应统一匝道的限速值，避免产生误解；应优化出口与上跨桥段的标志设置
1576.823		出口段	上跨天桥没有漆划警告标志；中央分隔带护栏在桥墩处没有加强	应在桥墩处漆划警告标志；桥墩护栏在条件允许的情况下应适当加强
1577.469		直线段	中央分隔带开口防护能力不足	对中央分隔带开口设置与相邻普通路段中央分隔带护栏防撞等级相同的护栏
1580.165		直线段	区间限速段开始	
1580.487		直线段	可变限速标志没有根据天气情况进行适应调整	应优化可变限速标志的限速值
1582.036		直线段	中央分隔带开口防护能力不足	对中央分隔带开口设置与相邻普通路段中央分隔带护栏防撞等级相同的护栏

续表

开始桩号	结束桩号	路段类型	存在的问题	处置建议
1583.584		直线段	路侧桥台没有防护；中央分隔带桥墩没有漆划警告标志	路侧桥墩应设置护栏；桥墩段护栏立柱应适当加强；桥墩应漆划警告标志
1583.954		直线段	中央分隔带开口防护能力不足	对中央分隔带开口设置与相邻普通路段中央分隔带护栏防撞等级相同的护栏
1584	1587.5	弯坡组合	小客车运行速度变化较大	已设置危险路段标志或测速监控
1584	1587.5	弯坡组合	大客车运行速度变化较大	已设置危险路段标志或测速监控
1584.147		直线段	上跨桥附属广告牌对视距造成一定影响；桥墩没有漆划警告标志；桥墩护栏没有进行适当加强防护	应核查沿线上跨桥广告牌的净高；桥墩漆划警告标志；桥墩护栏应加强防护
1585.757		直线段	中央分隔带开口防护能力不足	对中央分隔带开口设置与相邻普通路段中央分隔带护栏防撞等级相同的护栏
1585.997		直线段	上跨桥附属广告牌对视距造成一定影响；桥墩没有漆划警告标志；桥墩护栏没有进行适当加强防护	应核查沿线上跨桥广告牌的净高；桥墩漆划警告标志；桥墩护栏应加强防护
1586.566		直线段	中央分隔带开口防护能力不足	对中央分隔带开口设置与相邻普通路段中央分隔带护栏防撞等级相同的护栏
1588.158		直线段	中央分隔带开口防护能力不足	对中央分隔带开口设置与相邻普通路段中央分隔带护栏防撞等级相同的护栏
1592.205		直线段	中央分隔带开口防护能力不足	对中央分隔带开口设置与相邻普通路段中央分隔带护栏防撞等级相同的护栏
1593.05		直线段	可变限速标志没有根据天气情况进行适应调整	应优化可变限速标志的限速值

续表

开始桩号	结束桩号	路段类型	存在的问题	处置建议
1594.367		直线段	三角端没有进行吸能设计	在出口三角端应设置防撞垫或其他吸能设计；应统一匝道的限速值，避免产生误解
1594.652		直线段	三角端没有进行吸能设计；出口匝道限速 40km/h，上游提示匝道限速 60km/h；入口标志可视性差	在出口三角端应设置防撞垫或其他吸能设计；应统一匝道的限速值，避免产生误解；入口标志应按照规范合理设置
1594.827		直线段	中央分隔带开口防护能力不足	对中央分隔带开口设置与相邻普通路段中央分隔带护栏防撞等级相同的护栏
1599		直线路段	事故多发路段，限速标志可视性较差	按照规范要求设置标准标志
1599	1606.1	连续弯道	车辆运行速度变化较大	已设置危险路段标志或测速监控
1604.093		直线段	中央分隔带开口防护能力不足	对中央分隔带开口设置与相邻普通路段中央分隔带护栏防撞等级相同的护栏
1605.658		直线段	可变限速标志没有根据天气情况进行适应调整	应优化可变限速标志的限速值
1606.517		直线段	在弯道处设置出口；上游龙门架情报板与出口指示标志间距过近，造成干扰；上游匝道限速 60km/h，匝道上限速 40km/h，不统一	应优化交通安全设施的布置，统一匝道限速值
1607.525		直线段	中央分隔带开口防护能力不足	对中央分隔带开口设置与相邻普通路段中央分隔带护栏防撞等级相同的护栏
1608.606		直线段	中央分隔带开口防护能力不足；路侧标志被隔声屏障遮挡	对中央分隔带开口设置与相邻普通路段中央分隔带护栏防撞等级相同的护栏

续表

开始桩号	结束桩号	路段类型	存在的问题	处置建议
1610.355		直线段	中央分隔带开口防护能力不足；路侧标志被隔声屏障遮挡	对中央分隔带开口设置与相邻普通路段中央分隔带护栏防撞等级相同的护栏
1611.223		直线段	中央分隔带开口防护能力不足；路侧标志被隔声屏障遮挡	对中央分隔带开口设置与相邻普通路段中央分隔带护栏防撞等级相同的护栏
1611.551		直线段	三角端没有进行吸能设计，出口匝道限速40km/h，上游提示匝道限速60km/h	在出口三角端应设置防撞垫或其他吸能设计；应统一匝道的限速值，避免产生误解
1612.34		直线段	中央分隔带开口防护能力不足	对中央分隔带开口设置与相邻普通路段中央分隔带护栏防撞等级相同的护栏
1612.472		直线段	交通标志被遮挡	应按照规范要求设置交通标志
1613.035		直线段	交通标志被遮挡	应按照规范要求设置交通标志
1613.826		直线段	可变限速标志没有根据天气情况进行适应调整；标志高度偏低	应优化可变限速标志的限速值；按规范要求设置交通标志
1614.653		直线段	中央分隔带开口防护能力不足	对中央分隔带开口设置与相邻普通路段中央分隔带护栏防撞等级相同的护栏
1614.917		直线段	护栏端头没有处理	应对护栏端头进行外展设计或吸能设计
1616.541		直线段	出口与上跨桥相近；三角端没有进行吸能设计，出口匝道限速40km/h，上游提示匝道限速60km/h	应优化交通标志等交通安全设施设置；在出口三角端应设置防撞垫或其他吸能设计；应统一匝道的限速值，避免产生误解
1616.903		直线段	上跨天桥没有漆划警告标志；中央分隔带护栏在桥墩处没有加强	应在桥墩处漆划警告标志；应保证桥梁及附属广告牌的净空高度；桥墩护栏在条件允许的情况下应适当加强

续表

开始桩号	结束桩号	路段类型	存在的问题	处置建议
1617.744		直线段	中央分隔带开口防护能力不足	对中央分隔带开口设置与相邻普通路段中央分隔带护栏防撞等级相同的护栏
1619.286		直线段	上跨桥附属广告牌对视距造成一定影响；桥墩没有漆划警告标志；桥墩护栏没有进行适当加强防护	应核查沿线上跨桥广告牌的净高；桥墩漆划警告标志；桥墩护栏应加强防护
1619.802		直线段	中央分隔带开口防护能力不足	对中央分隔带开口设置与相邻普通路段中央分隔带护栏防撞等级相同的护栏
1620.7	1623.6	弯坡组合	车辆运行速度变化较大	已设置危险路段标志或测速监控
1621.741		直线段	中央分隔带开口防护能力不足	对中央分隔带开口设置与相邻普通路段中央分隔带护栏防撞等级相同的护栏
1622.085		直线段	护栏端头没有处理	应对护栏端头进行外展设计或吸能设计
1622.285		直线段	上跨桥附属广告牌对视距造成一定影响；桥墩没有漆划警告标志；桥墩护栏没有进行适当加强防护	应核查沿线上跨桥广告牌的净高；桥墩漆划警告标志；桥墩护栏应加强防护
1623.419		直线段	上跨桥附属广告牌对视距造成一定影响；桥墩没有漆划警告标志；桥墩护栏没有进行适当加强防护	应核查沿线上跨桥广告牌的净高；桥墩漆划警告标志；桥墩护栏应加强防护
1623.604		直线段	可变限速标志没有根据天气情况进行适应调整	应优化可变限速标志的限速值
1624.017		直线段	可变限速标志没有根据天气情况进行适应调整；可变限速标志短距离内重复设置	应优化可变限速标志的限速值；及限速标志的布置

续表

开始桩号	结束桩号	路段类型	存在的问题	处置建议
1625.847		直线段	护栏端头没有处理	应对护栏端头进行外展设计或吸能设计
1625.912		直线段	中央分隔带开口防护能力不足	对中央分隔带开口设置与相邻普通路段中央分隔带护栏防撞等级相同的护栏
1626.552		直线段	上跨桥附属广告牌对视距造成一定影响；桥墩没有漆划警告标志；桥墩护栏没有进行适当加强防护	应核查沿线上跨桥广告牌的净高；桥墩漆划警告标志；桥墩护栏应加强防护
1627.366		直线段	护栏端头没有处理	应对护栏端头进行外展设计或吸能设计
1627.908		直线段	中央分隔带开口防护能力不足	对中央分隔带开口设置与相邻普通路段中央分隔带护栏防撞等级相同的护栏
1629.721		直线段	桥墩没有漆划警告标志；桥墩护栏没有进行适当加强防护	应核查沿线上跨桥广告牌的净高；桥墩漆划警告标志；桥墩护栏应加强防护
1629.953		直线段	中央分隔带开口防护能力不足；且上游与上跨桥相近，易造成相互干扰	对中央分隔带开口设置与相邻普通路段中央分隔带护栏防撞等级相同的护栏。应设置必要的提醒标志
1630.6	1633.6	弯道	车辆运行速度变化较大	已设置危险路段标志或测速监控
1632.102		直线段	中央分隔带开口防护能力不足	对中央分隔带开口设置与相邻普通路段中央分隔带护栏防撞等级相同的护栏
1633.644		曲线段	可变限速标志没有根据天气情况进行适应调整；多个可变限速标志重复设置	应优化可变限速标志的限速值；应按照规范要求合理设置交通标志、可变标志
1633.768		曲线段	中央分隔带开口防护能力不足	对中央分隔带开口设置与相邻普通路段中央分隔带护栏防撞等级相同的护栏

续表

开始桩号	结束桩号	路段类型	存在的问题	处置建议
1633.947		出口段	三角端没有进行吸能设计，出口匝道限速 40km/h，上游提示匝道限速 60km/h	在出口三角端应设置防撞垫或其他吸能设计；应统一匝道的限速值，避免产生误解
1634.852		出口段	交通标志被绿化遮挡	应及时修剪路侧绿化植物
1635.006		出口段	中央分隔带开口防护能力不足	对中央分隔带开口设置与相邻普通路段中央分隔带护栏防撞等级相同的护栏
1635.722		直线段	交通标志被隔声屏障遮挡	对交通标志进行合理布设
1636.626		直线段	交通标志被隔声屏障遮挡；路侧绿化遮挡视距；中央分隔带防护能力不足	对交通标志进行合理布设；及时修剪路侧绿化；对中央分隔带开口设置与相邻普通路段中央分隔带护栏防撞等级相同的护栏
1636.74		直线段	服务区入口视距不足，且与上跨桥相近	及时修剪路侧绿化；优化入口交通标志的设置
1637.495		曲线段	上跨天桥没有漆划警告标志；中央分隔带护栏在桥墩处没有加强	应在桥墩处漆划警告标志；桥墩护栏在条件允许的情况下应适当加强
1637.665		曲线段	中央分隔带开口防护能力不足	对中央分隔带开口设置与相邻普通路段中央分隔带护栏防撞等级相同的护栏
1639.743		曲线段	路侧立柱没有护栏；可变限速标志没有根据天气情况进行适应调整；多组可变限速标志连续设置；中央分隔带护栏防护能力不足	路侧净区范围内的障碍物或立柱应采取移除或防护处理；应优化可变限速标志的限速值及布设；对中央分隔带开口设置与相邻普通路段中央分隔带护栏防撞等级相同的护栏
1641.29		曲线段	收费站广场行车道标线不显著	应按照规范要求合理布设交通标线

表 6－9　　终点—起点方向

开始桩号	结束桩号	路段类型	存在的问题	处置建议
1429	1426.7	弯道	小客车运行速度变化较大	已设置危险路段标志或测速监控
1432.104		直线段	标志被遮挡，视距不足	应及时修剪路侧绿植
1434.147		直线段	三角端没有进行吸能设计，出口匝道限速 40km/h，上游提示匝道限速 60km/h；出口封闭没有提前预告	在出口三角端应设置防撞垫或其他吸能设计；应统一匝道的限速值，避免产生误解；应按照规范要求对临时封闭进行预告
1439.922		直线段	标志被遮挡	应按照规范要求合理设置交通标志的位置
1441.617		下坡＋弯道	出口位于下坡＋弯道的位置；三角端没有进行吸能设计，出口匝道限速 40km/h，上游提示匝道限速 60km/h；没有设置出口标志；视距不良	在出口三角端应设置防撞垫或其他吸能设计；应统一匝道的限速值，避免产生误解；应设置出口指示标志，并适当增加安全设施
1442.99		直线段	路侧立柱无防护	路侧净区范围内的障碍物或立柱应作移除处理或设置护栏防护
1445.686		直线段	入口标志被遮挡；视距不良；绿化植物遮挡入口	及时修剪路侧绿化植物；路侧净区范围内的障碍物或立柱应作移除处理或设置护栏防护
1446.057		直线段	路侧立柱没有防护	路侧净区范围内的障碍物或立柱应作移除处理或设置护栏防护
1446.333		直线段	路侧视距不良；且紧接出口	应及时修剪路侧绿化植物
1447.549		直线段	桥墩没有漆划警告标志；桥墩护栏没有进行适当加强防护	桥墩漆划警告标志；桥墩护栏应加强防护
1450.031		直线段	路侧立柱护栏长度不足；护栏端头没有处理	应按照规范要求设置足量的护栏；应对护栏端头进行外展设计或吸能设计
1452.08		直线段	路侧立柱护栏长度不足；护栏端头没有处理	应按照规范要求设置足量的护栏；应对护栏端头进行外展设计或吸能设计

续表

开始桩号	结束桩号	路段类型	存在的问题	处置建议
1452.508		直线段	上跨天桥没有漆划警告标志；路侧及中央分隔带护栏在桥墩处没有加强	应在桥墩处漆划警告标志；桥墩护栏在条件允许的情况下应适当加强
1455.65		直线段	标志被路侧绿化遮挡	应及时修剪路侧绿化植物
1456.573		直线段	标志被隔声屏障遮挡	应按照规范要求设置交通标志
1456.872		下坡段	三角端没有进行吸能设计，出口匝道限速40km/h，上游提示匝道限速60km/h	在出口三角端应设置防撞垫或其他吸能设计；应统一匝道的限速值，避免产生误解
1461.049		下坡段	三角端没有进行吸能设；服务区出口没有设置指示标志	在出口三角端应设置防撞垫或其他吸能设计；出口处应设置指示标志与上游的预告标志配合使用
1463.509		下坡段	上跨天桥没有漆划警告标志；没有设置限高标志；中央分隔带护栏在桥墩处没有加强；护栏长度不足	应在桥墩处漆划警告标志；应保证桥梁及附属广告牌的净空高度；桥墩护栏在条件允许的情况下应适当加强；应按照规范要求设置足够长度护栏
1464.01		下坡段	路侧立柱没有防护	路侧净区范围内的障碍物或立柱应作移除处理或设置防护栏
1464.942		下坡段	上跨天桥没有漆划警告标志；路侧及中央分隔带护栏在桥墩处没有加强	应在桥墩处漆划警告标志；桥墩护栏在条件允许的情况下应适当加强
1465.3	1462.1	弯道	小客车运行速度变化较大	已设置危险路段标志或测速监控
1473.318		直线段	上跨天桥没有漆划警告标志；路侧及中央分隔带护栏在桥墩处没有加强；护栏长度不足；护栏端头外展不足	应在桥墩处漆划警告标志；应保证桥梁及附属广告牌的净空高度；应按照规范要求设置护栏长度桥墩护栏在条件允许的情况下应适当加强应对护栏端头进行足量外展设计或吸能设计

续表

开始桩号	结束桩号	路段类型	存在的问题	处置建议
1476.724		直线段	上跨天桥没有漆划警告标志；没有设置限高标志；中央分隔带护栏在桥墩处没有加强；路侧桥墩护栏长度不足	应在桥墩处漆划警告标志；应保证桥梁及附属广告牌的净空高度；桥墩护栏在条件允许的情况下应适当加强；应按照规范要求设置护栏
1477.768		直线段	限速标志设置不规范，施工区临时限速可视性差；标志被遮挡	应按照规范要求合理设置限速标志，及其他标志，保证其可视性
1478.363		直线段	上跨桥附属广告牌对视距造成一定影响；上跨天桥没有漆划警告标志；没有设置限高标志；中央分隔带护栏在桥墩处没有加强	应在桥墩处漆划警告标志；应保证桥梁及附属广告牌的净空高度；桥墩护栏在条件允许的情况下应适当加强
1478.71		下坡+弯道段	下坡接出口；三角端没有进行吸能设计	应在出口段上游加强交通安全设施设计；在出口三角端应设置防撞垫或其他吸能设计
1479.7	1477.8	弯坡组合	小客车运行速度变化较大	已设置危险路段标志或测速监控
1481.854		直线段	上跨天桥没有漆划警告标志；中央分隔带护栏在桥墩处没有加强；护栏长度不足	应在桥墩处漆划警告标志；桥墩护栏在条件允许的情况下应适当加强；应按照规范要求设置护栏
1482.871		直线段	上跨天桥没有漆划警告标志；中央分隔带护栏在桥墩处没有加强；护栏长度不足	应在桥墩处漆划警告标志；桥墩护栏在条件允许的情况下应适当加强；应按照规范要求设置护栏
1484.1	1480.6	弯坡组合、短隧道	小客车运行速度变化较大	已设置危险路段标志或测速监控
1485.381		直线段	上跨天桥没有漆划警告标志；中央分隔带护栏在桥墩处没有加强；护栏长度不足；护栏端头没有处理	应在桥墩处漆划警告标志；桥墩护栏在条件允许的情况下应适当加强；应按照规范要求设置护栏；应对护栏端头进行外展设计或吸能设计

续表

开始桩号	结束桩号	路段类型	存在的问题	处置建议
1486.788		上坡段	上跨桥附属广告牌对视距造成一定影响；桥墩没有漆划警告标志；桥墩护栏没有进行适当加强防护	应核查沿线上跨桥广告牌的净高；桥墩漆划警告标志；桥墩护栏应加强防护
1486.804		平曲线段	入口位于平曲线内侧，入口提醒标志过近	应按照规范要求设置入口处的提醒、警告标志
1487.438		上坡段	出口处没有设置指示标志	应在出口处设置指示标志，与上游的预告标志配合使用
1489.57	1488.52	隧道段	速度差较大	建议将隧道入口限速标志前沿且放置于较为明显的地方，隧道口位置的减速装置适当前沿，而对于隧道出口位置为降低明暗光线差，适当增加隧道出口灯光的亮度
1491.019		直线段	护栏端头没有处理；护栏端头外展长度不足	应对护栏端头进行足量外展设计或吸能设计
1491.4	1487.9	连续弯道、隧道	小客车运行速度变化较大	已设置危险路段标志或测速监控
1493.853		直线段	护栏端头没有处理；护栏端头外展长度不足；桥墩护栏没有加强处理；桥墩没有漆划警告标志	应对护栏端头进行足量外展设计或吸能设计；应对桥墩护栏进行加强处理；桥墩漆划警告标志
1496.7	1493.2	弯道	小客车运行速度变化较大	已设置危险路段标志或测速监控
1496.726		下坡路段	无下坡提醒标志；护栏端头没有处理	长下坡路段，应考虑增加限速标志或警告标志；应对护栏端头进行外展设计或吸能设计
1498.1	1496.76	上坡路段和坡度为2%的长下坡路段	速度差较大	建议增设监控设备、限速标志和提示标志，来避免超速行驶和速度差过大问题

续表

开始桩号	结束桩号	路段类型	存在的问题	处置建议
1502.716		匝道段	三角端没有进行吸能设计，出口匝道限速40km/h，上游提示匝道限速60km/h	在出口三角端应设置防撞垫或其他吸能设计；应统一匝道的限速值，避免产生误解
1506.264		直线段	地面积水，行车后形成水雾，影响视距	应加强排水或设置必要的交通警告标志
1507.622		直线段	上跨桥附属广告牌对视距造成一定影响；桥墩没有漆划警告标志；桥墩护栏没有进行适当加强防护；路侧桥墩护栏端头没有处理；路侧标志立柱缺少防护	应核查沿线上跨桥广告牌的净高；桥墩漆划警告标志；桥墩护栏应加强防护；应对护栏端头进行外展设计或吸能设计；应对路侧净区范围内的障碍物、危险坑洞等设置护栏
1508.015		直线段	三角端没有进行吸能设计，出口匝道限速40km/h，上游提示匝道限速60km/h；上游标志互相干扰	在出口三角端应设置防撞垫或其他吸能设计；应统一匝道的限速值，避免产生误解
1509.438		直线段	上跨天桥没有漆划警告标志；中上跨桥附属广告牌对视距造成一定影响；桥墩没有漆划警告标志；桥墩护栏没有进行适当加强防护	应核查沿线上跨桥广告牌的净高；桥墩漆划警告标志；桥墩护栏应加强防护；应对路侧净区范围内的障碍物、危险坑洞等设置护栏
1511.099		直线段	上跨天桥没有漆划警告标志；中上跨桥附属广告牌对视距造成一定影响；桥墩没有漆划警告标志；桥墩护栏没有进行适当加强防护	应核查沿线上跨桥广告牌的净高；桥墩漆划警告标志；桥墩护栏应加强防护
1516.156		直线段	上跨天桥没有漆划警告标志；中央分隔带护栏在桥墩处没有加强；路侧桥墩没有防护	应在桥墩处漆划警告标志；桥墩护栏在条件允许的情况下应适当加强；路侧桥墩应设置护栏
1521.008	1510.44	纵坡缓和	道路曲率半径变化较为明，但是在道路后段曲率变大	建议在道路曲率半径骤变的位置增加相应的提示标志

续表

开始桩号	结束桩号	路段类型	存在的问题	处置建议
1521.048		直线段	上跨天桥没有漆划警告标志；中央分隔带护栏在桥墩处没有加强；路侧桥墩没有防护	应在桥墩处漆划警告标志桥墩护栏在条件允许的情况下应适当加强；路侧桥墩应设置护栏
1521.535		直线段	上跨天桥没有漆划警告标志；中央分隔带护栏在桥墩处没有加强	应在桥墩处漆划警告标志；桥墩护栏在条件允许的情况下应适当加强
1522.711	1521.708	坡度为2.5%上坡路段	驾驶员持续加速，使得车辆超速，当行驶至坡度有所减缓路段时，开始制动，速度差过大	建议增加限速标志和提示标志
1522.745		直线段	上跨天桥没有漆划警告标志；中央分隔带护栏在桥墩处没有加强	应在桥墩处漆划警告标志桥墩护栏在条件允许的情况下应适当加强
1524.3	1518.8	连续弯道	小客车运行速度变化较大	已设置危险路段标志或测速监控
1524.852			护栏端头没有处理；强降雨时凹曲线底端易积水	应对护栏端头进行外展设计或吸能设计；采取排水措施
1525.014		下坡段	挖方段山体没有防护	山体应加护栏进行防护，保证路侧净区内的障碍物得到有效防护
1525.117		下坡段	上跨天桥没有漆划警告标志；没有设置限高标志；中央分隔带护栏在桥墩处没有加强	应在桥墩处漆划警告标志；应保证桥梁及附属广告牌的净空高度；桥墩护栏在条件允许的情况下应适当加强
1525.526		下坡段	上跨桥附属广告牌对视距造成一定影响；桥墩没有漆划警告标志；桥墩护栏没有进行适当加强防护	应核查沿线上跨桥广告牌的净高；桥墩漆划警告标志；桥墩护栏应加强防护
1526.75	1523.1	纵坡变化大	各线元的速度差都较大，出现超速行驶现象	建议适当增加限速标志或者监控设备和必要的提示标志
1527.922		下坡段	护栏端头没有处理；外展长度不足	应对护栏端头进行足量外展设计或吸能设计

续表

开始桩号	结束桩号	路段类型	存在的问题	处置建议
1528.707		出口段	上跨天桥没有漆划警告标志；中央分隔带护栏在桥墩处没有加强；三角端没有进行吸能设计，出口匝道限速 40km/h，上游提示匝道限速 60km/h	应在桥墩处漆划警告标志；应保证桥梁及附属广告牌的净空高度；桥墩护栏在条件允许的情况下应适当加强；在出口三角端应设置防撞垫或其他吸能设计；应统一匝道的限速值，避免产生误解
1529.657		曲线段	上跨天桥没有漆划警告标志；中央分隔带护栏在桥墩处没有加强	应在桥墩处漆划警告标志；应保证桥梁及附属广告牌的净空高度；桥墩护栏在条件允许的情况下应适当加强
1531.78		直线段	上跨天桥没有漆划警告标志；中央分隔带护栏在桥墩处没有加强	应在桥墩处漆划警告标志；应保证桥梁及附属广告牌的净空高度；桥墩护栏在条件允许的情况下应适当加强
1533.206		直线段	上跨天桥没有漆划警告标志；中央分隔带护栏在桥墩处没有加强；路侧桥墩应进行防护	应在桥墩处漆划警告标志；应保证桥梁及附属广告牌的净空高度；桥墩护栏在条件允许的情况下应适当加强
1534.743		直线段	上跨天桥没有漆划警告标志；中央分隔带护栏在桥墩处没有加强	应在桥墩处漆划警告标志；应保证桥梁及附属广告牌的净空高度；桥墩护栏在条件允许的情况下应适当加强
1536.46		直线段	上跨天桥没有漆划警告标志；中央分隔带护栏在桥墩处没有加强	应在桥墩处漆划警告标志；应保证桥梁及附属广告牌的净空高度；桥墩护栏在条件允许的情况下应适当加强

续表

开始桩号	结束桩号	路段类型	存在的问题	处置建议
1537.897		直线段	上跨天桥没有漆划警告标志；中央分隔带护栏在桥墩处没有加强；路侧桥墩护栏端头没有处理	应在桥墩处漆划警告标志；桥墩护栏在条件允许的情况下应适当加强；应对护栏端头进行外展设计或吸能设计
1542.119		直线段	三角端没有进行吸能设计，出口匝道限速40km/h，上游提示匝道限速60km/h	在出口三角端应设置防撞垫或其他吸能设计；应统一匝道的限速值，避免产生误解
1544.789		直线段	三角端没有进行吸能设计，出口匝道限速40km/h，上游提示匝道限速60km/h；出口三角端没有设置指示标志	在出口三角端应设置防撞垫或其他吸能设计；应统一匝道的限速值，避免产生误解；指示标志的设置应符合规范的要求
1547.185		曲线段	桥墩没有漆划警告标志；桥墩护栏没有进行适当加强防护	应核查沿线上跨桥广告牌的净高；桥墩漆划警告标志；桥墩护栏应加强防护
1548.5	1544.6	弯道	小客车运行速度变化较大	已设置危险路段标志或测速监控
1549.772		曲线段	桥墩没有漆划警告标志；桥墩护栏没有进行适当加强防护	应核查沿线上跨桥广告牌的净高；桥墩漆划警告标志；桥墩护栏应加强防护
1553.144		曲线段	上跨桥附属广告牌对视距造成一定影响；桥墩没有漆划警告标志；桥墩护栏没有进行适当加强防护	应核查沿线上跨桥广告牌的净高；桥墩漆划警告标志；桥墩护栏应加强防护
1554.354		直线段	三角端没有进行吸能设计，出口匝道限速40km/h，上游提示匝道限速60km/h	在出口三角端应设置防撞垫或其他吸能设计；应统一匝道的限速值，避免产生误解

续表

开始桩号	结束桩号	路段类型	存在的问题	处置建议
1557.185		直线段	上跨天桥没有漆划警告标志；没有设置限高标志；中央分隔带护栏在桥墩处没有设置；路侧桥墩没有护栏	应在桥墩处漆划警告标志；应保证桥梁及附属广告牌的净空高度；桥墩护栏在条件允许的情况下应适当加强
1558.5	1554.4	连续弯道	小客车运行速度变化较大	已设置危险路段标志或测速监控
1562.6	1560.6	弯道	小客车运行速度变化较大	已设置危险路段标志或测速监控
1563.545		入口段	标志被绿化遮挡；入口与2个上跨桥连续相接	及时修剪路侧绿化植物；应加强入口交通安全及指示标志
1563.743		直线段	三角端没有进行吸能设计，出口匝道限速40km/h，上游提示匝道限速60km/h	在出口三角端应设置防撞垫或其他吸能设计；应统一匝道的限速值，避免产生误解
1565.54		直线段	上跨天桥没有漆划警告标志；中央分隔带护栏在桥墩处没有加强	应在桥墩处漆划警告标志；应保证桥梁及附属广告牌的净空高度；桥墩护栏在条件允许的情况下应适当加强
1567.626		直线段	可变限速标志没有根据天气情况进行适应调整	应优化可变限速标志的限速值
1571.805		直线段	出口没有指示标志；入口预告标志过远	按照规范要求合理布设交通标志
1572.863		直线段	出口没有指示标志	按照规范要求合理布设交通标志
1573.898		直线段	上方龙门架可变情报板与交通标志牌相互遮挡	按照规范要求合理布设交通标志
1576.582		直线段	三角端没有进行吸能设计，出口匝道限速40km/h，上游提示匝道限速60km/h；没有设置出口指示标志；入口与上跨桥相近，影响视距	在出口三角端应设置防撞垫或其他吸能设计；应统一匝道的限速值，避免产生误解；应强化交通安全设施设计
1579.15		直线段	标志被路侧绿化遮挡	应及时修剪路侧绿化植物
1579.924		弯道	可变限速标志没有根据天气情况进行适应调整	应优化可变限速标志的限速值

续表

开始桩号	结束桩号	路段类型	存在的问题	处置建议
1582.647		下坡段+弯道	设置有横向振动减速标线	可进一步提升路面减速效果或添加必要的限速标志
1582.724		下坡段	上跨天桥没有漆划警告标志；中央分隔带护栏在桥墩处没有加强；路侧桥墩没有护栏；2个上跨桥较近，相互干扰	应在桥墩处漆划警告标志；应保证桥梁及附属广告牌的净空高度；桥墩护栏在条件允许的情况下应适当加强；路侧桥墩应设置护栏；应对2个上跨桥协调布设交通安全设施
1583	1579.7	弯道	小客车运行速度变化较大	已设置危险路段标志或测速监控
1583.657		曲线段	上跨天桥没有漆划警告标志；中央分隔带护栏在桥墩处没有加强；路侧桥墩没有护栏；2个上跨桥较近，相互干扰	应在桥墩处漆划警告标志；应保证桥梁及附属广告牌的净空高度；桥墩护栏在条件允许的情况下应适当加强；路侧桥墩应设置护栏；应对2个上跨桥协调布设交通安全设施
1585.367		直线段	可变限速标志没有根据天气情况进行适应调整	应优化可变限速标志的限速值
1596.976		直线段	可变限速标志没有根据天气情况进行适应调整	应优化可变限速标志的限速值
1605.634		曲线段	标志被绿化遮挡；视距受路侧绿化的影响	应及时修剪路侧绿化植物
1606.539		直线段	标志被绿化遮挡	应及时修剪路侧绿化植物
1607.244		直线段	三角端没有进行吸能设计，出口匝道限速40km/h，上游提示匝道限速60km/h；此路段设置标志过多，信息过载	在出口三角端应设置防撞垫或其他吸能设计；应统一匝道的限速值，避免产生误解；交通标志应按照规范合理布设
1607.587		下坡段	可变限速标志没有根据天气情况进行适应调整；多组可变限速连续设置；多个可变情报板内容遮挡	应优化可变限速标志的限速值；应按照规范要求合理布设可变限速标志和可变信息情报板
1610.857		下坡段	标志被路侧绿化遮挡	应及时修剪路侧绿化植物

续表

开始桩号	结束桩号	路段类型	存在的问题	处置建议
1611.876		直线段	三角端没有进行吸能设计，出口匝道限速 40km/h，上游提示匝道限速 60km/h	在出口三角端应设置防撞垫或其他吸能设计；应统一匝道的限速值，避免产生误解
1614.53		直线段	上跨桥附属广告牌对视距造成一定影响；桥墩没有漆划警告标志；桥墩护栏没有进行适当加强防护	应核查沿线上跨桥广告牌的净高；桥墩漆划警告标志；桥墩护栏应加强防护
1615.176		直线段	路侧双柱式标志易受遮挡	在条件具备的情况下可改单柱式，按照规范要求保证标志的可视性
1615.6	1612.6	连续弯道	小客车运行速度变化较大	已设置危险路段标志或测速监控
1615.669		直线段	可变限速标志没有根据天气情况进行适应调整；多组可变限速连续设置	应优化可变限速标志的限速值；应按照规范要求合理布设可变限速标志和可变信息情报板
1616.822		直线段	标志被绿化植物遮挡	应及时修剪路侧绿化植物
1617.053		直线段	上跨桥附属广告牌对视距造成一定影响；桥墩没有漆划警告标志；桥墩护栏没有进行适当加强防护	应核查沿线上跨桥广告牌的净高；桥墩漆划警告标志；桥墩护栏应加强防护
1617.609		曲线段	三角端没有进行吸能设计，出口匝道限速 40km/h，上游提示匝道限速 60km/h	在出口三角端设置防撞垫或其他吸能设计；应统一匝道的限速值，避免产生误解
1617.831		曲线段	出口标志相互遮挡	应按照规范要求协调标志布设
1621.151		下坡段	可变限速标志没有根据天气情况进行适应调整；多组可变限速连续设置	应优化可变限速标志的限速值；应按照规范要求合理布设可变限速标志和可变信息情报板
1622.395		曲线段	上跨桥附属广告牌对视距造成一定影响；桥墩没有漆划警告标志；桥墩护栏没有进行适当加强防护，防护长度不足，且不完整	应核查沿线上跨桥广告牌的净高；桥墩漆划警告标志；桥墩护栏应加强防护

续表

开始桩号	结束桩号	路段类型	存在的问题	处置建议
1622.919		曲线段	雨天路面排水不畅，行车后产生水雾	应核查路面排水
1626.195		曲线段	护栏端头没有处理	应对护栏端头进行外展设计或吸能设计
1626.683		曲线段	上跨天桥没有漆划警告标志；中央分隔带护栏在桥墩处没有加强	应在桥墩处漆划警告标志；应保证桥梁及附属广告牌的净空高度；桥墩护栏在条件允许的情况下应适当加强
1627.241		曲线段	路侧立柱没有防护	路侧净区范围内的障碍物或立柱应作移除处理或设置防护栏
1627.593		曲线段	上跨桥附属广告牌对视距造成一定影响；桥墩没有漆划警告标志；桥墩护栏没有进行适当加强防护	应核查沿线上跨桥广告牌的净高；桥墩漆划警告标志；桥墩护栏应加强防护
1630.1	1626.3	连续弯道	小客车运行速度变化较大	已设置危险路段标志或测速监控
1630.671		下坡段	可变限速标志没有根据天气情况进行适应调整	应优化可变限速标志的限速值
1633.076		曲线段	标志被绿化遮挡；绿化植物在曲线段影响视距	及时修剪路侧绿化植物
1634.644		曲线段	出口预告标志不明显，匝道限速标志可视性差	应优化出口交通标志设置
1637.378		曲线段	服务区出口三角端没有进行吸能设计，出口匝道限速40km/h，上游提示匝道限速60km/h	在出口三角端应设置防撞垫或其他吸能设计；应统一匝道的限速值，避免产生误解
1639.398		曲线段	路侧立柱没有防护	路侧净区范围内的障碍物或立柱应作移除处理或设置防护栏

第7章 总结与展望

7.1 成果与工程应用

道路交通安全综合评价方法以交通事故分析为基础，利用全路段实车试验和重点路段虚拟现实仿真分析方法，从交通事故发生机理及驾驶员实时心理、生理特征等角度，结合现场勘察，提出了高速公路运营安全综合评价方法，完成了全路段主要隐患路段的排查和风险因素的筛选，并在青临高速公路实施了工程应用。主要研究应用成果如下：

1. 提出了华东某高速公路交通事故集聚特征

以华东某高速公路 2013—2017 年全路段发生的交通事故为分析样本，对事故发生的时间、空间、天气、原因等进行了统计分析，研究发现：K1413—K1494 路段交通事故发生率相对较高，K1480—K1538 路段交通事故后果则呈现出一定的聚集性；不良天气条件易发生后果严重的交通事故，雨天发生的事故受伤率最高，阴天造成的交通事故受伤率、直接财产损失率最高，雾天交通事故死亡率和受伤率均接近 0.08 人/起；重型货车是发生交通事故的主要车型之一；交通违法行为在交通事故认定原因中占有较大的比重；碰撞运动车辆和撞固定物是主要的交通事故发生形态，从交通事故发生的后果来看，刮撞行人、碰撞后碾压、碾压行人等都造成了较为严重的伤亡，这与事故原因中行人进入高速公路频发具有一定的对应性。

2. 建立了基于实车试验的安全风险路段甄别方法

对小型客车、大型客车和大型货车在试验路段上的运行速度、加速度（纵向和侧向）进行了统计分析，少数被试者有超车或低于临界速度驾驶的现象；车辆运行过程中侧向加速度和纵向加速度均在 0.1g 以内，车辆运行安全性良好。通过对小型客车、大型客车和大型货车在 157 个路段上的运行速度协调性的分析，统计了导致相邻路段运行速度变化较大的原因，发现交通流和道路监控测速点的设置是其主要原因，并提出了疑似危险路段。

利用驾驶人注视点分布和瞳孔直径变化，分析了临近隧道时驾驶人对警示信息的关注，对车辆的操纵和驶入、驶出隧道时的明暗适应时长。研究发现，隧道处的限速标志不够明显，驾驶人关注到相关信息的时刻较晚，致使车辆在临近隧道过程中速度下降幅度过大，建议增加标志显著性；驾驶人驶入隧道时暗适应时间较长，建议设置遮光棚。

通过对驾驶人注视点分布的分析，研究了行驶过程中驾驶人对路侧限速/警示标志的关注性，研究发现，60% 以上的路侧限速/警示标志被驾驶人关注。利用皮电信号分析了行车过程中超车、换道、经过监控测速装置等事件是否引起了驾驶人生理响应，发现外界事件会导致驾驶人瞬时皮电值上升。利用肌电信号、皮电信号以及心率信号分析了驾驶时间对驾驶人疲劳程度的影响。试验研究发现，驾驶时间的延长会导致驾驶人疲劳程度不断升高。尽管有间隔的短时休息，但驾驶人疲劳状态难以恢复到基准值。

3. 利用基于虚拟现实技术的行车安全仿真分析方法，完成了华东某高速公路设计符合性和运行速度协调性评价

研究认为，华东某高速公路设计方案符合对应的国家标准规范要求，路线几何设计方案与隧道设计方案能够满足日常交通安全的要求；主要平、纵、横的设计采用指标均符合标准、规范的要求；小型客车、大型客车和大型货车运行速度协调性均良好，小型客车、大型客车和大型货车运行速度的变化具有显著的一致性。但是部分路段存在一定的潜在危险，驾驶员在部分路段

行驶过程中心理、生理特征值出现异常。

4. 提出了华东某高速公路运营安全隐患及处置对策

通过分析VBOX实车运行数据，提出了基于GPS的桩号自动匹配方法，建立了基于GPS和视频的运营高速公路现场隐患辅助排查机制，从互通立交与服务区出入口、平纵线形、标志标线、护栏设置等方面提出了华东某高速公路运营中存在的主要交通设施安全隐患，并提出了针对性的处置对策。

7.2 道路交通安全评价工作展望

《"十四五"全国道路交通安全规划》为我国道路安全评价技术的应用和发展指明了方向，"十四五"期间，我国将从以下方面健全道路安全性评价体系与评价制度：

1. 将推进道路交通事故数据跨部门共享

运营期交通安全评价是保障高速公路交通运营安全的重点手段之一，在实际评价过程中基础数据与现场勘测数据的匹配性差、融合水平低等问题严重制约了交通安全评价的实施效率和评价效果。持续开展交通事故多发点段和严重安全隐患分析研判工作，健全完善通报挂牌机制，推动道路交通安全隐患排查治理水平不断提升；完善公安等多部门参加的公路工程竣工验收工作机制。探索实施道路设施、驾驶行为、车辆和天气等多源数据融合的道路安全风险评估方法，推动道路安全性评价体系和评价制度创新，不断提升主动、系统、精准防控道路安全风险隐患的能力和水平。

2. 将深入开展普通国省道交通设施隐患排查治理

定期排查、优化并完善交通标志标线、防护栏（墙）等安全设施。推动双向4车道以上大流量公路按照相关标准规范要求增设中央隔离设施，坠车交通事故多发的路侧险要路段实施"三必上"、交通事故多发的平交路口实施"五必上"改造。综合治理穿村过镇路段，加大交叉口和路段渠化组织力度，明确通行路权，减少混合交通冲突风险。

3. 将全面开展高速公路安全防护设施升级

对碰撞中央分隔带护栏事故多发、运营期交通运行状况变化较大、大型车辆交通量增长较快等重点路段，中央分隔带护栏经评估确需升级改造的，结合高速公路改扩建、养护工程，分类、分批、分期推进提质升级工作。完善长隧道、特长隧道的照明、通风、报警、救援设施，增设视频监控、违法抓拍、烟雾报警等设备，推行隧管站建设。到 2023 年，20 个以上省份建立高速公路交通安全隐患动态排查治理机制；到 2025 年，所有省份建立高速公路交通安全隐患动态排查治理机制。

除此之外，更要提升道路交通参与者安全文明素质，人是道路交通的参与者，也是道路安全提升的中坚力量，要切实提升人的道路交通安全意识。

（1）建立健全社会化宣传教育体系。建立健全党委政府主导、多部门联动协作的交通安全宣传教育工作机制，落实政府、部门、企事业单位履行交通安全宣传教育职责义务。完善交通安全精准宣教内容和标准体系，全面强化规则意识培育和法治教育，常态化开展交通安全宣传主题活动，持续增强“122 全国交通安全日”的品牌影响力。建立社会力量参与交通安全公益事业运行机制，推动媒体、企业、单位、学校、社区开展交通安全宣传教育，打造道路交通安全宣传教育社会化格局。

（2）着力提升驾驶人交通安全意识。主动适应人口老龄化、车辆智能化等社会发展需求，丰富车辆新技术、驾驶新要求等考核内容。健全完善职业驾驶人教育培训体系，提升重点驾驶人安全管理水平。建立交通安全信息综合服务平台，提供驾驶人全生命周期、全分类群体、全出行场景的交通安全知识服务。

（3）重点加强农村交通安全宣传教育。积极应用农村广播系统（大喇叭）、市县电视节目及微信群等渠道，创新利用便民综合服务中心、农村电商服务站等场所，做强农村交通安全宣传阵地，抓好农村“一老一小”交通安全宣传教育。持续深化警保合作“两站两员”建设，完善配套保障、激励和监管措施，加强劝导员、安全员业务培训，提升宣传劝导及教育引导水平。

（4）全面落实全民交通安全宣传教育。系统性开展全民交通安全宣传教育，创新应用情景体验、媒体融合等新手段、新途径、新技术，有效引导公众树立交通规则意识。

（5）大力推进交通安全文化建设及传播。培育和践行符合社会主义核心价值观的交通安全文化，推进交通安全文化传播，将交通安全文化融入社区文化、村镇文化、企业文化、校园文化，提升公众交通安全文明素养。

附录

道路安全隐患检查表

（一）事故历史分析

分类	项目	核查结果
1. 事故时空分析	（1）事故发生是否有特别的高发时段。 （2）沿线事故分布情况。	
2. 事故形态	（1）公路上哪几类事故发生频率较高。 （2）各类事故发生的时间、路段、交通方式。	
3. 交通方式与事故的关系分析	（1）事故率较高的交通方式。 （2）事故率高的交通特征。	
4. 事故原因分析	对沿线产生事故的主要综合原因进行分析。	
5. 事故车型分析	事故率、事故严重性比较高的车型。	

（二）道路线形指标核查

设计车速（km/h）	120	是否存在	是否符合	备注
同向曲线最小直线长度（m）				
反向曲线最小直线长度（m）				
平曲线极限最小半径（m）				
平曲线一般最小半径（m）				

续表

设计车速（km/h）	120	是否存在	是否符合	备注
平曲线不设超高最小半径（m）				
平曲线最小长度（m）				
小转角平曲线最小长度（m）				
圆曲线最小长度（m）				
圆曲线设超高最小半径（m）				
圆曲线设超高推荐半径（m）				
圆曲线不设超高最小半径（m）				
圆曲线不设缓和曲线最小半径（m）				
缓和曲线最小长度（m）				
竖曲线凸形最小半径（m）				
竖曲线凹形最小半径（m）				
竖曲线最小曲线长（m）				
超高渐变率				
停车视距（m）				
最大纵坡限制值（%）				
最大纵坡推荐值（%）				
最小坡长（m）				
纵坡度（%）				
纵坡限制长度（m）				
最大超高横坡度（%）				

（三）道路线形组成核查

分类	项目	核查结果
1. 直线段（平纵均为直线）	（1）直线长度与纵坡是否合适。 （2）进入直线段前的路段情况（平曲线、交叉口、竖曲线等），对直线段的交通有何影响。 （3）直线段运行车速是否远远超过设计车速。 （4）路面防滑能力能否满足直线行车要求，特别对下坡车辆。	

续表

分类	项目	核查结果
1. 直线段（平纵均为直线）	（5）车道宽度是否为行驶车辆超车、错车、会车等提供了适宜的条件。 （6）直射阳光对行车的影响。 （7）行道树及其阴影是否影响视线，是否影响夜间行车灯光。 （8）路肩宽度是否适合紧急停车或有合适的停车区。 （9）路基高度是否过高，影响驾驶心理。 （10）纵横向排水。 （11）是否有小桥涵，小桥涵宽度是否合适。 （12）是否有比路基宽度小的窄桥涵。	
2. 直线竖曲线	（1）检查是否存在上述直线段的问题。 （2）纵坡及变化率。 （3）直线段内纵坡变化是否频繁。 （4）竖曲线半径是否合适。 （5）直线段有多个竖曲线时，视觉上是否形成短波浪。 （6）是否有断背曲线，对安全的影响。 （7）检查凸形竖曲线的视距和凹形竖曲线的积水情况。 （8）爬坡车道是否能发挥作用。 （9）是否有小桥涵位于凹形曲线谷底，对安全有无影响。	
3. 单一平曲线	（1）平曲线运行车速与其两端直线段的运行车速的变化对安全的影响。 （2）超高值及其布设方式是否合适。 （3）超高是否因路基等沉降降低或增大，甚至反超高。 （4）曲线半径是否与实际运行车速相适应。 （5）视距是否能够保证，不能得到保证的原因是什么。 （6）检查合成纵坡。 （7）曲线内侧的排水问题。 （8）视线诱导，是否有如树林、电线杆等误导路线方向的物体。 （9）是否允许超车。	

续表

分类	项目	核查结果
4. 反向曲线	(1) 该反向曲线段主要事故原因是否是公路线形问题所致。 (2) 检查单一曲线的内容。 (3) 两平曲线之间的过渡与连接是否合适，过渡方式是否因路基路面变形和沉降产生了影响行车安全的变化。 (4) 反向曲线间的直线段长度是否合适。 (5) 反向曲线之间的半径变化率是否导致运行车速有突然变化。 (6) 视距能否保证，不能得到保证的原因是什么。 (7) 是否有视线误导或其他原因使驾驶员无法判断下一个平曲线的存在或对曲率判断错误。	
5. 复曲线	(1) 该同向曲线段主要事故原因是否是公路线形问题所致。 (2) 按单一平曲线检查其安全性。 (3) 两个或多个复曲线的曲率变化是否导致运行车速变化太大而影响行车安全。 (4) 视距能否得到保证，不能保证的原因是什么。 (5) 是否有视线误导或其他原因使驾驶员无法判断下一个平曲线的存在或对曲率判断错误。 (6) 复曲线间的直线长度和过渡方式是否合适。	
6. 平纵横线形组合	(1) 平纵线形组合是否得当。 (2) 平纵组合段运行车速与其两端运行车速的变化与协调。 (3) 是否需要限速。 (4) 视距能否得到保证。 (5) 在各种气候情况下线形组合能否为驾驶员所认识。 (6) 路线等级与路面等级是否协调。	

（四）道路结构组成核查

类别	项目	核查结果
1. 线形组合	（1）线形的骤变，如长直线的末端设置急转弯曲线等。 （2）存在连续的高填方路段。 （3）短直线介于两个弯曲的圆曲线之间，形成断背曲线。 （4）存在很多短坡路段连在一起的线形。 （5）在长直线路段上采用凹形竖曲线。 （6）在凸形竖曲线与凹形竖曲线的顶部或底部插入急转弯的平曲线。 （7）在凸形竖曲线的顶部或凹形竖曲线的底部设置断背曲线。 （8）在一平面曲线内，纵断面反复凹凸。 （9）转弯半径较小的平曲线与陡坡组合在一起。	
2. 行车视线影响情况	视线是否被下列物体影响： （1）安全护栏。 （2）隔离设施。 （3）道路周围建筑物或其他物体。 （4）交通控制设施及安装结构物。 （5）停车区的停车、停车交通或排队车辆等。	
3. 路面质量状况	（1）路面光滑。 （2）路面坑洼不平。 （3）路面人为破坏。 （4）施工无明显警示标记。	
4. 排水	（1）雨水天气该路段是否排水不畅通。 （2）该路段是否有某些地方经常存在积水。	
5. 路肩	（1）设计行车速度 >40km/h，是否设置硬路肩，硬路肩宽度是否符合规范要求。 （2）路肩能否有效地为护栏、栏杆、电线杆、交通标志等设施提供足够的设置场地。 （3）双幅路或四幅路中间具有排水沟的断面，是否设置左侧路肩。	

续表

类别	项目	核查结果
6. 分隔带	(1) 是否施行双向机动车道分离：是护栏分离还是绿化带分离。 (2) 道路中央分隔带开口间距是否大于2000m。	

(五) 交叉核查

分类	项目	核查结果
1. 交叉交通与事故分析	(1) 分析相交公路进出口的交通流量和构成对行车安全的要求。 (2) 交叉形式及冲突点、交织段分析。 (3) 该交叉段主要事故原因分析。	
2. 交叉出入口冲突、交织安全问题	合流、分流渐变段的长度宽度等几何线形是否适合于所有的车辆。	

(六) 交通工程与沿线设施

分类	项目	核查结果
1. 安全设施	(1) 类型与安装：①损坏的安全设施是否修复；②安全设施的位置和安装方式是否对交通带来了不利影响。 (2) 二次事故。①失控车辆冲撞安全设施后是否已经或有可能产生二次事故，对其是否作了适当考虑；②是否对不良地质等危险路段的安全设施作了特殊考虑。 (3) 可视性：安全设施在各种气候条件下是否具有良好的可视性。	
2. 隔离设施	双向交通隔离设施是否完善，是否起到了应有的作用。	
3. 服务设施	(1) 检查与服务区有关的固定物体或设施的位置，包括电杆等的位置。 (2) 服务区的照明等是否对主线交通有影响。 (3) 进出服务区的交通是否会影响主线上的行车安全。	

续表

分类	项目	核查结果
4. 收费站	(1) 进出收费站的道路拓宽方式与车道划分是否合适。 (2) 收费站照明条件是否合适。 (3) 收费站口的导向岛是否有反光标志。 (4) 照明灯杆等固体物是否影响交通安全。 (5) 排水状况。 (6) 收费站前的标志是否清楚。	
5. 交通标志	(1) 损坏的标志是否能及时修复。 (2) 标志是否有足够的提前量及反复提醒的必要性。 (3) 事故的主要或次要原因是否为标志设置不合适或缺少必要的标志。 (4) 标志所在位置是否影响用户读标志信息。 (5) 从出入口看标志的可视性是否会受限制。 (6) 标志是否适合于所有用户的需要。 (7) 是否标志柱有被车辆冲撞的可能性。 (8) 标志信息量是否过多或过少，标志信息含义是否清楚。 (9) 不同气候条件下的标志可视性。	
6. 标线与轮廓标	(1) 车道划分是否适用目前的交通。 (2) 检查公路本身及线形变化路段的标线是否连续。 (3) 从目前的交通看是否要采用标线。 (4) 检查标线的耐久性，标线是否已磨损。 (5) 检查标线不同条件下的可视性（白天、夜间、雾、雨等）。 (6) 标线是否影响路面防滑能力。	
7. 标志标线的统一与协调	标志标线是否与整个道路的标志标线协调一致。	
8. 照明	(1) 各路段是否需要照明，照明是否满足特定环境与交通的需求。 (2) 是否因照明原因而产生事故。 (3) 照明路段的照明是否被树等遮挡。 (4) 照明灯的位置是否会影响道路安全。	

续表

分类	项目	核查结果
9. 特殊的道路用户需求的满足情况	(1) 是否考虑了道路两侧的通行需要。 (2) 天桥和地道是否能发挥最大作用，各种气候条件下的安全性如何。 (3) 是否考虑了大型货车行驶的需要，如半径、车道宽度等。	

(七) 出入口、路边店、加油站

分类	项目	核查结果
1. 出入口	(1) 出入口间距是否太小而影响主线交通。 (2) 每个出入口位置是否合适，如是否离交叉太近，在下坡的终点或凹形竖曲线的谷底，或在平曲线范围内（特别是小半径曲线）等。 (3) 出入口是否有必要设置。 (4) 出入口对主线交通是否可见。	
2. 其他问题	(1) 是否有一些非常见因素为事故主要或次要原因，如弃于路边或路边已有的巨石或分散驾驶员注意力的物体。 (2) 公路上能运行超大尺寸和其他大车的能力。如①大型货车；②大型客车；③紧急车辆；④公路养护车辆和设施。 (3) 特殊条件下安全关闭公路的能力。	

参考文献

［1］ 钟小明，杨志刚，周娟，张健．公路项目安全性评价规程（T/CECS G：E10—2021）解读［J］．公路，2022，67（04）：261－267.

［2］ 公安部交通管理局．中华人民共和国道路交通事故统计年报（2018年度）［G］．北京，2019：75.

［3］ 国家统计局．我国公路及高速公路里程［DB/OL］．http：//www.stats.gov.cn/tjsj/，2022.

［4］ 国家统计局．我国公路营运汽车拥有量［DB/OL］．http：//www.stats.gov.cn/tjsj/，2022.

［5］ 国家统计局．我国交通事故四项统计指标［DB/OL］．http：//www.stats.gov.cn/tjsj/，2022.

［6］ 中共中央，国务院．交通强国建设纲要［M］．北京：人民交通出版社，2019.

［7］ 唐铮铮，张铁军，何勇，等．道路交通安全评价［M］．北京：人民交通出版社，2018.

［8］ 矫成武，张高强．国际道路交通安全管理体系认证进展［J］．质量与认证，2015（04）：51－53.

［9］ 交通运输部．公路项目安全性评价规范：JTG/T B05—2015［S］．北京：人民交通出版社，2016.

［10］ 交通运输部．公路工程技术标准：JTG B01—2014［S］．北京：人

民交通出版社，2015.

［11］交通运输部．公路隧道设计规范 第一册 土建工程：JTG 3370.1—2018［S］．北京：人民交通出版社，2019.

［12］交通运输部．公路隧道设计规范 第二册 交通工程与附属设施：JTG D70/2—2014［S］．北京：人民交通出版社，2014.

［13］交通运输部．公路隧道设计细则：JTG/T D70—2010［S］．北京：人民交通出版社，2010.

［14］交通运输部．公路路线设计规范：JTG D20—2017［S］．北京：人民交通出版社，2017.

［15］杨波，李伟华，李光太，刘琳琳，范艳辉，石磊．基于车辆运行状态的高速公路交通安全评价［J］．公路交通科技（应用技术版），2018，162（06）：285－288.

［16］李伟华，杨波，李光太，刘琳琳，范艳辉，石磊．基于事故深度调查的高速公路事故多发路段鉴定及致因相关性分析［J］．公路交通科技（应用技术版），2018，164（08）：246－247，302.

［17］薛志超，巩渭华，杨波，徐全鹏，张立朋，石磊，范艳辉，任园园．常见驾驶行为下驾驶人注意力分配特征研究［J］．济南大学学报（自然科学版），2018，32（06）：469－475.

［18］陈志明，薛志超，王安利，曹贤明，刘世海，唐文涛，侯树展，石磊．高速公路小客车超越铰接列车实时速度的变化特征研究［J］．济南大学学报（自然科学版），2019，33（02）：115－118，130.

［19］张文武，李光太，徐全鹏，徐建余，石磊，范艳辉，刘如飞．车载激光点云中道路路灯提取方法［J］．山东科技大学学报（自然科学版），2019，38（01）：58－67.

［20］普华永道，G7，中国交通报．中国公路货运行业智慧安全白皮书［OL］．北京：普华永道，2020.

［21］曹建，施式亮，鲁义，刘勇，王阳，彭俊豪．2013—2018年罐车公路运输危化品事故分析［J］．中国安全科学学报，2020，30（02）：119－126.

[22] 杨硕. 重型货车交通事故严重程度影响因素及对策研究 [D]. 北京：中国人民公安大学，2020.

[23] 何越人. 基于人工免疫机制的营运货车运行风险评价及其风险防控对策研究 [D]. 昆明：昆明理工大学，2020.

[24] 张福明. 高速公路交通事故影响因素关联规则探索及复杂网络构建 [D]. 西安：长安大学，2020.

[25] 梁倩倩. 基于 ALOHA 和 ArcMAP 的道路危险货物罐车运输时变风险评估方法及应用研究 [D]. 北京：北京交通大学，2019.

[26] 由冰玉. 高速公路交通事故影响因素研究 [D]. 哈尔滨：哈尔滨工业大学，2020.

[27] 杨东. 道路危险货物运输事故规律挖掘及事故风险研究 [D]. 兰州：兰州交通大学，2020.

[28] L Martín, L Baena, L Garach, G López, J de Oña. Using Data Mining Techniques to Road Safety Improvement in Spanish Roads [J]. Procedia - Social and Behavioral Sciences, 2014 (160): 607 - 614.

[29] Z Zheng, P Lu, B Lantz. Commercial truck crash injury severity analysis using gradient boosting data mining model [J]. Journal of Safety Research, 2018 (65): 115 - 124.

[30] JD Lemp, KM Kockelman, A Unnikrishnan. Analysis of large truck crash severity using heteroskedastic ordered probit models [J]. Accident Analysis & Prevention, 2011, 43 (1): 370 - 380.

[31] S Newnam, N Goode. Do not blame the driver: A systems analysis of the causes of road freight crashes [J]. Accident Analysis & Prevention, 2015 (76): 141 - 151.

[32] 李振明，牛毅，樊运晓，王睿. 不同区域高速公路货车事故特征研究 [J]. 中国安全科学学报，2020，30 (06)：121 - 127.

[33] 张春艳，曹钧，茆文革. 危化品道路运输安全风险分析及事故防控对策研究 [J]. 化工管理，2020 (34)：75 - 77.

[34] 康家宁. 卡车司机事故不安全行为原因及预防对策研究 [D]. 长